ノーマン・サイクス　著
野谷　啓二　訳

イングランド文化と宗教伝統

——近代文化形成の原動力となったキリスト教——

開文社出版

Originally published in English
under the title
The English Religious Tradition:
Sketches of its Influence on
Church, State, and Society
by Norman Sykes

Translated by agreement with
SCM Press Ltd

——価たかき真珠、一つを見いださば——

（マタイ伝・一三章・四六節）

目次

序

本書は、ＢＢＣ（英国放送協会）のＥ・Ｈ・ロバートソン氏の提案を受け、ヨーロッパ向け放送で行った、イングランドの宗教伝統と、それが教会、国家、社会に対して与えた影響に関する連続放送に基づくものである。放送計画を実際に執行し番組にしてくださったのは、ＢＢＣヨーロッパ向け放送部門のマーカス・ワースレイ氏であった。放送の準備と実際の放送にあたって、氏が与えてくださった批評、示唆、助言に対して、深く謝意を表したい。ところで、この「執行」という言葉はまさに適語だと思われる。一九五二年の六ヶ月間、氏は私の放送用原稿と実際の放送の「執行者」となられたからである。そのどちらにおいても大変お世話になった。本書に価値があるとすれば、それは氏のおかげであり、欠点は私が責めを負うべきものである。ＳＣＭ出版局から放送原稿を出版してはどうか、というお話があったときには喜んで承諾した。しかし、不完全な部分と欠落部分を残したまま、放送されたとおりの形で出版せざるを得ないことになった。また主題と例証の選択にあたっては、すべてを網羅することはできなかった。他に方法はなかったと思われる。私としては、本書が読者諸氏にとって有益なものとなり、また興味深いものとなれば幸いである。私が残した空白部分を埋め、私のこの仕事を乗り越えようという人が出てくることを願ってやまない。

第一章　中世の遺産（1）ナショナリズム

史劇『聖女ジョーン』の一場面で、バーナード・ショー*は中世社会の典型的な人物を二人登場させている。イギリス人貴族とフランス人司教*である。二人は中世社会を終わらせ、近代世界を出現させた原因について論じ合う。ショーはいかにも彼らしい逆説を使って、ウォリック伯に宗教的要因を次のように分析させる。「一個人と神との間に、司祭やそれに類するものが介入してくることに対する、個人の魂の抗議が原因だ。それに名前をつけなければならないとすれば、プロテスタンティズムと呼ぶ他ない」と。これに対してボーヴェの司教は、ジャンヌ・ダルク*の生涯に見られる政治的要因を指摘する。「彼女の異端信仰の一面をナショナリズムと呼ん

バーナード・ショー（George Bernard Shaw, 1856-1950）　アイルランド生まれの劇作家・批評家。社会主義活動家としても有名。一九二五年ノーベル文学賞受賞。『聖女ジョーン』（*Saint Joan*, 1923）は後期劇作の傑作。

司教（bishop）　ローマ・カトリック教会のヒエラルキア（位階制）の中で、いくつかの教区（parish）からなる司教区（diocese）を管轄する。巻末付録2参照。

ジャンヌ・ダルク（Jeanne d'Arc; Joan of Arc, 1412-31）　幼少の頃より天使・聖人の声を聞きフランスを救うことを使命とみなす。百年戦争下、イギリス軍に包囲されていたオルレアンを解放しシャルル七世の戴冠式を行なわせたが、パリ解放に失敗、その後ブルゴーニュ軍に捕らえられ、イギリス軍に売り渡された。ルーアンでの裁判でボーヴェ司教から異端宣告を受け、火刑に処せられた。しかし「救国の聖少女」としてフランス人の崇敬の対象となり、一九二〇年列聖（ローマ・カトリック教会の聖人の列に加えられること）された。

でもよい。私には他にいい呼び名が見つからない」と。

もちろんショーは、このような会話が歴史上あり得たかどうかに関心があったわけではない。すばらしい先見の明を持ったイギリス人貴族とフランス人司教が仮にいたとしても、彼らの生きた時代の一世紀後に、西洋キリスト教社会の統一*を破ることになる運動の原因をこのような早い時期にすでに理解していたということはありそうにもない。しかし、イングランドの宗教改革の特異な性格を決定したのは、ナショナリズムとプロテスタンティズムの結合だったということに疑問の余地はない。そしてまた、イングランドの宗教伝統を形成したのもこれである。この伝統の過去四百年にわたる様々な側面と発展をたどることが、本書の目的であり、各章の主題である。

しかし、中世の主要な時代に、つまり、ノルマン人の征服☆からエリザベス一世*の登位までのほぼ五百年間に、イングランド教会が他の西ヨーロッパ諸国の教会と根本的に異なっていたと考えるべきではない。宗教改革後に意識されるようになったローマからの独立を中世にも読み込もうとすることは、旧世代の歴史家が愛国的熱情と不完全な歴史展望によって犯した

西洋キリスト教社会の統一　いわゆる「クリスンダム」（Christendom）として、西洋が一枚岩の状態にあったこと。クリスンダムとはローマ・カトリック教会の宗教・倫理・法律・社会上の教えが各民族・領邦の違いを超え、統率力として機能した政治組織体のこと。それは教皇グレゴリウス七世（ヒルデブランド）、インノケンティウス三世の時代に最高潮を迎えた。

エリザベス一世（Elizabeth I, 1533-1603）在位一五五八－一六〇三。ヘンリー八世とアン・ブーリン（Anne Boleyn, 1507-36）との子。チューダー朝最後の王。スペインの無敵艦隊を破り、オランダの独立を助ける。東インド会社、ヴァージニア植民地の建設など、イギリスの海外発展に努めた。巻末王室系図参照。

☆印の注は章末にあります。

誤りである。ブリテン諸島にキリスト教を根づかせるのに、少なくともその初期段階において、ローマから派遣された正規の宣教師*に勝るとも劣らない功績を挙げたのは、アイルランドとスコットランドからやってきた修道士*たちだった。イングランド教会とローマとの関係は、初期においては、それほど密接なものではなく断続的なものでしかなかった。ノルマン人の征服によって、イングランドはヨーロッパ文明とその文化圏に完全に取り込まれ、当時の最も有能な教皇の一人に数えられるヒルデブランド☆、すなわちグレゴリウス七世の指導下にあった教皇庁*と、密接な関係に入った。この結びつきがもたらした結果としては、宗教生活と信仰心の回復、教会機構の改善、有名な司教座聖堂*の建築、国家に対する教会権力の強化と独立をあげることができる。時折この新たな関係は、ヘンリー一世☆とアンセルムス☆、また、最も有名な例としてヘンリー二世☆とベケット☆との間に見られるような、世俗君主と大司教*との間の対立を生み出したが、教皇庁の庇護を頼みにできる大司教は、君主に対する立場を優位なものにできた。実際、一三世紀に半世紀以上の長きにわたって国を治めたヘンリー三世☆の時代に、イングランドはローマの政策にあまりにも恭順な姿勢を示したため

ローマから派遣された正規の宣教師　五九七年、ベネディクト会士アウグスチヌス（St Augustine of Canterbury）は教皇グレゴリウス一世によって、およそ四〇名の修道士と共に派遣され、カンタベリーに修道院を開いた。

修道士（monk）　語源は「一人暮らしの」という意味を持つギリシア語。俗世界から離れ完全に独住するか（隠修士hermit）、修道院で共住する。修道院内で聖役を行なう「観想修道会士」。例、ベネディクト会修道士、シトー会修道士。一三世紀には修道院外で聖役を行なう「托鉢修道会士」（friar）が現れた。例、フランシスコ会修道士、ドミニコ会修道士、カルメル会修道士。

教皇庁（the Papal curia）　別名「ローマ聖庁」、俗に「法王庁」と呼ばれる。ローマ・カトリック教会の統治上、教皇を補佐する行政機構の全体。

司教座聖堂（cathedral）「カテドラル」。司教区の中心となる教会堂。司教が座る司教座（カテドラ）が置かれている。

大司教（Archbishop）　教会の行政区画であ

に、教皇庁の「金づる」として知られるようになった。さらに同じ一三世紀に、西方教会は学術、信仰、組織の面で絶頂を極め、その影響が最も有益な形で現れたのは、イングランドをおいて他になかった。また利益はまったく一方的なものとは言えなかった。ランフランク☆、アンセルムスなどのイタリア人がカンタベリー大司教*となったが、イングランド人も外国の司教になることができたのである。たとえば、ヘイスティングスのギルバートはリスボン最初の司教になり、ニコラス・ブレイクスピア☆はハドリアヌス四世として教皇座に登った。

しかし国王と教皇の密接な関係を何世紀もの間、一度の軋轢も起こさずに継続させるのは無理なことだった。というのは、教皇制は他の行政機構と同様、財政的に維持されなければならず、またローマ教皇庁を中心とする行政制度から利益を受けたり、ローマ教会法☆に基づく裁判制度を享受したりするためには、代償を支払わなければならなかったからだ。この費用のかかる行政裁判機構を維持するには、課税という手段をとる他なかった。すなわち初穂*と聖職禄*の十分の一の納入や一般信者からのペトロ献金*、そしていわゆる教皇庁による聖職叙任*によってまかなわれた。最後のものは、

る大司教区を統括する司教。管下には補佐司教（suffragan bishop）がいる。

カンタベリー大司教（Archbishop of Canterbury）イングランドの首座大司教（他の管区の司教に対して優先権を持つ）である。

初穂（first-fruits; annates）新聖職者の初年度収入に課税される。一一世紀から一五世紀にかけて、教皇庁に支払われることになっていた。

聖職禄　聖職がその任務に対して受け取る報酬。信者が納める十分の一税、謝金でまかなわれた。同一人物が二つ以上の聖職禄を持つことを「兼職（pluralism）」といい、その結果生ずる聖職不在（absenteeism）は、聖職売買（simony）とともに教会腐敗の代表的事例である。

ペトロ献金（Peter's Pence）聖庁献金。マーシアの王Offaによって始められ、ヘンリー八世が廃止するまで続けられた教皇に支払われる税。

教皇庁による聖職叙任（Papal provision）中

教皇庁がすでにローマ教皇庁で任用されている聖職者をイングランドの聖職に任ずることだ。もちろん任命された聖職者が教皇庁での任務を離れ、遠方の教区に赴任するものとは誰も考えていなかった。伝統的にイングランド人は課税に対して不平を述べることで有名だが、中世のイングランド人も、現在その子孫たちが国家予算発表の日にそうするように、ローマに税を支払うことに対して不満を漏らした。また、教皇がイングランド教会の高位聖職者の任命に直接介入したときには、後の時代の愛国者的反抗を思わせる事件が引き起こされた。たとえば、長期に及んだジョン王☆と教皇との争いの発端は、カンタベリー大司教の地位に誰をつけるか*をめぐるものだった。しかしそれは、ジョン王が一旦領地を教皇に献じ、あらためて教皇の封土として受け取ることに帰着した。中世の教皇権の威光が最高潮に達した一三世紀には三度、ローマはイングランドの意向を無視してカンタベリー大司教を任命した。したがって、シェイクスピア*は『ジョン王』*に教皇に対する大胆な挑戦の言葉を語らせているが、それは中世イングランドの言葉ではなく、エリザベス朝の言葉ということになる。

央集権化を進める教皇庁が、教皇庁官僚の報酬として、外国の聖職禄を世俗君主・貴族の意向を無視して与えること。聖職禄の一部で代理司祭を雇用すれば差額を手にすることができた。一度もイギリスの地に足を踏み入れたこともない外国人に聖職禄が渡ることになり、人々の反感を招いた。

カンタベリー大司教の地位に誰をつけるかをめぐる争い　いわゆる「叙任権闘争」である。

シェイクスピア（William Shakespeare, 1564-1616）　詩人・劇作家。『ハムレット』『マクベス』『リア王』『オセロー』の四大悲劇をはじめとする三七編の劇作を書いた英文学の最高峰。

『ジョン王』（*The Life and Death of King John*）上演年不詳。

これを教皇に伝えよ、イングランド王の口から出た言葉として、
どんなイタリアの司祭も
わが国土で徴税をおこなうことは、一切まかりならん、
天のもとでは余が最高の権威者、
したがって、神の下で、余の領土にあっては、
最高権を保持するのはこの余のみ

こう話すのは確かにジョン王であるが、声はヘンリー八世☆のものだ。

イングランドがローマに対して国民的反感を強めたのは、イングランドとフランスの対立と、教皇庁のねじれた外交政策がもたらした政治的結果だった。イングランドとフランスが百年戦争*という激しい争いをしていたとき、イングランドの修道院*の収入が敵国のフランスに流れるのを差し止めよという要求が出された。いくつかの外国系小修道院が閉鎖され、その収入は没収された。同じ時代の一三〇五年には、教皇庁史上、アヴィニヨン幽囚*として知られる事件が起こり、何代かの教皇がローマ居住をやめ、ローヌ河畔の町に引きこもることになった。これにより、たとえ不当なも

百年戦争（Hundred Years' War, 1337-1453）イングランドがフランス国内に所有していた南西部の土地とフランドルの利権をめぐって起こった戦争。最終的に、イングランドはカレーを除きフランスの全領土を失う。

修道院（monastery）清貧、純潔、服従の三誓約を基礎に、祈りと労働の共同生活によってキリストの道に生きようとする修道会の共住施設。宣教はもとより、医療、農業、教育など、文明、文化の中心的施設となった。

アヴィニョン幽囚（the Babylonish Captivity at Avignon, 1309-77）フランス王フィリップ四世が教皇ボニファティウス八世と争い、やがて自ら選んだクレメンス五世を南仏のアヴィニョンに住まわせて以来、七人のフランス人教皇がローマを離れて居住した。古代ユダヤ人のバビロン幽囚に因んで呼ばれる。

聖職者直任禁止法（the Statute of Provisors）ローマ教皇による聖職者の直接叙任を禁止した法律。一三五一年と一三九〇年に出された。直任聖職者（provisor）はその多くが外国人で、しかも兼職者、不在者であったためイングランド人民の教皇庁に対する不満を強める

のであるとはいえ、教皇庁が祖国の敵と同盟関係に入ったという疑いが増し、ローマに対してさらなる報復をせよという要求が高まった。こうしてイングランドの聖職禄に、教皇が外国人を任命することを防止するための、聖職者直任禁止法*と教皇尊信罪法*が制定された。一三七八年には教皇権にとってさらに悪い事態が起こった。すなわちこの年に大分裂*が起こり、二人の教皇が互いに自分こそが正当な教皇だと主張し、相手を破門しあう状況がキリスト教世界に現出したのだ。ヨーロッパ諸国は純粋に政治的理由から、二人の教皇のどちらかの側につくことになった。

したがって、一五世紀も四分の一が過ぎたとき、ウォリック伯とボーヴェ司教がルーアン*郊外のウォリック伯の野営地で会った際に、ナショナリズムは、特にフランスとイングランドの両王国において、新しい未知の可能性を持つ力として浮上してきていた。疑いもなく、ナショナリズムは一六世紀に宗教改革を引き起こすことになる要因の一つだった。そしてイングランドほどそれが明らかなところは他になかった。しかし、宗教改革が実際に起こるためには、より確かな宗教的要素によって強められる必要があった。そしてそれはウォリック伯がすでに、その僕として、また同盟

結果となっていた。

教皇尊信罪法（the Statute of Praemunire）　直接・間接にローマ教皇の権威がイングランド国王の権威に勝ると主張する者を処罰する法律。さらにイングラドにおける教会関係の訴訟についてローマに上訴することも禁じた。一四世紀に数回にわたって制定されたが、一三九三年のものは九〇年の聖職者直任禁止法を補強する意味合いがあった。

大分裂（Great Schism, 1378-1417）　七〇年に及ぶ教皇のアヴィニョン滞在後、ウルバヌス八世が教皇に選ばれ教会改革に着手した。フランス人枢機卿たちはウルバヌスの選出は無効と宣言し、対立教皇クレメンス七世を選出し、アヴィニョンに居を定めた。フランス、スペイン、スコットランドがクレメンスを支持し、イングランド、イタリア、フランダース、ハンガリー、ポーランド、ドイツの大部分がウルバヌスを支持し、カトリック教会は分裂状態となった。

ルーアン（Rouen）　フランス北部セーヌ川に臨む中世ノルマンディーの首都。

者として認識していたプロテスタンティズムによって提供されることになるのである。

カンタベリー主教座聖堂　（訳者撮影）

［注］

☆2ページ

ノルマン人の征服（the Norman Conquest）　一〇六六年、イングランドの証聖王エドワード（Edward the Confessor, 1002?-1066）の死去に伴い、北フランスのノルマンディー公ギョームが継承権を主張して侵入、「ヘイスティングズ（Hastings）の戦い」で勝利し、ウィリアム一世（William the Conqueror, 1027-87）として即位した。イングランドはアングロ・サクソン系の人々に代わってノルマン人が支配する国となり、社会・文化面において大変革をもたらした。

☆3ページ

ヒルデブランド、すなわちグレゴリウス七世（Hildebrand, c.1020-85）　神聖ローマ皇帝ハインリヒ四世（Heinrich IV, 1050-1106）と司教叙任権をめぐって対立、勝利した事件は「カノッサの屈辱」（1077）として知られる。

ヘンリー一世（Henry I, 1068-1135）　ノルマン朝のイングランド王（1100-35）。ウィリアム一世の末子。イングランドとノルマンディーの統一国家を実現。またスコットランド、ウェールズにも統治権を拡大した。

アンセルムス（St Anselm, c.1033-1109）　カンタベリー大司教。北イタリア生まれ。ウィリアム二世、ヘンリー一世と叙任権をめぐって対立。信仰と理性の総合を目指す立場は、「理解するために信じる」という彼の言葉に表れている。

ヘンリー二世（Henry II, 1133-89）　イングランド王（1154-89）。プランタジェネット朝の開祖。アイルランドに遠征し、植民地化に成功した。

ベケット（Thomas à Becket, ?1120-70）　ヘンリー二世の愛顧を受け、カンタベリー大司教となるが、その後王権に対して教権を主張し、国王と対立した。大聖堂内で王の意を受けた刺客により殺害される。死後、崇敬の対象となり、チョーサーのカンタベリー物語の巡礼先となったり、テニスン、エリオットらがベケットを主人公とする劇を書いた。

ヘンリー三世（Henry III, 1207-72）　プランタジェネット朝のイングランド王（1216-72）。教皇の政敵と戦うために巨額の税を課そうとし、貴族の反乱（シモン・ド・モンフォールを指導者とする貴族戦争、Barons' War, 1264-67）を招いた。

☆4ページ

ランフランク（Lanfranc, c.1010-89）　北イタリアのパヴィーア出身。ウィリアム征服王の信任が厚く、イングランド教会の「ノルマン化」に貢献した。カンタベリー司教座のヨーク司教座に対する優位を認めさせ、イングランドの首座大司教となった。また聖職の売買を禁止するなど、教会改革にも努めた。

ニコラス・ブレイクスピア（Nicholas Breakspear, 1110/20-1159）　教皇ハドリアヌス四世（一一五四年即位）としてイングランドの教皇庁献金である「ペトロ献金」を北欧まで拡大しようとした。またヘンリー二世にアイルランドに対する領主権を与えた。

教会法（Canon Law）　信仰、倫理、規律に関してカトリック教会が規定した全信者に対する指導法規の総称。一一世紀のグラティアヌス教令集、教皇の教令集、公会議の決議などが含まれる。

☆5ページ

ジョン王（John, 1166-1216） プランタジェネット朝のイングランド王（1199-1216）。カンタベリー大司教の叙任問題で教皇インノケンティウスと対立し、一二〇七年に教皇が指名したLangton（一二二八年死亡）の入国を拒否したため、教皇により全イングランドの聖職の聖務停止、みずからも破門の宣告を受けた。なお、『マグナ・カルタ』に署名したのは彼である。

☆6ページ

ヘンリー八世（Henry VIII, 1491-1547） チューダー朝の王（1509-47）。夭折した兄アーサーの妃であったキャサリン・オブ・アラゴン（Catherine of Aragon, 1485-1536）と結婚。のちにメアリー女王となる子以外の子供はすべて死亡し、嫡男を得ることができなかった。これを兄嫁を娶った報いと考えたヘンリーは、キャサリンとの結婚は無効であったとするようローマ教皇に願い出たが二九年却下された。三三年王妃の侍女であったアン・ブーリンと結婚。三四年に首長令を定め、イングランド国教会を設立した。三六年と三九年に修道院を解散し、その財産を没収した。アンとの間にはエリザベスが生まれたが男子を得ることができず、三六年にアンは処刑された。ジェーン・シーモア（Jane Seymour, 1509?-37）との間にエドワードが生まれ、ようやく王子を得た。神学にも造詣が深く二一年ルターへの反論を発表し、教皇から「信仰の擁護者」（Defensor Fidei）の称号を受けた。この称号は歴代の国王の称号として使用されている。

第二章　中世の遺産（2）プロテスタンティズム

バーナード・ショーの『聖女ジョーン』に登場するボーヴェ司教、ピーター・コーションがウォリック伯との会話の中で述べている、ジャンヌ・ダルクが異端となる前兆は、「彼女が一度たりとも教会について言及することがなく、ただ神と自分自身のことしか考えていない」ということだった。そしてウォリック伯が、こうした態度を「プロテスタンティズム」だと言ったとき、ボーヴェ司教は「非常によくおわかりです。イングランド人を一皮むけば、プロテスタントが現れるのですね」と答えた。確かに宗教改革後のイングランド宗教史を見ると、イングランド人は根っからのプロテスタントだという一般的印象が裏付けられるだろう。しかし、ショーがプロテスタンティズムというものを「個人と神との間に司祭が介入することに対する個人の魂の抗議」と定義し、その核心をついたことに注目する方がはるかに重要であろう。それから実に四世紀後の一九世紀に、最初はイングランド国教会で、ついでローマ・カトリック教会で光彩を放つ人物となったジョン・ヘンリー・ニューマン*は、自分の経験した福音主義的回心*を語る際に、「私は私自身と私の創造主という、ただ二つだけの至上の光に輝く明白な存在」に気づかされたのだと記している。

しかしプロテスタンティズムの本質が、個人の魂と神との間に何物も介在させない直接的関係にあるとすると、そのような高いレベルの自己認識が現れるためには、中世後期まで待たなければならなかったことは明白である。というのも、中世社会は基本的に集団社会であり、人々は個人的な存在としてよりは、教会、大学、あるいはギルド*といった団体の構成員として考えられていたからだ。実際、いくつかの点で中世社会は、一九世紀社会よりは、現在の協調組合主義国家*や全体主義国家に類似していた。この変化のさきがけとして最も早く登場したのは、一四世紀のオックスフォードの学者、教師であったジョン・ウィクリフ☆である。昔の歴史教科書で

ジョン・ヘンリー・ニューマン（John Henry Newman, 1801-90）　オックスフォード大学オリエル・コレッジ出身。大学教会のセント・メアリーの司祭となり、しだいにカトリック的見解を抱くようになる。四五年カトリックに改宗。七九年枢機卿。主著 *Apologia Pro Vita Sua*, 1864。

福音主義的回心（evangelical conversion）　イーリングの学生であった一五歳のとき、アングリカン内部の福音主義、特にカルヴァン派的なトマス・スコット（Thomas Scott, 1741-1821）の強い影響を受けた。

ギルド（guild）　中世の商人や職人の同業者組合。加入者、親方と徒弟の人数を制限したため宗教上や災害時の相互扶助と商業権の独占に効果があった。

協調組合主義国家（corporative state）　資本と労働の協調組合が全産業にわたって組織され、それが国家の統制下にある国家形態。イタリアのファシズム国家など。

は、彼は「宗教改革の暁星」とされていたものだが、研究の進展によって、彼はやはりその時代の人間だったことが判明した。もっとも、彼の主義主張のいくつかは、間接的であるにせよ、結局は宗教改革につながるものだった。ウィクリフは目に映る教会の具体的な悪弊を批判することから始めた。彼が悪弊の源である神学の考察に向かったのは、聖職者によってその悪弊が巧みに弁護されたからだった。彼は全質変化*の教理を否定・論駁したことで有名になったが、しかしそれは「プロテスタント」としてではなく、スコラ哲学☆の一学派である唯名論*に反対する実在論*の旗頭としてであった。後の時代の思想家たちは、ウィクリフの考えをもっと先へと進めたのである。これよりもさらに重要なのは、おそらく彼の個人主義であった。ウィクリフにとって宗教とは、神が救済を望まれる人間の魂の救済が目的だった。したがって、教会はこの目的を達成する手段にすぎず、それ自体が目的化するものではなかったのだ。彼は可視的教会☆に教皇権が必要であるという考えを否定し、司教も司祭も同じ司牧の位階だと主張した。しかし彼が達成した業績の中で最も実際的だったのは聖書の最初の英訳だった。聖書は神の法でありキリスト教信仰の権威だという彼の信念に従っ

全質変化（transubstantiation）　ミサ中の「聖変化」によってパンとブドウ酒がイエス・キリストの肉と血に変じること。変化は徹底したものであり、パンとブドウ酒に代わってキリストが現実に、本質的に現存し、ただ外観のみが元のまま残るとするカトリック教理。

唯名論（nominalism）「真理」、「善」といった普遍的概念はただ名辞に過ぎず、客観的実在に基づく真の概念であることを否定する考え。

実在論（realism）　普遍的概念の根拠と内容は個物の中にあるとする説。ウィクリフとの関連でこの説が重要となるのは、その聖体に関する考え方のためである。実在論の考え方は「実体共存説」（consubstantiation）と呼ばれるもので、聖変化後の聖体の中にキリストの体がパンとブドウ酒とともに共存するという説で、これはカトリック教会の「全質変化」に反する。

て、聖書が英語で読めるように望んだのだ。このことから、聖書を読みそれを説くことが、彼を支持する人々の第一の義務となり特権となったのは当然のことだった。そして教会が、アランデル大司教*によって特別に認可された者にのみ説教の許可を与え、一般には認めないことによって、この新しい運動を撲滅しようとしたとき、ロラード運動*として知られるこの活動は、地下に潜行する結果になった。

ウィクリフの英訳聖書の多大な重要性と、それが神の言葉を読み、説くことに対して与えた霊感と刺激は大変大きかった。その証左は様々な、時として意外な場所に現れている。たとえば、エリザベス一世時代の三人目のカンタベリー大主教であったジョン・ホィットギフト*は、伯父の修道院長ロバートの監督下、グリムズビィ近郊のウェロウにあったアウグスチノ会*修道院で受けた少年時代の教育を覚えており、特にロバートが語った次の言葉に深い印象を受けたという。「何度も何度も聖書を読んでみたが、自分たちの教会が神によって設立されたとはどこにも書かれていなかった」。そこでロバートはそれが遠からず転覆するに違いないと予告していたという。さらに、一般に「知者」あるいは、「公正でしっかりした人々」

アランデル大司教（Arundel, Thomas, 1353-1414）　カンタベリー大司教（1396-）。ヘンリー四世の下で大法官も務め、異端火刑法を制定し、また聖書の翻訳を禁止するなど、ロラード派を迫害した。

ロラード運動（Lollardism）　ウィクリフの教説にしたがって教会改革を主張する運動。聖書のみを権威とし、全質変化の否定、また聖地巡礼、聖遺物（聖人の衣服、骨など）崇敬といった当時の信心業を拒絶した。一五世紀に反乱を企てたが厳しい弾圧にあった。

ジョン・ホィットギフト（John Whitgift, 1532-1604）　Cf.p.38

アウグスチノ会　聖アウグスチヌスの修道会則に則って生活する男女の修道会の総称。ルターが属していたのはザクセンの「アウグスチノ隠修士会」（1419-1560）である。

ルター主義（Lutheranism）「聖書のみ」(sola scriptura)、つまり聖書が唯一の権威の

と呼ばれていたウィクリフの後継者たちが、イングランドにおいて一六世紀のルター主義*と中世のロラード主義をつなぐ橋渡しの役割を果たしたという証拠がある。彼らは聖書全体が手に入らない各地に聖書の一書を販売するために携えていき、聖書を読み解釈するための小さな秘密の会合を持つように勧め、ウィクリフの影響がなくならないようにした。寸暇を惜しんでプロテスタント『殉教者列伝』を著したジョン・フォックス☆は、彼らとその弟子たちを「世に隠れた真の信仰告白者の大群」と呼んだ。彼らが本当に大勢だったかどうか確かではないが、秘密の存在だったことは確かである。あまりにも巧みにその信じるところを実践したために、ヘンリー八世の時代にルター主義が初めてイングランドに到着したとき、それはロラード主義の延長にしか見えなかったのだ。

実際的見地から見て、聖書の翻訳とほとんど同じくらい重要なのは、ウィクリフが全質変化を否定したことである。これは中世の宗教制度と司祭職に重大な結果をもたらした。というのは、中世のカトリシズムは、ミサ*を中心にしていたからだ。一般信徒は日曜日と聖祝日*にミサに出席するものとされ、年に一度、復活祭*の時に聖体拝領*をした。しかしミサはまた、

源と考えるために、教皇と公会議の権威は揺らぐことになる。

ミサ（Mass）　カトリシズムの根源的祭儀。小教区（parish）単位で祝われるミサで行なわれる、最後の晩餐を記念するパンとブドウ酒の聖別とその拝領は、カトリック信仰の中枢である。

聖祝日（Holiday）　神・聖人などに対して特別な崇敬を捧げるために教会が定めた日。クリスマス、聖母被昇天（八月一五日）などの固定祝日と、復活の主日、聖霊降臨などの移動祝日がある。また祝日には「守るべき祝日」と「通常祝日」の階級があり、前者においては信者はミサに与り、労働を休むことになっている。

復活祭（Easter）　キリストの復活を祝う全キリスト者の祝日。三二五年のニケア公会議以降、春分の日後の満月の後の日曜日に定められた。したがって三月二二日から四月二五日の間になる。

聖体拝領（communion）　ミサ中に行なわれるキリストの体を受け取る秘跡。

生者と死者のために捧げられる犠牲であり、中世後期の宗教の大きな特徴は、オビト*、つまり死者のためのミサが驚くべき発展を遂げたことだった。ヘンリー五世*は、遺言により、魂の平安が得られるよう二万回のミサをあげるためのお金を残し、ヘンリー六世*は、死後一ヶ月のうちに一万回のミサをあげるよう遺言した。国王よりも下の階級に目を移せば、ロンドン市長で聖ポール司教座聖堂の主席司祭だったコレット*の父親がいる。彼は二人の司祭に一五年間、自分の魂のためにミサをあげることを命じた。またレィディ・アリス・ウェストなる人物は、死後二週間のうちに一回あたりわずか一ペニーの謝金で、四千四百回のミサをあげるように命じた。こうした行為から、ミサの効能をいわば数量的に計る態度と、民衆の間に広くはびこったミサそのものに対する嫌悪感が生まれた。死者ミサを執行する司祭職は低くみられることにもなった。民衆のミサに対する反感が、ロラード主義の全質変化拒否と一緒になったとき、聖別された聖体のことを「箱に入ったジャック」、「丸いロビン」、「ホーカス・ポーカス」と呼ぶ、一六世紀の冒瀆的感情表白が現れる準備が整った。プロテスタンティズムの種は、中世後期にさまざまな点ですでに芽を出していたのである。

オビト（Obit）死者の霊のための記念ミサ。ラテン語の「死」を意味する語から派生した。

ヘンリー五世（Henry V, 1387-1422）イングランド王（1413-22）。一四一五年に百年戦争を再開し、アジャンクールの戦い（Battle of Agincourt）で大勝。またロラード派を平定した。

ヘンリー六世（Henry VI, 1421-71）ランカスター朝最後の王（1422-61, 70-71）。

コレット（Colet, John, 1467?-1519）人文主義者。大陸留学後、オックスフォードでギリシア語と神学を教える。その後ロンドンの聖ポール大聖堂首席司祭となり、聖ポール校を創立し人文主義的理念に基づく教育を実践した。トマス・モア（Thomas More）、エラスムス（Erasmus）と交流。

他にもこの運動に手を貸した要素がある。一四世紀後半から一五世紀に広まった神秘主義運動は、「最新の信心」*という意義深い名前で知られているが、それを受容した教養ある人々を、個人の魂と神との間に何ものも介在しない直接的関係が育まれるような宗教へと導いた。このような個人的な宗教経験が主観的なものになるのは容易なことであり、教会の客観的な基準と規制に耐えられなくなる可能性がある。さらにこの傾向は、やがて近代世界の宗教的・世俗的行為の際立った特徴となる個人主義を表現し、強化した。印刷術☆が発明され聖書の各国語訳*の急速な普及が可能になったとき、プロテスタンティズムはいわば、まさに戸口でかんぬきが上げられるのを待っているところだった。古い中世の秩序は政治、宗教、思想の面で崩壊しつつあったのだ。新しい民族的な君主制度であるチューダー王朝*の支配という、イングランドの置かれた特殊状況が、ナショナリズムとプロテスタンティズムとの双生の力を融合し、イングランドの宗教改革の特徴を生み出したのである。

「最新の信心」（*Devotio Moderna*）　一四世紀の終わりにネーデルランドからドイツ、フランス、イタリアに伝播した信心運動。トマス・ア・ケンピス（Thomas à Kempis, c.1380-1471）の『キリストのまねび』が最もよくその精神を表している。信仰者個人の内面生活を重んじ、キリストの生涯の黙想を勧めた。

聖書の各国語訳　ルターによるドイツ語訳は一五二二年に公刊された。二五年からティンダルがギリシア語原典からの英訳をオランダで印刷し始めた。宗教改革期には、今までカトリック教会の公認聖書であったラテン語訳の「ウルガタ聖書」が一四五六年に印刷され、さらに八八年にはヘブライ語聖書、一五一六年にはエラスムス校訂のギリシア語聖書が出版された。

チューダー王朝　バラ戦争後、ランカスター、ヨークの両家が合体して成立した。ヘンリー八世の父であるヘンリー七世から始まり、エリザベス一世まで続く。イングランドの近代国家形成期にあたる。

［注］

☆12ページ

ジョン・ウィクリフ（John Wycliffe, c.1321-84）ヨークシャー生まれ。教会の政治的性格を非難し、教会は世俗の問題に介入すべきではないと説いた。信仰は聖書にのみ基づくべきだとの立場から、一般信者も聖書が読めるように新約全体と旧約の一部を英訳した。教会の正統的理解である聖体の「全質変化」を否定した。

☆13ページ

スコラ哲学（scholasticism）九世紀に起こり一三世紀に盛期を迎えた、キリスト教教義の学問的根拠を確認することを目的とする学問研究。名称はschola（教会もしくは修道院付属の学校）に由来する。実在論と唯名論の論争が起こるのは一四世紀以降の衰退期である。

可視的教会（church visible）「地上の教会」。現実の教会。これと対照されるのは「不可視の教会」（church invisible）で、こちらの方は「天上の教会」、もしくは「真正のキリスト教徒だけで構成される教会」（ピューリタン分離派の主張）を意味する。

☆15ページ

ジョン・フォックス（John Foxe, 1516-87）オックスフォード大学出身。熱狂的カルヴァン主義の信仰の持ち主であったため、メアリー一世時代にスイスに亡命。エリザベスの即位後帰国。メアリー時代のプロテスタント殉教者を扱った『殉教者の書』（*Book of Martyrs*; 正式書名 *Acts and Monuments of matters happening in the Church*）は、カトリックの残虐性とプロテスタントのヒロイズムを喧伝し、後世に大きな影響を及ぼした。

☆17ページ

印刷術　グーテンベルクが始めた活字印刷は、カクストン（Caxton）によって一四七六年にイギリスにもたらされた。ウェストミンスターに設立された印刷所がイギリス最初のものである。

第三章　イングランドの宗教改革（1）　組織

前二章では、ともに中世から生まれ出ながら、結果として中世を特徴づける制度を崩壊させることになった二つの大きな力、つまりナショナリズムとプロテスタンティズムについて述べた。これからの二章では、この二つの力がどのようにして一六世紀のイングランドの宗教改革をもたらし、その結果、宗教生活と思想にイングランド特有の貢献を成し始めたか、そしてイングランドにおける教会、国家、社会の発展に寄与することになったかについて述べることにしよう。

ナショナリズムの要素は、イングランドの宗教改革にはっきりと刻印されている。ヘンリー八世の宗教改革議会が制定した最も重要な法律の一つである「上告禁止法」*の前文には、イングランド宗教改革の根本原則の一つが、一風変わっているにせよ力強く表明されている。「様々な古い歴史書と年代記によって、このイングランドは帝国であると明確に宣言され、表明されている。そしてそのように世界に受け入れられ、一人の絶対首長である国王によって治められてきた」。世俗面で神聖ローマ帝国☆皇帝から独立しているように、宗教面でも聖なるローマ教皇権の支配から独立しているという、イングランドの民族的統一と主権が直截に主張されている。それは宗教に適用されたナショナリズムの原則をいわば列聖し、賛美するものだった。それゆえ、組織面では、イングランドの宗教改革は、教皇に代わって、国王が教会の首長の座につくことになったと言っても決して過言ではない。実際、首長令*によってヘンリー八世は、イングランド教会の地上における「唯一至上の首長」と「理解され、受け入れられ、見なされる」ようになった。エリザベス一世の治世のはじめに通過した同様の首長令では、女王の称号は「至上の統治者*」に改められ、表現が和らげられたが、実際上の意味合いにはほとんど違いはなかった。このときからイングランド教会は立法、行政、裁判の至上の権威としての王権に従属すること

「**上告禁止法**」（Act of Appeal） 中世以来、教会内部の問題に関してローマ教皇に上訴することは教会と国家の軋轢の原因となっていた。ヘンリー二世以後、上訴を制限しようとする動きが出ていたが、一五三四年ついにヘンリー八世が上告を禁止した。

首長令 （Act of Supremacy） 「国王至上令」ともいう。国王をイングランド教会の最高首長であると宣言し、教皇が握っていた聖職叙任権、教会収入の管理権、教義の決定権、教会関係事項の裁治権を与える法。

「**至上の統治者**」（Supreme Governor） 新しく王位についたエリザベス一世は、メアリー一世がヘンリー八世の定めた国王至上令を破棄していたため、再度同法を制定し、自分の首長権を確立する必要があった。しかし、女性であったために「教会の最高の首長」（Supreme Head） になることについて疑義が出され、表現が統治者に改められた。

になり、ローマ教皇権はお払い箱になったのである。

本質的には、この王権の主張に革命的なところはない。すでにパードヴァのマルシーリウス*は一三二四年の著書『平和の擁護者』のなかで、この原則を主張していた。一六世紀のスペインでは、フェルナンド*とイサベラ*が教皇庁の反対を押し切り、教会の行政、経済上の改革を断行した。そして一七世紀のフランスでは、ルイ一四世☆が名高いフランス教会の自由を主張し、自らもまた、教会に対するフランス王権の大きな権限を主張する行動を取った。一八世紀になっても、オーストリアのヨーゼフ二世☆はローマの反対にもかかわらず、教会改革を行うために、自分の皇帝としての権威を用いた。これらの統治者たちは確かに、教皇権を完全に否定するところまではいかなかった。しかし、一八世紀の最初の二五年間、カンタベリー大主教のウェイク*とソルボンヌの二人の神学者との間で、イングランド教会とフランスのカトリック教会との統合の可能性を探る書簡が交わされた際に、イングランドの首位主教は、王権の至上権に関してルイ一四世の時代にフランスがイングランド教会の立場にどれほど近づいていたか指摘したのである。

パードヴァのマルシーリウス（Marsilius of Padua, 1275/80-1342/43）イタリアの政治学者。一三二四年パリで反教皇色の濃い政治論『平和の擁護者』を著す。教会は民衆の主権に依存すると考え、信者と聖職者からなる総会議を最高機関とし、カトリック教会の位階制を否定した。

フェルナンド（Ferdinand, 1452-1516）スペイン王（1479-1516）。アラゴン王国の王子として生まれ、六九年カスティリアの王女イサベラと結婚。七九年アラゴン王となり、カスティリアと合併し、イサベラと共同統治を行なった。九二年グラナダを占領し、レコンキスタ（失地回復）を達成。同時にユダヤ人を追放した。

イサベラ（Isabella, 1451-1504）スペイン女王（1479-1504）。コロンブスの庇護者として有名。

ウェイク（Wake, William, 1657-1737）カンタベリー大主教。駐仏イギリス大使付き司祭としてパリに滞在し、ガリア主義に触れる。ガリア主義の代表者L.E.デュパンらと英仏両教会合同の可能性を探った。

しかし、国王至上権の主張は、単なる政治的戦略だったと考えるべきではない。一六世紀の改革者たちは、自分たちの仕事を聖書の権威に基づかせることに誇りを感じていたのであり、このことを最も明らかにしてくれるのは、彼らが国王に帰《き》した権力なのだ。三九箇条*（これはエリザベス一世の時代にイングランド教会の公式教義となる）の第三七条の言葉を借りると、「われわれは君主に、神の言葉と聖奠《せいてん》*を執行する権限を与えるのではなく、聖書に書かれているように、神御自身によってすべての聖なる君主に常に授けられている唯一の国王大権を与えるのである。つまり君主は、教会のものであれ、世俗のものであれ、神によって任されているすべての階級と身分を統治するのである」。改革者たちは旧約聖書の歴史書*に統治の鑑を見出した。つまり選民であるヘブライ民族が独立している間、彼らのために神が制定した統治にである。旧約時代の王国では、国王は祭司職より上位の存在であり国政に劣らず宗教面での責任も負い、あらゆる人にまさり、いかなる大義においても至上の存在だった。神聖な君主がキリスト教徒である場合には、これは自然に真理としてさらに強化されることになる。大陸のルター派の君主や、クランマー*のようなプロテスタントのイ

三九箇条（the Thirty-Nine Articles of Religion）イングランド国教会の教義上の立場を明確にしたもの。一五六三年可決。一五七〇年の議会では一般信者を除く全聖職者、公務員、大学の学位受領者が同意すべきものとされた。

聖奠　ローマ・カトリック教会の秘跡（sacrament）に相当するものの日本聖公会の訳語。

歴史書　旧約聖書全四六書のうち、人類の始め、イスラエル民族の始め、旧約制度の成立などを述べる二一の歴史書。いわゆるモーセ五書もこれに含まれる。旧約聖書にはほかに十八の預言書（イザヤ書等）、七つの教訓書がある。

クランマー（Cranmer, Thomas, 1489-1556）カンタベリー大主教。ケンブリッジのジーザス・コレッジ出身。ヘンリー八世の離婚問題で、ヨーロッパ諸大学の見解を求めるよう進言した。キャサリンとの結婚を無効とし、アン・ブーリンとの結婚を有効とした。エドワード六世治下、第一・第二祈禱書を作成。メアリー一世の登位と共に逮捕され、オックスフォードでN・リドリ、H・ラティマーと共

ングランド主教だけではなく、スティーヴン・ガードナー*のような正統的カトリックの高位聖職者までが、この宗教上の問題について王権を称揚する点では見解が一致していた。リチャード・フッカー*はアングリカンの立場を次のような言葉で要約している。「わが国は古の時代に神御自身によって選ばれた民の型に従っている。その民は、一部が国家で、一部が神の教会というのではなく、民全体が、一人の統治者のもとにあり、その権威をすべての民が信頼していた」。ドイツのルター派君主のなかには、より高い称号を要求した者もいた。プロシア王は一八七一年のドイツ帝国の成立まで、第一司教の称号を保持していた。しかしイングランドにおける宗教改革は、教会と聖職者に対する君主の裁治権*のみを要求したのであって、聖奠を執り行う権利は要求しなかった。そうではあるが、王権の至上性は宗教改革の礎であり、国王に教会事項に関する大きな権力を与えた。改革者が聖書のどこにも保証がないと断言した教皇の権威に対して、新約聖書と旧約聖書が共に保証する、神聖な君主の権力が対立させられたのである。

国王の至上権は、多様な形で示すことができた。たとえば、一六〇三年

に火刑に処せられた。

スティーブン・ガードナー（Stephen Gardiner, c.1497-1555）　ヘンリー八世によって、王の離婚交渉のためにローマに派遣される。クランマーのプロテスタント化政策に反対し、メアリー一世の即位後、教皇権の復活とプロテスタント弾圧を進める。

リチャード・フッカー（Richard Hooker, c.1554-1600）　オックスフォード大学出身。ロンドンのテンプル教会の同僚であるトラヴァースのカルヴァン主義に対抗し、『教会政治理法論』（*Of the Laws of Ecclesiastical Polity*）を著した。これは「英語で書かれた最初の偉大な哲学・神学書」とされる。英国国教会の「中道」神学の確立に努めた。

君主の裁治権（jurisdiction）　ローマ教皇が保持していた教会の裁治権が国王に移された。しかし君主は説教、聖奠の執行など、教会の霊的権限までも取得したのではない。

にジェイムズ一世によって行なわれたように、教会運営のための法を制定することができ、国王が認可・公認権を持つ、聖職者会議*をとおして行使された。また王は、ヘンリー八世のすべての改革法がそうであったように、国会が制定する法律によって事を運ぶこともできた。また、エドワード六世☆とエリザベス一世の時代には、祈禱書が「礼拝統一令*」によってつぎつぎに認可された。また君主は、ヘンリー八世、エドワード六世、エリザベス一世が行ったように、各主教区で実施されるべき事項を大主教と主教に命令として出すことも可能だった。このように王権はその手を、イングランド教会の運営の隅々にまで伸ばすことができた。エリザベス一世が、自分の裁判権をうまく発揮させるために教会関係の訴訟を扱う高等宗務官裁判所*を設立したのが好例だ。この体制は、宗教政策に関して君主と議会との間にそれほど厳しい対立がない時、また君主と教会との間に宗教的忠誠に関して衝突がない時には、十分機能した。チューダー王朝のもとでは、国王至上権は教会にとって有利に働く財産だった。しかしジェイムズ一世☆とチャールズ一世☆のもとでは、宗教政策に関して王と庶民院*との間に広く深い亀裂が走った。その結果、一七世紀の内戦で、教会は君主制とともに

聖職者会議（Convocation）教会の意思決定機関。イングランドではカンタベリーとヨークの両主教管区に設置されている。主教が構成する上院と下級聖職者が構成する下院からなる。宗教改革以後は国王が首長となったために、決定事項の実施には国王の同意が必要となった。

「礼拝統一令」（Act of Uniformity）イングランド国教会の典礼方式を定めた『祈禱書』（*the Book of Common Prayer*）の使用を義務づけ、従わない者を処罰する法律。

高等宗務官裁判所（the Court of High Commission）国の統治者として国王にのみ与えられている大権による「異端審問裁判所」。ヘンリー八世によって国教会が設立されると、教会関係の裁判権も王権に帰属するようになった。エリザベス朝時代に常設の裁判所となり、カトリックとピューリタンを弾圧するための道具となった。

庶民院（the House of Commons）一七世紀の庶民院の中心だったのは、地方の地主階級のジェントリ層で、一六二八年に議会は国王に「権利の請願」を提出して王権の制限に動い

倒れてしまった。後にスチュアート家が国王の座に復したとき、*チャールズ二世*の隠されたローマ・カトリシズムの信仰と、ジェイムズ二世☆によるその明らかな擁護によって、国王と教会との間に決定的な衝突が起こった。その結果、一六八八年にジェイムズ二世は国を逃れ、オランダのカルヴァン派の君主であるオレンジ公ウィリアム*が王座に招かれた。したがって、国王至上権は教会にとって、身を守るものにもなれば、困難の種、障害にもなり得た。しかし、ともかくそれはヘンリー八世の登位からハノーヴァー家が登場するまでの激動の二百年間、非常に重要な要因だったのである。

ヘンリー八世

た。しかし翌年チャールズは議会を解散し、一一年間、議会を招集しなかった。四〇年短期議会に続いて招集された長期議会で、両者の対立は決定的となり、四二年ついにピューリタン革命が起こった。

スチュアート家が国王の座に復したとき すなわち王政の回復（the Restoration）。一六六〇年。

チャールズ二世（Charles II, 1630-85） チャールズ一世の処刑後スコットランドで一六五一年に戴冠していたが、同年ウースターで敗北し、フランスに亡命した。

オレンジ公ウィリアム（William of Orange, 1650-1702） オランダの統領ウィレム二世とイングランド王チャールズ一世の王女メアリーの子として生まれる。七七年にジェームズ二世の長女メアリーと結婚。八八年にジェームズ二世のカトリック政策を拒絶するイングランド議会の召請に応じて、ウィリアム三世として即位。九四年、イングランド銀行（the Bank of England）を設立した。

［注］

☆20ページ

神聖ローマ帝国（Holy Roman Empire, 962-1806）　中世におけるドイツ帝国。古代ローマ帝国の延長とみなされた。教皇ヨハネス一二世がオットー一世に帝位を授けて成立。一五世紀まで選挙侯が皇帝を選出。それ以後はハプスブルク家が帝位についた。

☆21ページ

ルイ一四世（Louis XIV, 1638-1715）　フランス国王（1643-1715）。フランスにおけるローマ・カトリック教会は教皇権から独立しているとするガリア主義（Gallicanism）を支持した。

ヨーゼフ二世（Joseph II, 1741-90）　神聖ローマ帝国皇帝（1765-90）。啓蒙専制君主として様々な近代化に努め「革命的な皇帝」と呼ばれる。

☆24ページ

エドワード六世（Edward VI, 1537-53）　チューダー朝の王（1547-53）。ヘンリー八世とその第三王妃ジェーン・シーモアの子。九歳で即位すると、伯父であるサマセット公の摂政政治のもとで保守派を廃し、ニコラス・リドリ、ヒュー・ラティマーらを登用し、教会のプロテスタント化を進めた。

ジェイムズ一世（James I, 1566-1625）　スチュアート朝最初のイングランド王（1603-25）。ジェイムズ六世としてスコットランド王（1567-1625）。スコットランド女王メアリーとその二番目の夫ダーンリー卿との子。戴冠式で油を塗られた国王の権威と権限は直接神から与えられたものであり、人民が国王に反抗することは罪だとする「王権神授説」（Divine Right of Kings）を信奉した。

チャールズ一世（Charles I, 1600-49）　父ジェイムズ一世と同じく王権神授説を抱き、議会と衝突。ピューリタン革命により処刑される。

☆25ページ

ジェイムズ二世（James II, 1633-1701）　スチュアート朝のイングランド王（1685-88）。チャールズ二世の弟。七三年の審査法（the Test Act）に署名せず、すべての公職を辞するなど、公然とカトリック教徒としてふるまい、国民の警戒心を呼び起こした。八七年と八八年に信仰自由宣言（Declaration of Indulgence）を出し、カトリック教徒の救済を図ろうとしたため、また同年に王子ジェイムズ・エドワード・スチュアート（James Edward Stuart）が誕生したため、カトリック勢力を排除しようとする人々によって「名誉革命」（Glorious Revolution）が引き起こされた。

第四章　イングランドの宗教改革（2）祈禱書

ヘンリー八世時代の宗教改革の実態は、教皇ぬきのカトリシズムといってもほとんど差し支えないものだった。実際ヘンリーは、自分の信仰の確固たる正統性を誇りにしていた。また聖職就任の初年度収入税を規制する法律では、ヘンリーの臣民は「どこの国のキリスト教徒とも変わらぬ、神と聖なる教会の子であり、信仰深く、従順で、謙遜なカトリックである」と宣言していた。同じように、ペトロ献金を停止する法律では、「キリスト教世界のカトリック信仰の規約にかかわること、そして聖書と神の御言葉が救済に必要だと宣言しているその他いかなることに関しても、キリスト教会の民を斥け、それと袂を分かつ意図は毛頭ない」と主張していた。

したがって、ヘンリーの存命中、典礼と信仰内容についてプロテスタントの改革を行おうとする運動は、大部分、地下に潜らざるを得なかった。とはいえ、そうした運動が存在し、芽を出していることに変わりはなかった。ヘンリー自身が任命したカンタベリー大主教トマス・クランマーは、ケンブリッジ大学の学生時代、そして外交目的でドイツを旅した時から、ルター派の教義の影響を受けていた。またルター派の書物とパンフレットは、イングランドに密輸されていた。たとえクランマーのプロテスタント教義への接近が、ヘンリーの生存中は決定的なものになりえず慎重なものにとどまったとしても、より大きな改革の準備となっていたのである。

イングランド宗教改革において、ヨシア王☆の役割を果たす者として自己を規定するように教育されてきた若きエドワード六世が登位すると、改革の堰が切って落とされた。一五四九年に最初の英語による祈禱書＊が、早祷と晩祷＊、聖餐式＊、そして洗礼＊、堅信＊、婚姻、埋葬の式文をすべて伴った形で出版された。全体的に見て、これは保守的なものだった。東方正教会☆とルター派の典礼の要素があったが、主に中世イングランド教会のセイラム式文☆に基づいていた。中心をなす聖餐式の式文には、伝統的な呼び名であ

祈禱書（*the Book of Common Prayer*）　教会の礼拝においてカトリック教会が使用するラテン語ではなく、自国語である英語の使用を目的に制定された。「礼拝統一令」によって全教会で使用が義務づけられたため、祈禱書の内容が国教会の内部対立の大問題となった。祈禱書による礼拝への強制的出席は思想統制となるからである。また毎日目にする祈禱書の英語は英文学に大きな影響を与えた。

早祷と晩祷（morning prayer and evening prayer）　ともに聖務日課に定められている定時課（Hours）の礼拝、祈り。

聖餐式（Holy Communion）　カトリック教会のミサに相当する。

洗礼（Baptism）　人が神の子として新たに生まれ、教会の一員となる秘跡。原罪と自罪と罰が許される。

堅信（Confirmation）　洗礼による新しい生命を成長させ、信仰のあかしを立てる力を与える秘跡。普通は、ものごとをわきまえる年齢に達した信者に司教によって授けられる。

るミサ（Mass）*という語が残されていたし、伝統的な形式も保たれていた。スティーヴン・ガードナー司教は、それが全質変化の教義を明白に主張してはいないものの、その含みがあることから、カトリック的解釈の余地があると考えた。また聖職者は中世のミサの祭服を着用するものと定められていた。主要な改革点は、全体にわたってラテン語の代わりに英語が使われること（ミサ典礼文のうちで最も神聖な部分、つまりパンとぶどう酒という形色*を聖変化させる言葉すらも）、そして一般信徒にもパンの他に盃が与えられ、両形色《りょうけいしょく》によって聖体に与《あずか》ることになったことである。幼児洗礼のための典礼は、払魔*と幼児に洗礼服*を着せることを残存させていた。また堅信式では、主教が子どもたちに按手*し、その額に十字を切ることが要求されていた。しかしガードナーのような正統的な司教が、この英語で書かれた聖餐式の式文が全質変化として解釈する余地があると考えたという、まさにその事実が、進歩的な改革者、特にマルティン・ブーツァー*のようにイングランドに神学教授として招かれていた外国人聖職者にとって、不快この上ないものになった。実際クランマー自身、この一五四九年の祈禱書を、根本的な改革を目指す自分の見解が別の式文となって

ミサ　Cf. p.15

形色（element）　ミサで使われる聖体、つまりパンとブドウ酒、またはその外見。

払魔（exorcism）　悪霊をローマ定式書によった祭式に従って追い出すこと。これは司教から払魔の許可を受けている司祭が行なう。

洗礼服（chrysom）　罪の浄めの象徴として着せられる白衣。

按手　頭に手を置いて祝別する儀礼的所作。司祭、司教の任命の際にも行われる。

マルティン・ブーツァー（Martin Bucer, 1491-1551）　ストラスブールの宗教改革者。はじめドミニコ会士であったが、一八年ルターの福音主義を受け入れる。二三年から四八年にイングランドに亡命するまで、ミサを廃止するなど新しい教会建設に努力した。

表現されるまでの間の、そして国民を古い秩序から徐々に離乳させることを目的とする暫定的な措置、つまり改革の最初の一ページにすぎないものと考えていたふしがある。

そういうわけで、一五五二年にエドワード六世の第二祈禱書が出された。そこには進歩的なプロテスタントの教義とカルヴァン主義の影響をはっきり見て取ることができる。カトリック的な解釈を許すミサという語は姿を消した。聖餐式からはガードナーがカトリック的解釈を支持するものと主張していた点がすべて取り除かれ、ブーツァーの批判に答えるように徹底的再編が行なわれていた。形色を陪餐者に手渡す言葉は、この式が純粋に記念的な性格のものであることを強調していた。伝統的祭服を着ることははっきりと禁止され、ただサープリス*の着用のみが要求されたのだ。この新しい聖餐式を、聖体の記念とみなす以外の、そしてキリストの体と血の臨在を信受者主義*的に見る以外の解釈で、受け取ることは困難である。クランマーは第一祈禱書からカトリック的な解釈を許容していた曖昧な点を取り除くことによって、ルビコン河を渡った。したがって、メアリ・チューダー*の反動のあと、エリザベス一世が王権の至上性を復活させたとき、

サープリス（surplice）

司祭の礼服
教文館『キリスト教大辞典』より

信受者主義（receptionism） 聖餐のパンとブドウ酒が、聖変化後もそのまま残るが、信仰ある信者はそのパンとブドウ酒とともにキリストの体と血をいただくとする説。

メアリー・チューダー（Mary Tudor, 1516-1558） イングランド女王（1553-8）。ヘンリー八世とその最初の王妃、アラゴンのキャサリンとの子。熱心なカトリック信者として弟エドワード六世の死後カトリシズムを復活させた。プロテスタントを弾圧したため Bloody Mary と称される。

一五五九年の礼拝統一令が公認した祈禱書が、実質的にはこの一五五二年の第二祈禱書だったことに注目しておく必要がある。しかしそこでは、二つの重要な変更がなされていた。一つは、信者の陪餐に際して、一五四九年の祈禱書の言葉が一五五二年の言葉と組み合わされ、「われらの主であるイエス・キリストの体（あるいは血）……が、永遠の命に至るまで汝の体と魂を守りたもうように。汝のために命を捨てた（あるいはキリストの血が汝のために流された）ことの記念としてこれを取り、食べ（あるいは飲み）なさい」となった。この変更の目的は明瞭だ。キリストの臨在に対する信仰を敬虔な陪餐者の胸のうちだけでなく、形色そのものにも認めることだった。第二の変更は、中世以来の祭服の着用を命ずるものだった。その結果、新しい聖餐式は外面的には古いやり方のように見えただろう。実際女王自身は、一五四九年の祈禱書の方を好んでいた可能性が高い。しかし一五五九年の庶民院におけるピューリタンの強い影響力が、一五五二年の祈禱書の採用を強いたのだ。

おそらく重要度においてこれに匹敵する変化が、小教区教会*の内装について起こっていた。ヘンリー八世の治世の間に、迷信的な崇敬の対象とな

小教区教会（parish church）　教会組織の基礎単位。司教から主任司祭に託された、信者の居住地域を基に分けられた共同体。巻末付録2参照。

り得る御像*が教会から取り除かれ始めていた。そしてこの運動はエリザベス一世の時代に完了したのである。それ以後、教区教会の内壁は漆喰で白く塗られ、中世の壁画は消されてしまった。東の壁には主の祈り、*使徒信条、*十戒*が書かれ、そして聖書の言葉がいくつかその上に書かれた。そしてその下には破壊された石の祭壇に代わり質素なテーブル*が置かれた。昔の祭服を着用せよ、という要求すら強制することができなかった。なぜなら教会と聖職者の装飾品は、ほとんどすべて処分されてしまっていたからだ。イングランドの教区教会は目に映る限りでは、ルター派の改革教会よりも大陸のカルヴァン派教会のように見えたのである。

しかしヘンリー八世が導入した主要な改革のうちで最も影響力があったのは、「一番大きな英訳聖書全体」*を、聖職者だけではなく一般信者も読めるように、すべての教区教会に一冊備えよ、という一五三八年に出された命令だった。イングランドにおける宗教の長期的発展からみて、この処置はきわめて重要性が高い。聖書が教会の教義の基準となっただけでなく、人々の信心と敬神の対象にもなったからだ。祈禱書とともに、聖書は教会の公的礼拝の原型となった。そしてそれは個人の信仰に模範《パターン》と霊感を与え

御像（image）　キリスト、聖母マリア、聖人などの彫刻、絵画。教会に置かれ典礼の補助として用いられ、また一般信者の崇敬の対象ともなる。こうした御像はそれ自体が霊的な権能を持っていると信じられているわけではなく、偶像崇拝とは区別される。

主の祈り（the Lord's Prayer）　イエスが弟子たちに教えた祈りの模範（「マタイ」6：9–15）。カトリック教会の祈りを次に掲げる。「天にまします我らの父よ、願わくはみ名の尊まれんことを、み国の来たらんことを、み旨の天に行わるるごとく地にも行われんことを。我らの日用の糧を、こんにち我らに与えたまえ、我らが人に許すごとく我らの罪を許したまえ、我らを試みに引きたまわざれ、我らを悪より救いたまえ。」

使徒信条（the Apostles' Creed）　西方教会が共通して用いているキリスト教の基本的教義を一二か条にまとめたもの。一二使徒がまとめたものと考えられていたためにこの名がある。

十戒（the Ten Commandments; the Decalogue）　モーセがシナイ山で神から受領した二枚の石

るものとなった。一五六三年、イングランド教会が当時の論争に関して、みずからの教義上の立場を三九の信仰箇条として定義した時、本質的な点についての宗教改革作業は完了した。三本で撚られた綱はなかなか切れないものだ。祈禱書、聖書、信仰箇条という形で、イングランド教会の立場が、ローマとジュネーヴの中道*として明らかにされた。これはおそらく最初のうちは達成されるべき目標に過ぎなかったであろう。しかし、一世紀の間続いた嵐と対立が、それを現実に変えていったのである。

版に刻まれていた十の戒律。神とユダヤの民との契約の証。Cf.「出エジプト記」20：2-17。

テーブル（Communion Table）　現在のイングランド国教会では福音主義的な低教会派で一般に使われている。

「一番大きな英訳聖書全体」　一五三九年に刊行されたCoverdale訳の *The Great Bible* である。

中道（Via media）　イングランド国教会の立場をカトリシズムとプロテスタンティズムとの中間であるとする概念。ニューマンをはじめとするオックスフォード運動の指導者たちによって広められた。

［注］

☆28ページ

ヨシヤ王（Josiah）　ユダ王国の王。八歳で即位し、アッシリアの宗教祭儀の除去、エルサレムの神殿の壁から発見された律法の書に基づいて偶像を取り除くなど、宗教改革を行なった。列王記（Kings）下、二二章参照。宗教改革期の君主は旧約聖書の列王記をよく読み、自己の政治の鑑とした。

東方正教会（Eastern Orthodox Church）一〇五四年の東西教会分裂（シスマ）以降、ローマ教会から別れた東ヨーロッパの各独立教会の総称。コンスタンチノープル総主教の首位権を認める。今日ではルーマニア、セルビアなどの国教会となっている。

セイラム式文　中世後期にイングランド、ウェールズ、アイルランドで広く使われるようになった、ソールズベリー（Salisbury）司教座聖堂で編纂された典礼式文。

ヘンリー八世による修道院破壊
「グラストンベリー修道院」　（訳者撮影）

第五章　エリザベスの解決

「われわれがこうして生きていられるのは、全能の神の優しさと、神の僕であるエリザベスのおかげである」と、リチャード・フッカーはエリザベス一世がイングランド教会を敵から守るために与えた庇護に対して感謝の気持ちを言い表した。一瞥したところでは、この称賛の言葉は大げさなもののように見えるかも知れない。歴史家は女王の口座の借方《デビット》に、貸方《クレジット》側と同じぐらい様々な項目を書き入れるであろう。しかし実質的に、このフッカーの言葉は、王権の至上性はエリザベスの統治のもとで、教会を他教会の攻撃から防御し、庇護する役割を果たしただけでなく、宗教上の解決が頓挫してしまうのを防いだという、当時の教会人の確信を反映するものだった。そこで女王の長期に及ぶきわめて重要な統治状況について、もう少し詳しく見ておくことにしよう。

これまでのところで触れられていなかった、イングランドの宗教改革の主な特徴の一つに、主教、司祭、執事*からなる三重の司牧制が保持された事実がある。この決定は、いくつかの位階につけるための叙任規定とともに、エドワード六世治下に定められた聖職叙任式次第*の認可によって行なわれた。この式次第は最初、一五五〇年に出版され、後に一五五二年の祈禱書の一部として改定再出版されたものである。司牧の各位階に叙任する方法は、祈りながら按手し、聖書の一部または全体を候補者に手渡すことだった。執事は新約聖書を、司祭と主教は聖書全体を受け取った。しかし、エリザベスは登位する際に厳しい困難に直面した。つまり、八〇歳代のランダフ司教一人を除いてメアリー女王時代の司教全員が、教会の至上の統治者としての女王に臣従することを拒否したのである。したがって、新しい首位主教となるマシュー・パーカー*をカンタベリー大主教の座につけるための儀式には最大の注意が払われた。これまで大量のインクがこのきわめて重要な歴史の一こまを詳細に論議、検討するために使われてきたので、

執事（deacon）　説教、洗礼の執行、祭壇での奉仕のために叙階された聖職者。カトリック教会では「助祭」と呼ばれ、司祭職への一段階としての性格が強い。

聖職叙任式次第（the Ordinal）　一五四九年制定。

マシュー・パーカー（Matthew Parker, 1504-75）　ケンブリッジ大学時代にカルヴァンの影響を受ける。五九年にエリザベスの最初のカンタベリー大主教に任命され、エドワード六世時代の急進的ピューリタニズムとメアリー時代のカトリシズムとの間の中道路線の定着に尽力した。主教聖書（*Bishops' Bible*, *68*）の編纂、古文書の蒐集も行なった。

ここでは詳細な証拠を提出するのはやめて、ただ結論を述べるだけにしよう。マシュー・パーカーは一五五九年一二月一七日の日曜日に、ランベス宮*の聖堂で英語の叙任式次第に則り、メアリー女王時代に主教の座を奪われ、当時は他の主教区の主教予定者でしかなかったバーロウ*主教とスコーリ*主教によって聖別された。補佐役を務めたのは、エドワード時代の主教で、その時は職についていなかったカヴァデール*主教と、ベドフォードの補佐主教であったジョン・ホジキン*だった。このうちバーロウとホジキンは、ヘンリー八世の時代に聖別されていたが、バーロウの聖別記録がクランマーの登録書に（それは同時代の他の主教の場合と同様にだ）載っていなかったために、バーロウは実は聖別されていないのだと、証明しようとして努力が払われてきた。しかしこれらの研究は蓋然性に乏し過ぎて説得力がなく、バーロウと英語による聖職叙任式次第に関して言えば、マシュー・パーカーはカンタベリー大主教として、正当かつ適切に聖別されたと述べるだけで十分だろう。

　しかしこれは問題のはじまりに過ぎなかった。メアリ時代の司教が亡命したために、エリザベスは主に、メアリによって迫害され大陸に逃れてい

ランベス宮（the Lambeth Palace）Cf. p.

バーロウ（Barlow, William, ?-1568）四八年にバース・アンド・ウェルズ主教となっていたが、メアリーが登位するとポーランドに亡命。エリザベスの即位と共に帰国し、チチェスター主教に任命された。亡命前の主教聖別記録が失われていたため、パーカーの聖別の正当性が疑われることになった。

スコーリ（Scory, John, ?-1585）一五五一年、ロチェスター主教。メアリーの登位後職務を剝奪される。大陸亡命後、エリザベスの即位と共に帰国。六〇年ヘリフォード主教。

カヴァデール（Coverdale, Miles, 1488-1568）ウルガタ訳、ルターのドイツ語訳、ティンダルの英訳をもとに聖書の英訳を完成させ、三五年に最初の完訳英語聖書を出版した。長くドイツに滞在し、ルターの思想をイングランドに伝える役割を果した。五一年エクセター主教。

ジョン・ホジキン（John Hodgkin, ?-1560）不詳。

た聖職者のうちから主教団を補充しなければならなかった。彼らは大陸でカルヴァン派改革教会の完全な形を見てきており、一五五二年の祈禱書の妥協でさえも恥ずべきものと考えた。そこで典礼・儀式を最小限に抑えようとするエリザベス朝教会の長い闘争が始まった。すぐに中世の祭服の着用は強制できないことが明白になった。そこでパーカーはコープ☆を唯一の拠り所にしたが、これも強制できなくなり、一五六六年までには、聖餐式を行うときにのみサープリスを着用するように命じることしかできなくなった。それでもなお、サープリスに対する抗議として、最初の非同調者が現れた。同時に、さらに過激な聖職者は、祈禱書から唾棄すべき部分を自ら取り除くという制裁を加えた。パーカーは勇猛に戦ったが、最小限の一致基準を確保するにとどまった。カンタベリー大主教としての彼の後任であるエドマンド・グリンダル＊は、ピューリタンに同調したため思い切った対応が取れず、そのために女王から停職処分を受けた。外見上の一致を実現するために強制的手段を取ることが可能になるのは、ジョン・ホィットギフト＊が首位主教になり、権威と手続きの面で、大権裁判所である高等宗務官裁判所の支持を受けてからのことだった。

エドマンド・グリンダル（Edmund Grindal, c.1519-83）　五一年にエドワード六世の礼拝堂付き牧師となったが、メアリー時代に大陸に亡命。エリザベスの即位と共に帰国。七六年カンタベリー大主教。ピューリタンに同情的であったために、七七年以降女王によって職務停止処分を受けた。

ジョン・ホィットギフト（John Whitgift, 1532-1604）　六三年母校ケンブリッジ大学の神学教授。国教会体制の擁護者となり、同僚神学教授で長老派のトマス・カートライト（Thomas Cartwright）の追放に加担した。八三年カンタベリー大主教。

エリザベスの宗教解決は、二つの相反する立場から攻撃にさらされていたというのが真相だ。一方には、一五七〇年にローマ教皇が出したエリザベス破門の布告に従って、国教化された教会を去ったローマ・カトリック教徒がいた。他方には、進歩的なピューリタンがおり、彼らは一五五九年の妥協をくつがえし、ジュネーヴのモデルに完全に従うことを望んでいた。イングランド教会の見地に立てば、これら二つの勢力との論争から、教会の立場と教義に関する二つの古典的弁明書が生み出されたということになる。国教拒否者*に対して、ソールズベリー主教のジョン・ジュエル*は一五六二年に、『イングランド教会を擁護するための弁明、あるいは回答』*を出版した。その中で彼は、イングランド教会が「使徒と昔の普遍教会の教父たちに立ち返った」証拠として、三つの信条*、司牧の三位階、福音書に示されている二つの聖奠を保持しているという事実を指摘した。同時に彼は、否定されたローマ教会の腐敗と誤謬を特定し、論敵であるカトリック教徒に対して聖書と初代教会の教父文書から彼らの言い分を立証してみせるように挑み、教皇の至上性に対して王権の至上性を擁護した。彼は「なるほどわれわれは彼らから袂を分かった。……にもかかわらず、初代

国教忌避者（recusant） イングランド国教会の基本原則である国王の至上権を認めず、国教会の礼拝に出席を拒否する者。字義的には国教会以外のプロテスタント諸派（Nonconformists）も含まれるが、カトリック教徒に対して限定的に用いられる。

ジョン・ジュエル（John Jewel, 1522-71） エドワード六世時代に熱心なプロテスタント信者となり、メアリー時代はドイツに亡命。エリザベスの即位後に帰国し、ソールズベリー主教となる。ウェストミンスター宗教会議で活躍。

『イングランド教会を擁護するための弁明、あるいは回答』（*Apologie or Answere in defence of the Church of England*） 一五六二年刊行。エリザベスの宗教体制弁護の代表作。女王の命によって全教会に備えられた。

三つの信条 使徒信条、ニケア信条、アタナシウス信条の三つ。

教会から、使徒たちから、そしてキリストから、われわれは離れていないのである」と書いている。彼は「われわれは昔あった教会ではなく、今現在の教会を見捨てたのだ」と結論づけた。

しかしピューリタン側からの非難はさらに攻撃的で教会を揺るがすものであった。そこから「改革の改革」運動、つまり古い秩序に由来するものすべてを取り除き、教会で行われることすべてに対して、聖書の権威、つまり特定の記述があるという保証を要求する運動が出てきた。この過激な攻撃から国教会を弁護する者として白羽の矢が立ったのは、エリザベス朝教会の最も偉大な神学者で、アングリカニズムの歴史を飾る、テンプル教会の説教師、リチャード・フッカー*だった。大著『教会政治理法論』*によって彼は、アングリカンの立場である中道路線を正当化する基礎を築いた。この書物はまず、概念と性格において中世的な、法が宇宙に広がっているという、堂々たる検証で始まり、それによってフッカーは、聖書だけが神の法を含むというピューリタンの主張を斥けた。彼はアングリカンの立場を説明するために、三つの権威、すなわち聖書、伝統、理性に訴えた。もちろんこれらのなかで、聖書は抜きんでたものであり、特に、救われるた

リチャード・フッカー　Cf.p.23

『教会政治理法論』(*Of the Laws of Ecclesiastical Polity*)　四巻まで一五九四年刊。五巻一五九七年、六・八巻は一六四八年、七巻は一六六二年に刊行された。英語散文の古典としても評価が高い。

めに信じなければならないことについて聖書が明確に述べている場合は、その権威は最高のものだった。しかし聖書に確かな根拠が求められない場合には、教会の伝統を考慮するのが賢明だ。たとえば、イングランド教会が主教制を保持したことがそれにあたる。さらにフッカーは、人間理性を神からの贈り物と認め、性質上重要ではない事柄の決定にあたっては、理性による判断が考慮されるべきだと考えた。そういうわけで彼は、教会で行われる崇拝、行政、儀式のすべてについて、それぞれ聖書の命令が必要だというピューリタンの主張を許容することができなかった。フッカーの弁明は幅広く、寛容かつ普遍的なものだった。おそらくそれが与えた一番大きな影響は、当時の国教会の信徒に自信を与えたことだろう。彼は次のことを思い出させたのである。「聖霊がこの国民教会の豊かな知恵に働きかけて産み出す定めにより、われわれが日々刈り取られるのを目にしている実りに対して神を称え、賛美した方がよいだろう。……われわれは訴えるのはやめよう。あるときはわれわれ自身の教会から他の教会に対して、またあるときは両者が一緒になって、そのどちらよりも古い教会に対して、そして事実上はいつも他からわれわれ自身に対してのそうした子供じみた訴えを。そうではなくて、平和の道を謙遜に進む者にふさわしく、われわれの教会の声を敬い、尊敬し、それに従おう」。

エリザベス一世女王
J. H. Pollen, *The English Catholics in the Reign of Queen Elizabeth* より

［注］

☆38ページ

コープ（cope）　司教、司祭が行列などのときに着るマント。前開きの床に届くほど長い外衣で、胸のところに留め金がついている。

ここで聖職服論争（Vestiarian Controversy）について整理しておこう。ピューリタンたちはなぜ激しく聖職服の着用を拒絶したか。イングランド国教会は、聖職服は「アディアフォラ」（中立無規定事項＝福音信仰を否定しない限り、聖書に明白な禁止規定がないときには、教会の秩序維持のために譲歩しうるものがあるとする考え。イングランド国教会は祈禱書もこれに含まれるとする。）に属し、聖書が明確に禁止していないため、各国教会が正当な権威によって決定することができると考えるが、ピューリタンはそれらが長い間ローマ・カトリック教会によって使用されてきたために中立ではありえず、偶像崇拝的、迷信的、反キリスト的だとして攻撃した。エリザベス体制の下ではピューリタンの主張は通らなかったが、彼らの問題意識は聖職服の着用を強制する主教、さらには一般信者に過ぎない君主に信仰に関することを決定する権限があるかという、より根源的な問いかけとなって受け継がれていく。

主教の礼服
教文館『キリスト教大辞典』より

第六章　エリザベス朝のピューリタニズム（1）長老主義

「まったく！　彼には時々ピューリタンのようなところがあるんだから」と、シェイクスピアの『十二夜』* に登場するマライアはマルヴォリオについて語る。これに対して、サー・アンドルー・アゲチークは「私だったら、やつのことを犬みたいにひっぱたいてやるのに」と答える。そして仲間のトウビィ・ベルチに「えっ、彼がピューリタンだということでですか。あなたの立派な理性はどこにいったのでしょう」とたしなめられると、「理性は十分に持ってはいるが、この件に関する理性は持ち合わせておらぬ」としか答えることができない。ピューリタンという名が、これら酩酊した紳士を立腹させるということは十分あり得ることだった。シェイクスピア

*『十二夜』（*Twelfth Night*）シェイクスピアの喜劇、一六〇一年初演。

がこのようにピューリタンという名を出し、ベン・ジョンソン*が『バーソロミュー・フェア』*で登場人物として配置したことは、その時代がピューリタニズムをかなり嫌っていたことを示している。しかしながら、このようにからかわれていても、ピューリタニズムの運動は、エリザベス朝の最も重要な宗教的影響力の一つであった。その根本的確信は、イングランド教会は、ローマとジュネーヴの不安定な中間点にしか到達しておらず、それを完全で一貫したものにするためには「宗教改革の改革」が必要だということだった。

　このピューリタンの確信は、エリザベス朝の初めから存在していた。というのも、一五五九年に開かれたエリザベス朝最初の議会の庶民院で強大な勢力であったピューリタンは、女王の意向を押さえ、首長令を成立させるならば礼拝統一令も制定せよという主張を通し、それによって認可されるべき祈禱書はエドワード六世の第一祈禱書ではなく、第二祈禱書と定めたからだ。しかし、最初から聖職者と一般信徒の多くは、この祈禱書にも満足していなかった。対立はサープリスの着用をめぐっておこった。一五六七年にカンタベリー大主教のパーカーは、サープリスの着用を拒んだロ

ベン・ジョンソン（Ben Jonson, 1572-1637）劇作家・詩人。シェイクスピアと同様、大学教育を受けていないが、学識豊かで古典に精通。人間の醜さと社会を風刺する喜劇に本領を発揮した。ジェームズ一世の信任を得て宮廷劇作家となった。

『バーソロミュー・フェア』（*Bartholomew Fayer*）一六一四年の作品。清教徒Zeal-of-the-Landの偽善が暴かれる。ピューリタンを風刺する作品としては『錬金術師』（*The Alchemist.* 1610）もある。

ンドンの有能な聖職者の幾人かを罷免せざるを得なくなった。この裁定から、国教会に従わない最初の信者団体が生まれた。彼らはプラマーズ・ホールで集会を持ち、ジョン・ノックス☆のジュネーヴ礼拝書を用いた。対立はまもなくもっと重大な問題、つまり教会運営の面で、主教制に代わり長老制を採用し、祈禱書に代えてカルヴァンの礼拝書を使用する要求へと発展した。エリザベス一世時代のピューリタン運動は、まさにケンブリッジの運動と呼ぶことができよう。というのは、長老派*も独立派*もともに、その指導者はケンブリッジ大学の出身だったからだ。実際最初に長老主義のラッパを吹き鳴らしたのは、レィディ・マーガレット神学教授*のトマス・カートライト☆であって、それは使徒行録についての講義中のことだった。講義の中で彼は、イングランド教会を初代教会の組織に一致させよと主張した。

運動は大学から拡がっていった。一五七二年に、最初の辛辣な批判が今日の「国会議員への公開質問状」にあたる、『議会への勧告』*となって現れた。この声明の著者たちは次のように述べている。「それゆえどうか賢明なる諸氏には理解していただきたい。われわれイングランド人民は、ま

長老派（Presbyterians）　カルヴァン主義に基づく。信仰内容は「ウェストミンスター信仰告白」に表されている。教会運営上の特色は、主教制教会と違い信徒集会で選出される信徒代表の長老（presbyter）が牧師を選任する。教会組織としては、地域の教会を束ねる地区長老会（Presbytery）、いくつかの地区を管轄する地方長老会（Synod）、その上に最高権威として教会総会（General Assembly）を設けている。イングランドでは一九七二年に会衆派と合同して、合同改革教会（United Reformed Church）が設立された。

独立派（Independents）ブラウン派（Brownists）、会衆派（Congregationalists、日本では組合教会とも呼ばれる）など、地域教会の自主性を重んじ、国教会からの分離独立を求める一派。

レィディ・マーガレット神学教授（*Lady Margaret Professor of Divinity*）　ヘンリー七世の母であるMargaret Beaufort（1443-1509）がオックスフォードとケンブリッジの両大学に寄贈した教授職。

『議会への勧告』（*Admonition to Parliament*）

ったく神の言葉の法に従って正しく改革された教会を持つに至っておらず，外見的な改革にも至っていないことを。……真のキリスト教会の外見上の印は、神の言葉についての純粋な説教、聖礼典の誠実な執行、欠点を厳しく訓戒し訂正する教会規律である」。この三つの項目すべてにおいて、国教会は不十分とされた。彼らによれば、国教会の聖職者は正当に任命されたものとは言えなかったし、学識もなかった。聖奠は依然として「歌、オルガン、サープリスとコープの着用」によって束縛されていた。また国教会は一般信徒を適切に指導する規律がないこと、改革教会の物笑いの種となっていた。さらに著者たちは、祈禱書の批判をしないわけにはいかなかった。彼らはそれを「カトリックの掃き溜め、ミサ典書*から抜粋された忌まわしきものに満ちた不完全な本」と呼んだ。同じ年に『第二の勧告*』が出され、改革の方法を述べて、第一勧告の穴が埋められた。聖職者は牧師、教師、長老、執事によって構成されるべきとされ、その任命に関する規則がおのおのの責務とともに規定された。牧師は地域集会に参加し「預言と聖書解釈」の訓練を受け、地方と全国の聖職者会議が開かれるべきだとされた。各教会は信者を監督するための牧師と、信者から選ばれた一般

一五七二年刊。執筆者はジョン・フィールドとトマス・ウィルコックス。

ミサ典書（*Missal*）　司祭がミサを捧げるために必要な章句（典礼暦にしたがって変化する）と祭壇で唱える祈りを収録する。

『第二の勧告』（*Second Admonition*）　トマス・カートライトが執筆し広く流布した。後のカンタベリー大主教、ジョン・ホイットギフトが反論を書いた。

信徒の長老からなる長老法院*を持つべきであり、最終的な処罰は破門で、それは「恐ろしいことである。聖書に規定されていることであり、したがって改革キリスト教会が適用できるものだからだ。この世の罰はないが、永遠の地獄が待っている」。

こうした文書の目的は、議会にエリザベスの宗教解決を改めさせることであった。長老派は国家の、国教化された教会を固く支持していたのであり、女王と主教がこれを無視するなら、議会が反応すべきだと考えていた。そもそも礼拝統一令と首長令を制定したのは議会であり、制定したものは制定し直すことができるというわけである。こうした一般方針に対して同時代人が与えた名称は「為政者を待ち望む」というもので、それは合法的手段による改革を求めることを意味した。しかしこの路線は、エリザベス一世が自分の宗教解決に庶民院が干渉することを許さなかったために成功しなかった。窮地に追い込まれた長老派は、次にどのような手を打つことができただろうか。彼らはすでに「聖書釈義集会」*という名で知られる有名な行動を組織化し始めていた。それは一般信者も時には参加することが許される聖職者の地域集会で、聖書の一節が解釈されるのだった。こうし

長老法院(consistory) 各教会の長老、牧師で構成される最下位の宗教裁判所。スコットランドのKirk sessionに相当する。

「**聖書釈義集会**」(prophesying) 平日の午前中に聖職者と信者が集い、聖書研究、祈祷を行なうもの。新任牧師にとっては説教の訓練の場となった。一五七一年、ノーサンプトンで始められた。

た行動には、確かに嘆かわしいほど低かった聖職者の教育水準を引き上げるという確かな効果があった。グリンダル大主教を含む多くの主教は、こうした集会を統制することで対処したかったが、女王は弾圧することを主張した。

したがって、長老派が次に取った行動はさらに大胆なものだった。彼らは、国教制度の枠内に完全な自由意志と同意に基づく彼ら自身の教会制度を導入し始めた。この運動は「クラシス」*という名で知られているものだが、イースト・アングリアと中部地方で勢力を得た。長老主義に同調的な聖職者は、主教による聖職叙任と、個人の聖職禄授与権*による叙任に服従したが、同時に実際に聖職禄を受ける前に会衆の同意と選任を待った。そして彼らはvicarやrectorという名称よりもpastorという名で自分たちを呼んだ。彼らは互いに訓戒、叱責するために地域の集会を持ち、教会規律に自己を従属させたいと願う一般信徒もあとに続いた。こうしたさまざまな集会間の連絡が維持され、特に議会に誓願を送るときには共通方針に近いものが採択された。一五八三年に、ロンドン地域のいくつかのクラシス間で「ここまでは改革を進めてよいけれども、イングランド国教会の平和を

「クラシス」（classis）　カルヴァン主義の教会制度の基礎単位。地方長老会。国教制度の枠の中での改革を狙うピューリタン聖職者は主教を公然と無視し、一般信者代表の長老と牧師から構成される長老会の規律に従った。

聖職禄授与権（patronage; advowson）　聖職者を聖職禄に推薦する権利。推挙権者（patron）は主教の場合もあれば、俗人の個人、団体の場合もあった。俗人の推挙権は、中世に貴族が保有地に教会を建設し、それを寄進することに対する代償として与えられたのが始まり。一二世紀から財産権として認められており、遺贈、売買が可能となった。

乱すことはしない」ことが同意された。同年、ジョン・ホィットギフトがカンタベリー大主教になった時、エセックスのデダムのクラシスは「教会と教会規律に対して好意的であるようにと、彼に書き送ること」を決議した。しかしまもなくロンドンから、ホィットギフトは「今やかつての傾向を示している。……彼を抑えることができなければ、教会から平和はなくなるだろう」という知らせが届いた。

しかし、抑えられることになるのは、首位主教の方ではなく長老派の方だった。女王の後ろ盾と、再編された高等宗務官裁判所を使って、教会の方針に従わないすべての者を抑える厳しい手段が取られた。カートライトも投獄され、裁判にかけられた。長老主義運動は大部分地下に潜らざるを得なくなった。そして、彼らの「為政者を待ち望む」時間は半世紀以上も続くことになり、ようやく一七世紀の内戦時代につかの間の勝利を勝ち取ることになる。ここで注意すべきなのは、彼らが支持する教会制度は教会の民主主義制とは異なるということだ。牧師は会衆から選挙され、会衆から選ばれた一般信徒である長老の助けを借りて教会を管理するのではあるが、長老は新約聖書に記されている長老あるいは主教が行使した権力のすべてを要求した。説教し、教え、聖礼典を執り行い、教会の譴責を実行する権限を与えられたのは彼らであり、聖職の恒久的な階級だった。一世紀半以上の間、長老主義はプロテスタントの国教忌避者のうちで最大の団体だった。しかしすでに彼らは、さらに過激でもっと民主主義的なプロテスタントのあり方、すなわち組織上の中庸と為政者を待ち望むという方針とをともに拒絶する教派の挑戦を受けていた。この新しい過激な運動は「何者をも待ち望まない」ことをその原理として採用した。次章では独立派とバプテスト派の生みの親であるこの運動を取り上げることにしよう。

［注］

☆46ページ

ジョン・ノックス（John Knox, c.1513-72）スコットランドの宗教改革者。グラスゴー大学出身。メアリー女王時代にジュネーブに亡命し、カルヴァンの影響を強く受け、スコットランド帰国後、六〇年に長老主義に基づくスコットランド教会（Church of Scotland）を設立した。

トマス・カートライト（Thomas Cartwright, 1535-1603）ケンブリッジ大学・セント・ジョンズ・コレッジ出身。カトリックのメアリー一世時代を大陸で過ごす。帰国後神学教授となるが、ホイットギフトとの対立から職を追われ、ジュネーブに再度亡命した。

こうした装飾が批判にさらされた
「ヨーク・ミンスター」（訳者撮影）

第七章　エリザベス朝のピューリタニズム（2）
独立派とバプテスト派

「政治家になるよりはブラウン主義者になる方がましだ」とシェイクスピアの『十二夜』の中でサー・アンドルー・アギチークは軽口をたたく。しかしここでブラウン主義者は、賞賛の意味で言及されているのではない。というのは、ブラウン主義者とは、前章で述べた長老派と異なり、国教会の内部に留まりながら改革を目指す方針を拒絶する過激なピューリタンのことであり、行動の原理・指針として、ロバート・ブラウン*の著した『何者にも期待しないで行われるべき宗教改革*』というパンフレットの表題が意味することを採用していた。そして国民教会から分かれ分離派教会を組織することで、この信条を実践した。したがってブラウン主義者と呼ばれ

ロバート・ブラウン（Robert Browne, c.1550-1633）　分離主義（Separatism）、組合教会（会衆派、Congregationalists）の創始者。ケンブリッジ大学に学び、長老派のカートライトの影響を受ける。教区制に基づく国教会を批判し、ノリッジで自由教会を設立したが、迫害にあいオランダに移住。そこで分裂が起こり、数家族と共にエディンバラに移住。牢獄生活を経験した後、国教会の聖職につく。

『何者にも期待しないで行われるべき宗教改革』（*A Treatise of Reformation without tarrying for anie*）

る人々は、イングランドの宗教・政治思想史上きわめて重要な意味を持つ。彼らこそが良心と神に対する義務を理由に、教会と国家が組み合わされた権威に挑戦した最初の国教忌避者*だからだ。

　分離派のはじまりは、ロンドンのリチャード・フィッツ☆のもとに信者が集まり、互いに、そしてキリストに対して、「反キリストの遺物には戻らない」、またイングランド教会の中にいる「ローマの野獣の印《マーク》を受けた者たち」のところには戻らないという契約を結んだ一五六七年に遡ることができよう。しかし、そのような「私的な教会」は当然、はかない、つかの間のものだった。次に分離派が勢いを得たのは、ともにケンブリッジ大学出身のロバート・ブラウンとロバート・ハリソン☆からだった。彼らは迫害から逃れるために、一五八二年オランダ連合州のミッテルブルヒ*に向かった。そこでブラウンは、分離派の原理となるものの輪郭を定めた。特に「集められた教会」*という原理を明確にかつ力強く述べた。「植え付けられた、または集められた教会とは、クリスチャン、つまり信仰者の集まりであって、彼らは神と進んで結んだ契約によって、神とキリストの支配を受け、一つの聖なる交わりのなかで神の法を守る」。ブラウンは、国教会と

国教忌避者（dissenters）　非国教徒を意味する語には、nonconformist があるが、dissenter は国家教会に反対するだけではなく、国教会の原理そのものに異を唱える人に対して使われる。

オランダ連合州のミッテルブルヒ（Middleburgh）　連合州とはスペインの支配から脱したネーデルランド北部七州のユトレヒト同盟から発展した共和国。

「集められた教会」（gathered church）　教区教会の中にはピューリタンの目から見て「純粋な」キリスト教徒とはいえない、つまり信仰告白もせず、ただ幼児洗礼によって自動的に教会員になっているに過ぎない信者が当然含まれていた。分離派の人々は信仰心篤い者のみが分離し、いわばエリート信者の集団、会衆（congregation）だけで教会を構成しようとした。

長老派が教会員として認める、名ばかりのキリスト教徒が混在する群衆などに、用はなかったのである。彼にとって教会とは、神が「選ばれた民」として邪悪な世界から召し出された者によってのみ構成されるものだった。そうした教会では、国王は権力も権威も持ち得なかった。まして国王が教会改革を実行してくれるのを待つという方策に、何らの利益も認めることはできなかった。改革は各教区の「少数であっても最善の信者が始めなければならない」のだ。さらにキリストの権威は、主教制であれ、長老制であれ、聖職者の位階制度によってではなく、聖なる神の民によって行使されるのだ。このようにブラウンは、組合教会派の教会政治の原理を決定した。もっとも後に彼は、国教会に従うようになり、その聖職禄を受けるようになったのではあるが。

ロバート・ブラウンは信仰告白者としての召命を全うすることができなかったが、ヘンリー・バロウ*、ジョン・グリーンウッド*、ジョン・ペンリー*は、独立派の殉教者となる運命にあった。なかでもバロウは、本質的に民主主義的な教会政治制度を作り上げた。彼はその教義を聖書と聖霊による光明に基づかせ、すべての教会員が「聖職者であり教会人である」と主

ヘンリー・バロウ（Henry Barrowe, c.1550-93） ケンブリッジ大学クレア・ホールに学ぶ。獄中で分離主義の書物を著し（代表作 *A True Description of the Visible Congregation of the Saints*「聖徒の可視的会衆についての真の叙述」1589）、友人たちによってオランダで出版。グリーンウッド、ペンリーと共にタイバーン処刑場で絞首刑。

ジョン・グリーンウッド（John Greenwood, c.1560-93） ケンブリッジ大学コーパス・クリスティ・コレッジに学ぶ。国家教会の理念を批判し、ピューリタニズムを徹底し国教会からの分離を主張した。

ジョン・ペンリー（John Penry, 1559-93） ウェールズ生まれ。ケンブリッジ大学ピーターハウスに学ぶ。ピューリタンの急進派、ブラウンの教会に属した。

張した。彼は「われわれは古いカトリック教会の平信徒*という言葉が、何を意味するのか理解できない」からだと、つけ加えている。したがって地域の教会は、その構成員全体で「キリストに対して一つの体を構成し、教会のあらゆる事項はその体全体に属する」。確かに職務と役目の違いはあったが、それは位階の違いではなかった。牧師であれ、教師であれ、長老であれ、執事であれ、教会職務への任命は「主の定めた法に則り、主の聖なる民による神聖で自由な選挙による。そして選ばれた人は与えられた能力を試し、認証してもらえるようにするためには、聖霊の指示を請い求めながら、断食と祈りによって身を低くする」。こうした方法により「神の民の一人一人が、教会の職務に就く人を選ぶ選挙に参加した」。したがって会衆が牧師より前に存在したのだ。「彼らのうちに欠点、怠慢がなければ、聖職者が存在せず聖礼典を受けられなくても」、会衆はしばらくの間は存続することができた。というのは、バロウによれば、聖礼典すらも「教会の永遠の印ではなかった」からだ。主が言葉を与えるならば、教会のいかなる者であっても預言をする自由があると主張することによって、バロウは教会政治の民主主義的な性格をさらに強調した。「陪餐者であれ

平信徒（layman）　位階制を維持する教会で、聖職についていない「一般信者」のこと。

ば教会のどんな会員であれ、教会で行われる叱責には、牧師と同じように関与しており、神の御言葉の定めるところに従い、牧師が信者の誤り、逸脱を非難するのと同じ力を、牧師の誤り、逸脱を叱責するために有している」。このようにして、キリスト教民主主義のモデルが実現された。やがてこれが教会の制度から共和国家の制度へと拡大していくのである。さらにバロウ、グリーンウッド、ペンリーの殉教によって、一時的に信者がオランダに亡命することになったが、ジェイムズ一世時代に、そこからヘンリー・ジェイコブ☆が帰国してくる。彼は一六一六年、サザーク*に、最初の永続する組合教会を設立した。

この分離派と同じ根から、直接の連携関係はないが、大陸の再洗礼派*と多くの点で明らかな類似性を持つバプテスト派が出てきた。「イングランドの組織されたバプテスト、とりわけ一般バプテスト*の父であり創立者」であるジョン・スミス*は、まず国教会の聖職につき、次に幼児洗礼の問題で袂を分かつまで独立派の牧師だった。教会は信仰告白をした信者だけを基礎にして設立されるべきだと確信した彼は、まず亡命先のアムステルダムに滞在中、自分自身に再洗礼を施し、ついで彼の会衆にも施した。しか

サザーク (Southwark) ロンドンのテムズ川南岸に位置し、再建されたグローブ劇場がある。チョーサーのカンタベリーに向かう巡礼たちが集まった旅籠もここにあったことになっている。

再洗礼派 (Anabaptists) 一六世紀にスイスで起こった幼児洗礼を認めず大人の回心者に洗礼(浸礼)を施すべきだと主張するプロテスタントの一派。洗礼を二度受けるという意味ではない。

一般バプテスト (the General Baptist) 神学においてはアルミニウス主義を採用する。教会制度としては長老派的な制度を採用する。後にユニタリアニズムに傾く。Cf. Particular Baptists

ジョン・スミス (John Smyth, ?1570-1612) ケンブリッジ大学クライスツ・コレッジ出身。普遍救済説を信奉する一般バプテストの創始者。

し洗礼の方法は、浸礼*ではなく、洗礼盤の水を注ぐ伝統的な方法を採用した。同様に重要なのは、スミスが、キリストは選ばれた者だけのために死んだという、カルヴァン派の主流をなした教義に反対し、キリストはあらゆる人のために死んだのだという、アルミニウス*の考えを採用したことだ。イングランド人による最初のバプテスト教会は、実際にはこうして異国の地に設立された。そしてスミスの支持者の一人で法律家のトマス・ヘルウィス*に対して、一六一二年、スピタルフィールズにイングランド最初のバプテスト教会を設立する栄誉が与えられることになった。スミスもヘルウィスもともに、宗教的寛容と良心の自由の原則を明確にする先駆者となった。スミスはどのような教会であれ、為政者が人々に教会に忠実であれと強いる権利はなく、「為政者はキリスト教信仰を各自の良心に任せなければならない」と主張した。なぜならば、「キリストだけが教会と良心の王であり立法者だ」からだ。同様にヘルウィスは「神に対する人間の信仰は、神と人間の間のことで、国王はそれに責任はないし、神と人間の間の判事になれるものでもない」と断言した。ここにわれわれは、当時はほとんど注意されなかったが、未来に対する希望に満ちた新しい声を聞くことがで

浸礼（immersion）　受洗者の全身を水につける洗礼方式。バプテスト派のほかに、東方教会でも行われる。

アルミニウス（Arminius, Jacobus, 1560-1609）　オランダの改革派神学者。ライデン大学教授。彼の教説はドルトモント宗教会議において異端として弾劾される。ウェスレーのメソジスト運動に影響を与える。

トマス・ヘルウィス（Thomas Helwys, c.1550-c.1616）　J・スミスとともにスクルービとゲインズバラの分離派の人々を率いてオランダに移住し、アムステルダムに分離派教会を設立。

きる。およそ一世代あとの一六三三年と一六三八年の間に、幼児洗礼の問題をめぐって独立派から分かれ、特定、別名カルヴァン主義バプテスト*と呼ばれる派が現れた。彼らは最初から浸礼による洗礼を施しており、まもなく一般バプテスト派もこれに習うようになった。

ピューリタニズムに分離派の運動が出現したことは（トマス・カートライトの後の経歴が示しているように）、独立派とバプテスト派という過激なセクトに対して、国教会と長老派がより密接な関係を結ぶ先触れとなった。というのは、公の礼拝に際して、国教会と長老派が決められた一定の祈りを求めたのに対し、分離派は自由な即興的な祈りを主張し、また国教会と長老派の位階制に反対して、民主主義的な教会の先駆者となったからだ。マシュー・パーカー大主教がご免被りたいと願っていた事態、すなわち「ものごとを定める人民」の登場という状況が生じたのだ。しかしおそらくもっと重要なのは、「集められた」教会の支持者が、神のためにカエサル*に挑戦し、「リヴァイアサン」*（国家）が人間の良心を操作するという主張に抵抗したことであろう。ホッブズ*、そしてヒットラー☆に対する回答は、すでにバロウ、グリーンウッド、ペンリーの生涯と死によって与えら

特定、別名カルヴァン主義バプテスト（the Particular or Calvinistic Baptists）　カルヴァン主義の神学を採用し、教会制度としては独立派的な制度を採用する。

カエサル（Caesar）　ローマ帝国皇帝の称号。イエス・キリストの時代のパレスチナはローマの支配下にあり、皇帝は絶大な権力を有し、神的存在として崇拝されていた。新約聖書の文脈ではこの世の支配者の意味で登場する。

『リヴァイアサン』（*Leviathan*）　人間は自然状態に置かれると自己保存の権利を行使するため、万人に対する万人の戦いとなる。そこで唯一の秩序維持方法として絶対的な主権とそれに対する服従が必要だと主張する。リヴァイアサンとは旧約聖書に出る海獣で、君主の主権はそれほど強力なものであるべきというのがホッブズの意図。ホッブズはこの著作によって絶対王政の擁護者とみなされた。

ホッブズ（Hobbes, Thomas, 1588-1679）　オックスフォード大学出身。四〇年ピューリタン革命前夜の騒乱を避け、フランスに亡命。主著の『リヴァイアサン』もパリで発表された。チャールズ二世の教師も務めた。

れていたのである。

「浸礼」　一八世紀の版画（訳者所蔵）

［注］

☆54ページ

リチャード・フィッツ（Richard Fitz） 私教会（privy church）を作った。

ロバート・ハリソン（Robert Harrison, ?-1585?） ケンブリッジ大学コーパス・クリスティ・コレッジ出身。七四年祈禱書に反対したため教職を追われる。ノリッジでブラウンの教会設立を援助。共にミッテルブルヒに移住した。

☆57ページ

ヘンリー・ジェイコブ（Henry Jacob, c.1563-c.1626） 「千人請願」の組織者として活躍。大主教バンクロフトの迫害によってオランダに亡命。晩年にアメリカのヴァージニア植民地に入り、布教。

☆59ページ

ヒットラー（Hitler, Adolf, 1889-1945） オーストリア生まれのドイツの政治家・ナチス指導者。

第八章　ローマ・カトリック

女王に対する陰謀を画策した反逆罪のかどで、アンソニー・バビントン*とともに今しも処刑されようとしているジョン・バラード*に対して、福者ジョン・ボスト*は「あなたと私は司祭であり、人の魂を征服するのが私たちの本分で、この世の侵略に関わることではありません。そうしたことは私たちの務めではないのです」と語った。この言葉にエリザベス一世時代のローマ・カトリック教徒迫害の悲劇が要約されている。エリザベスが国民統合を強固なものにする手段として、そして国民の忠誠の焦点として企図した教会解決は、ピューリタンの熱心な信者だけでなく、「古い宗教」を擁護する多くの人々の心もとらえることができなかった。当初、エリザ

アンソニー・バビントン（Anthony Babington, 1561-1586）　エリザベスを暗殺し、スコットランドのメアリーを王位につけようとしたカトリックの陰謀の首謀者。

ジョン・バラード（John Ballard, ?-1586）　カトリック司祭。一五八一年にイングランド入国。「バビントン・プロット」に積極的にかかわる。

福者ジョン・ボスト（Blessed John Boste, 1543?-1594）　オックスフォード大学で教育を受け、カトリックに改宗。ドゥエイで神父となり、一五八一年帰国。

ベスは国教会に保守派を引き入れる希望を抱いていた。メアリー女王時代の司教の中から、改訂された国王至上令*を受け入れる者が出てくることすら願っていた。特に、ヘンリー八世による教会分裂以前の時代からの生き残りである、ダラム司教・尊者クスバート・タンストール☆に対して、その期待が高まっていた。聖職を追われたメアリー女王時代の司教たちは比較的寛大な処遇を受けた。また重要な意義を持つ次の事実も忘れられてはならない。すなわち一五五九年から一五七〇年までの間、宗教が原因でカトリック教徒が処刑されたことは一度もないという事実だ。この期間の宗教状況は不安定かつ不確実であった。トリエント公会議*が一五六三年の一二月に終了するまで、ローマ教会の立場自体が明白には決定されていなかったのである。公会議後も、教皇庁はイングランドの状況が再び逆転するという希望を依然として抱いていた。

しかしながら最終的には、一五七〇年に出された教皇大勅書「レグナンス・イン・エクスチェルシス」*によって、教皇ピウス五世☆は、エリザベス一世が異端であると宣言し、女王の教会と宗教的交わりを持つことを禁止したばかりか、彼女からイングランド王国を統治する権利を奪い、国民は

改訂された国王至上令　すべての聖職者は女王が国教会の「最高の統治者」（ヘンリー八世の教会改革では「最高の首長」）であると宣誓しなければならないが、名称変更によって君主は祭司的権威ではなく、教会行政上の権威を行使することが明確化された。

トリエント公会議（the Council of Trent）公会議とは司教を初めとするカトリック教会の聖職上位者が集まり、教義、教会規律の問題を議論し、最高の権威を持って決定する会議。その決定は教令と呼ばれ、教会法に含まれる。西欧のプロテスタントによる宗教改革を受けて開催されたトリエント公会議（1545-63）では、ラテン語訳のウルガタ聖書の正統性、煉獄、七秘跡、聖体の全質変化などを定義し、司教、司祭の定住を義務づけるなどの改革を行なった。いわゆる対抗宗教改革（Counter-Reformation）の道を示した公会議である。

教皇大勅書「レグナンス・イン・エクスチェルシス」（the Bull *Regnans in Excelsis*）Cf.p.165

図版参照

彼女に臣従しなくてもよいとしたのである。ローマの立場からすれば、破門*は正当かつ適切なものだった。それは長い間待たれていた。決定的に重要なのは、女王が教皇によって廃位されたことであり、国民にエリザベスに臣従しなくてもよいと認めた点だ。現代のローマ・カトリック信者の歴史家はこう述べている。「一五七〇年以来、教皇が国民の臣従の義務を解き、反乱を余儀なくさせる形で、君主を破門した例はない」。また一五七二年にグレゴリウス一三世*が教皇座についたが、彼について同じ歴史家は「死に至るまで、エリザベスを廃位させるために武器を用いた組織的な努力を払った」と断言している。この教皇大勅書は、失敗に終わった北イングランドの蜂起の後に出された。そして大勅書が出されたあとの聖バーソロミューの祝日に、フランスでユグノー教徒*の大虐殺がおこっている。さらにイングランドでは、大勅書は、スペインの無敵艦隊アルマダ☆によるイングランド侵略の試みで頂点に達する、女王に対する一連の暗殺計画のはじまりを告げるものだった。これに対してエリザベスの政府と議会は、ローマ・カトリックへの改宗者、および改宗を勧める者に対して、一段と厳しさを増していく一連の刑罰法を導入し、厳格にそれを執行することによ

破門（excommunication） 信者の交わり（communion）から除く教会の懲戒処分。処分を受けた者は当然秘跡を執行することも、それに与ることもできなくなる。

グレゴリウス一三世（Gregory XIII, 1502-1585） ローマ教皇（1572-1585）。カトリック教会改革を代表する教皇。イエズス会を支持し、ローマ学院をグレゴリアナ大学に昇格させた。海外布教にも熱心で、インド・日本にも宣教師を派遣。八五年日本からの天正遣欧使節を接見した。またユリウス暦に代えてグレゴリウス暦を導入した。

聖バーソロミューの虐殺（St Bartholomew's Day Massacre） 一五七二年八月二四日の聖バルトロメオの祝日に起こったユグノー教徒虐殺事件。

ユグノー教徒（Huguenots） フランスのカルヴァン派。アンリ四世は「ナントの勅令」によって信教の自由を与えたが、ルイ一四世は一六八五年にこれを無効にしたため、多くのユグノーはイギリス、オランダ、南アフリカ、北アメリカに移民した。

って応えた。純粋に政治的な観点からすれば、剣を取る者は剣によって滅びることになり、この問題の主な責任は教皇大勅書によってエリザベスを破門したローマ側にあると言えよう。

　不幸なことではあるが、純粋な宗教問題と名誉を傷つける政治問題とを切り離すことはできない。それで信仰による殉教者のなかには反乱者や、陰謀をたくらんだ者とともに処刑された者も含まれていたのだ。一五四〇年に設立されたイエズス会*は、対抗宗教改革*の先頭に立ち、勇猛な宣教師たちは、異端となったイングランドを再びローマの側につかせようと決意していた。ランカシャー出身のウィリアム・アレン☆は、新しいドゥエイ*の大学にイングランド宣教のための司祭養成機関を設立した。エリザベス朝が終わるまでに、そこから四五〇人の司祭が送り出された。これにローマのイングリッシュ・コレッジ*が続いた。こうして送り出された宣教師と少数のイエズス会士が合流したとき、イングランド奪回のための持続的な戦いの舞台が整ったのである。こうしたイエズス会士のうちの二人、エドマンド・キャンピオン☆とロバート・パースンズ☆は、この混乱した戦いの純粋に宗教的な側面と、一部政治的な側面を代表している。キャンピオンは

イエズス会（the Society of Jesus）　ロヨラのイグナチオが創立した男子修道会。一五四〇年認可。教理の教授、学問の全領域の研究、青少年の教育、異教世界への布教に従事する。日本にキリスト教を伝えたフランシスコ・ザビエルもこの修道会に属していた。

対抗宗教改革（Counter-Reformation）　トリエント公会議によって始まったローマ・カトリック教会の改革運動。プロテスタンティズムの宗教改革に単に反対するものではない。教皇庁内部の改革、イエズス会による新大陸、東洋への布教活動、聖テレジアの神秘思想など積極的な運動であった。

ドゥエイ（Douai）　フランドルにあった一五六八年設立のイングランド人のための聖職養成コレッジ。七八―九三年までリームズ（ランス）に移動。ここから送られた司祭のうち一六〇人以上が殉教した。またカトリックの英語聖書の翻訳（*the Rheims-Douai Bible*）が行われた。

イングリッシュ・コレッジ（the English College）　イングランド人のための司祭養成期間・神学校。

殉教し、パースンズは逃亡した。死刑台でキャンピオンは「平穏で豊かな治世が長く続きますように」と述べ、女王に対する忠誠を誓った。そして「私はカトリック教徒であり、司祭であります。その信仰に私は生きてきましたし、その信仰において私は死ぬ所存です。私の信仰が反逆罪だとおっしゃるならば、私は有罪です。その他の反逆罪は何も犯してはおりません。神が私の審判者です」と述べ、自己の純粋に宗教的な目的を明らかにしている。このあとにも多くの殉教者が続いたが、それは司祭ばかりではなかった。ヨークの古いウース橋でおこったマーガレット・クリゼロー*の圧死刑は、カトリック教徒迫害の中でも最も心動かされる恐ろしい出来事である。

宣教司祭の第一の努めは秘跡を施すことと、刑罰法によってますます制限を加えられ社交と公的生活から切り離されている信者の信仰を固めることだった。こうした状況から多くの棄教の誘惑が生まれた。ローマ・カトリックの信仰は聖職者にとっても一般信者にとっても、二世紀半の間、ニューマンが一九世紀初めに洞察したように「光を好まぬ種族*」の宗教、つまり、禁じられ隠れた宗教となったのだ。不幸にも、徐々に弱小化して行

マーガレット・クリゼロー（Margaret Clitheroe, c.1556-86）一八歳のときにカトリックに改宗。司祭をかくまった罪で逮捕された。

「光を好まぬ種族」（gens lucifuga）

くローマ・カトリック教会の運営をめぐって、在俗司祭と修道司祭*の間で鋭い対立が起こった。政治状況から判断して、外国の侵略や国内の反乱によってエリザベスを廃位させることができないとわかると、穏健派は臣従の誓いを受け入れ、異端の統治者を廃位させ臣民としての忠誠義務を免除するというローマ教皇の主張を拒否し、世俗の権力と折り合うことをはからなくなった。しかし、教皇の一五七〇年の大勅書は穏健派にとって、いわば、心の重荷となり、他方、過激派はそれが撤回されることを決して望まなかった。さらに重大なのは、イングランド中に散在する信者のために司教を任命するか否かの争いだった。迫害、追放、そして信者の孤独が強まるにつれ、堅信の秘跡を施し、聖職者を監督し、一般信者の信仰を安定させる司教が強く求められるようになったが、特にイエズス会士は司教の権力を望まなかった。彼らは直接教皇庁に依存している方が有益だからと、一般信徒にイングランドへの司教派遣に反対するよう懇請させたのである。このとき以後、混乱を招く原因となる教皇庁の政策上のぐらつきが始まった。一五八〇年に、二人いたメアリー女王時代からの生き残り司教のうちの一人で、七〇歳代のセント・アサフのゴールドウェル*が、イング

在俗司祭と修道司祭（seculars and regulars）在俗司祭は修道会に属さず、教区教会にあって信者の司牧にあたる。司教の監督下にある司祭。「教区付司祭」ともいう。修道会員である修道司祭は、修道請願（清貧、貞潔、従順等）を立て、会則の下に修道院で生活する。

ゴールドウェル（Thomas Goldwell, ?-1585）オックスフォード大学オールソールズ・コレッジ出身。レジナルド・プールと親交を結ぶ。エリザベス登位後の五九年大陸に亡命。イングランド司教としてただ一人トリエント公会議に出席した。

ランドに帰国するよう命じられたが、旅の途上で死去した。それ以降ほぼ四半世紀の間、イエズス会が実権を握ってきていた。在俗司祭に対する権限のみを有し、司教制を適切に機能させるためのいかなる職権も与えられていない大司祭*が任命された。一六二三年になって、また別の七〇歳代の司教が派遣された。彼がまもなく死ぬと、カルケドンの司教リチャード・スミス☆が、一六二五年から一六三一年まで司教の座を占めた。彼の死後、ローマ・カトリック教徒はジェイムズ二世の時代がくるまでの五〇年間、司教がいないままの状態に置かれた。しかも、それは彼らの歴史で最も困難な時代だった。

したがって一六、一七世紀を通して、ローマ・カトリック教徒は自分たちの信仰が政治的不忠と分かち難く結びつくという事態によって辛酸をなめたのだ。その運命的な苦しみを緩和しようとする国王の試みにおいても、彼らは幸運とは言えなかった。ジェイムズ一世が当初示した厚意も、火薬陰謀事件*が露見すると、厳しい迫害が起こった。チャールズ二世が示した好意は、カトリック教徒陰謀事件*という戦慄を生み出した。そしてジェイムズ二世の明らかなカトリック擁護の姿勢は、さらに厳しい反感を生み出

大司祭（Archpriest）一五九八年から一六二一年までローマ教皇がイングランドに派遣した、在俗司祭を監督する司祭。

火薬陰謀事件（the Gunpowder Plot）一六〇五年一一月五日の議会開会式に上院に参集する国王ジェイムズ一世と上下両院議員を爆殺しようとしたカトリック教徒の事件。現在でも一一月五日は、首謀者の一人ガイ・フォークス（Guy Fawkes, 1570-1607）の名前にちなみ「ガイ・フォークスの日」と呼ばれ、彼にかたどられた人形を引き回し、焼き捨て、花火を上げる祭りとして定着している。

カトリック教徒陰謀事件（the Popish Plot）一六七八年タイタス・オーツ（Titus Oates, 1649-1705）らが捏造した事件。その内容はイエズス会士がイングランドに再入国し、チャールズ二世を暗殺し、弟でカトリックのヨーク公（後のジェイムズ二世）を王位につけ、プロテスタントの信徒を虐殺する。そのためにカトリック国のフランスとアイルランドから軍隊を招き入れるというものであった。この陰謀により一気に反カトリックの感情が盛り上がり、三〇数名のカトリック聖職者が無実の罪で処刑され、また審査律（Test Act）

し、結果的に、一六八九年の信仰自由令*の対象からカトリック教徒が除かれることになった。こうして迫害と、背教への誘惑はさらに増していった。ローマ・カトリック教徒は地下に潜行することになった。背教によってもたらされる利便に屈する者もいれば、信仰を固く守る者もいた。孤立した小さな信仰グループが、追放、罰金、迫害に負けない貴族や郷紳の屋敷に集った。一八二九年にカトリック教徒解放令*が出されるまでのローマ・カトリック信仰の歴史は、壮烈で哀れを誘う分裂の物語だ。実際、多くの者が禁固、投獄という試練を受けた。ピウス五世が出した大勅書は、カトリック教徒の三、四世代後の子孫にまで、父祖が犯した罪に対する罰を与える遺産となったのである。

が制定された。

信仰自由令（the Act of Toleration）　一六八九年名誉革命中に、非国教徒に対して、君主に忠誠を誓い、君主を国教会の主張と認め、カトリック教会が奉じる聖体の全質変化の教義を否定することを条件に与えられた礼拝の自由を保証する法律。ただし三位一体を否定するユニタリアンは除外された。

カトリック教徒解放令（Catholic Emancipation: An Act for the Relief of His Majesty's Roman Catholic Subjects）　カトリック教徒の政治的、社会的権利を回復するために一八二九年に制定された法律。公職から彼らを追放していた地方自治体法、審査律は廃止された。しかし、その後も大学の入学資格は認められず一八七一年の大学審査律（University Test Act）の廃止によってようやくカトリック教徒の大学入学が可能となった。

［注］

☆63ページ

ダラム司教・尊者クスバート・タンストール（the venerable Cuthbert Tunstall, Bishop of Durham, 1474-1559）ブリュッセル滞在中エラスムスの知己を得る。一五二九年ダラム司教。ヘンリー八世の離婚問題では王妃側の相談役を務める。五一年にロンドン塔に投獄される。メアリー時代に司教職を再度与えられるが、エリザベスの即位にあたり国王至上令を認めず、パーカーの聖別をも拒否したため解職された。

教皇ピウス五世（Pius V, 1504-72）一五一八年ドミニコ会入会。五七年に異端大審問官となる。トリエント公会議にしたがって教会改革に取り組む。公教要理・ミサ典文の改定も行なった。外交面ではイングランドに対して強硬姿勢を取ったほか、オスマン・トルコに対してはスペイン、ヴェネツィア軍と連携、レパント沖の海戦でこれを破った。

☆64ページ

無敵艦隊アルマダ（Invincible Armada）一五八八年、イングランドにカトリック教会を復活させ、イングランドにオランダ独立戦争支援をやめさせるために編成されたスペインの大艦隊。機動力のあるイングランド艦隊に敗れた。

☆65ページ

ウィリアム・アレン（William Allen, 1532-94）枢機卿（Cardinal）。ランカシャー生まれ。オックスフォード大学オリエル・コレッジ出身。ドゥエイ、リームズ（ランス）、ローマのイングリッシュ・コレッジを創設。

エドマンド・キャンピオン（Edmund Campion, 1540-81）イエズス会士。聖人。イギリスの作家、イーヴリン・ウォーに評伝がある。

ロバート・パースンズ（Robert Parsons, 1546-1610）一五八〇年キャンピオンとともにイングランドに帰国。大陸に逃亡後、スペインに滞在し、各地に神学校を設立。主著、*Christian Directory*, 1585（『キリスト教徒提要』）。

☆68ページ

リチャード・スミス（Richard Smith, 1500-1563）オックスフォード大学マートン・コレッジのフェロー。エドワード時代は自己の見解を撤回したが、メアリー即位後母校の欽定神学講座の教授に任命された。エリザベスの即位後、カンタベリー大主教のクランマーと論争。五九年ドゥエイに亡命。

第九章　アングリカンの伝統の発展

これまでの三章では、イングランド国教会に対する長老派、独立派、カトリック教会側からの挑戦の概略を述べた。本章では、長く続いたこの係争が、国教会そのものの性格と伝統の形成にどのような影響を与えたかについて見ておくことにしよう。論争という厳しい試練を受け、キリスト教の一宗派としてのアングリカニズムが形成されたのであるが、この発展の外的環境の一部を整えたのは、エリザベス一世の治世が神慮によって長期に及んだことと、女王が宗教解決を覆そうとするいかなる試みにもはっきりと対決したことだった。連続して起こったさまざまな攻撃を斥けることで、イングランド教会は、理念だけではなく現実においても、ローマとジユネーヴとの中道として存在することができたのである。

第一にイングランド教会は、長期に及んだエリザベス朝の大部分の間、神学上優勢だったカルヴァン主義の束縛から免れることができた。フッカーも、「ロンバルドゥス*の著作に通暁する者がローマ教会で持つ重要性にまさるものを、カルヴァンは改革教会の説教師の間で獲得し、そのためカルヴァンが著した書物に通暁している者こそが完璧な聖職者と判断された」と断言している。この判断は誇張ではなかった。たとえばピューリタニズムの最も厳しい圧迫者だった大主教ホィットギフトでさえ、神学上の問題に関しては彼の敵と一致することができた。彼の教会政策の犠牲になった人々も、三九箇条のうち、教義を扱った箇条は困難を感じることなく支持することができた。ホィットギフトがランベス条項を書き上げたのは、ケンブリッジでピーター・バーロウ*が予定説を攻撃し、カルヴァンの教説の基礎が脅威にさらされていた一五九五年のことだった。これが女王の支持を得ていれば、三九箇条の厳密なカルヴァン主義的解釈が、唯一の正統的立場として強制されていたことだろう。しかし、オランダの神学者、アルミニウスの名に由来する新しい神学が勢力を伸ばすと、もっと寛大で包

ロンバルドゥス（Lombard, Peter, c.1100-60）彼の著作は宗教改革までのカトリック神学の規範的テキストとなったために'Master of Sentences'という尊称が与えられている。

ピーター・バーロウ（Peter Baro, 1534-99）国教会の反カルヴァン主義聖職者。フランスに生まれる。ジュネーブではカルヴァンの下で神学を修めた。七四年ケンブリッジ大学神学教授。予定説に疑問をもち、イングランド教会の最初のアルミニウス主義者として知られる。

容力のある考え方が大勢となった。イングランド教会は神学上の多くの問題、特に予定説や神の選びといった、結局人間にはよくわからない神秘に関する問題を未解決のままにしておき、三つの信条に述べられている内容を信仰の根本とし、それを守ることで満足するようになったのだ。

硬直した教条主義から解放されると、礼拝で表現される聖性の美が強調されるようになった。しかし「ロード主義」という語が、イングランドにおけるアルミニウス主義の伝統と分かち難く結びついたことは不幸なことだった。ロード*には並外れて悪い評価が与えられてきたからだ。G・M・トレヴェリアン*ですら、彼のことを「宗教界のリシュリュー*」と表現している。しかし、S・R・ガードナー*の賛辞の方が正当な評価である。彼はロードについてこう述べている。「この国の教区教会が、彼が理想としていた美しい外観を今でも……残していることは、さほど重要ではない。はるかに大きな意味を持つのは彼の精神がピューリタニズムの教条主義に屈しなかったこと、そして宗教問題解決の手段として陶冶された知性を使うように求めたことが、軽蔑と悪評しか受けてこなかった地域ですら、次第に大きな評価を与えるようになってきたことなのである」。ロードは規定

ロード（Laud, William, 1573-1645）　一六三三年カンタベリー大主教。チャールズ一世とともに教会と国家の絶対主義の実現を目指した。スコットランドに祈禱書を強制し、主教戦争の原因を作った。長期議会によって有罪とされ、処刑された。

G・M・トレヴェリアン（George Macaulay Trevelyan, 1876-1961）　一九二七―四〇年ケンブリッジ大学近代史教授。主著 *English Social History*, 1944。

リシュリュー（Richelieu, Armand Jean du Plessis, 1585-1642）　フランスの司教、枢機卿、政治家。一六二四年ルイ一三世の宰相となり、ユグノー教徒と貴族を抑える。アカデミー・フランセーズを創設。

S・R・ガードナー（Samuel Rawson Gardiner, 1829-1902）　オックスフォード大学出身の歴史家。ピューリタン革命の研究で知られる。

どおりの礼拝、儀式文と祭儀を守るために戦ったが、また自由な説教を擁護した。ところが、彼に対立する者たちは、自由な礼拝と硬直した神学体系を求めて戦ったのだ。ロード派の人々は、聖奠を祈禱書に規定された秩序と威厳の水準にまで回復させたかった。彼らは、教区教会ではサープリスの、主教座聖堂ではコープの着用を強制し、聖餐式のテーブルを中世の教会で祭壇が置かれていた伝統的な位置、すなわち「内陣または聖堂の東の窓下に横向きに」置くこと、そして冒瀆行為から守るために、それを柵で囲むこと、陪餐者には聖餐を跪いて受けることを求めた。主教座聖堂では神聖な音楽を用い、祭壇にはロウソクを灯し、豊かな装飾が施された祭服を着けて、堂々とした典礼で聖餐式を行なうことを勧めた。さらに聖体は、ランスロット・アンドルーズ*の『個人の祈り』*のような信心書では、再び祈りと信仰の中心となった。

イングランド教会が儀式とその式文に普遍的伝統を再興すると、主教制にも新しい評価が下されることになった。長老主義論争の結果、イングランド教会は主教制の歴史的伝統と価値を意識するようになり、主教制を継承しその教会政治の方法を注意深く保持できたことで、大陸の多くの改革

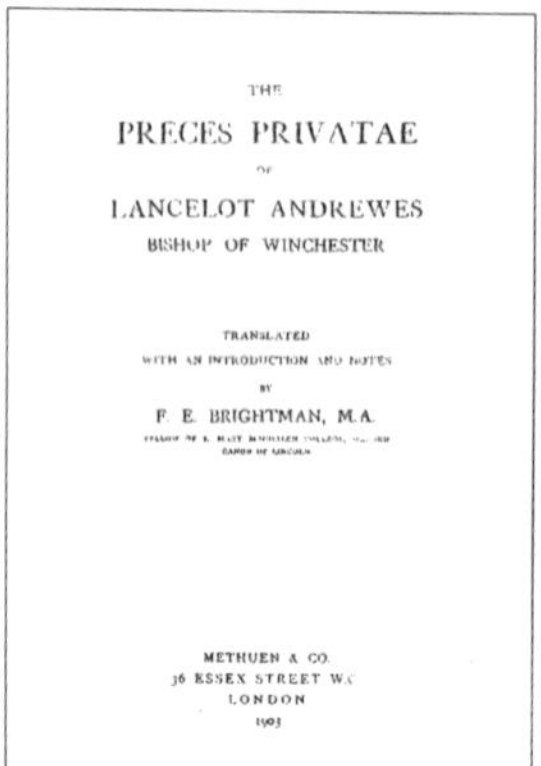

アンドルーズ、『個人の祈り』ブライトマン訳扉（訳者所蔵）

ランスロット・アンドルーズ（Lancelot Andrewes, 1555-1626）一六一九年ウィンチェスター主教。敬虔な信仰と深遠な学識を兼ね備えた稀有な人物として尊敬を集める。彼の説教は特に評価が高い。また欽定英訳聖書の編集委員長を務めた。

『個人の祈り』（*Preces Privatae*）アンドルーズ個人が使用するために主にギリシア語で書かれた信心書。F.E.Brightman による英訳（1903）がある。

派教会よりも幸運だったと喜んだ。ランスロット・アンドルーズやジョン・ブラムホール*など新しい学派に属する指導的神学者は、主教制が教会の本質だと明言することはしなかった。フッカーやホィットギフトの例に倣って、ヨーロッパの長老制教会を否定する方法は取らなかったのである。ただ彼らは、主教制を教会が完全なものであるためには欠かせないものと見なしていたことは確かだ。この点で神学者たちを勇気づけたのは、国教会の個々の信者が経験していた東方正教会との新しい接触だった。一五九九年にレヴァント会社*が設立され、中東との交易が拡大すると、アングリカンのチャプレン*がいくつかの東方正教会と密接な関係を持つようになった。共和制の時代になると、こうした接触は聖職者が多数亡命したため、さらに深められた。たとえば大執事バサイア*は、ジョン・イーヴリン☆が彼に与えた、「偉大な旅行者、より正確には、フランス人の使徒、彼こそがレヴァントとアジアのさまざまな土地にイングランド教会を移植したのだ」という賛辞に価する。国教徒はこうした古くから存在する諸教会と自教会の類似点にすぐに気がついた。そうした教会は、はっきりとローマに敵対していながら、主教制と尊ぶべき典礼を維持し、しかも西洋の宗教改

ジョン・ブラムホール（John Bramhall, 1594-1663）　一六六一年アイルランドのアーマー主教。終生確固たる国教会支持者であり、カトリックとピューリタンに対抗した。

レヴァント会社（Levant Company）　一五九二年設立。地中海東部地域との貿易独占権を与えられる。ぶどう酒、絹、じゅうたん、香料などを輸入し、錫、毛織物を輸出。東インド会社との対立、オランダ、フランスとの競争により、次第に衰退し、一八二五年解散した。

チャプレン（chaplain）　教区付きではなく、学校、病院、軍隊などの施設付き聖職者のこと。

大執事バサイア（Archdeacon Basire, Isaac, 1607-1676）　ノーサンバーランドの大執事。オランダで学ぶ。ピューリタン革命によって亡命。東方に旅してアングロ・カトリシズムの布教活動に従事。大執事とは主教から特定地域の管理を任された聖職者で、司祭職であり単なる執事の長ではない。

革が巻き起こした嵐の影響は受けていなかった。こうしてイングランド教会は、独自の祈禱書、主教制、そしてそれに基づく教会政治において、宗教改革以前の過去との結びつきをますます強調していくことになった。

この新しい国教会内部の一学派の内実をおそらく一番よく示しているのは、ソールズベリー近郊のベマートンの司祭だったジョージ・ハーバート☆が、この派の原則を司牧上の注意としてまとめた『教会司祭☆』だろう。主日である日曜の務めについてハーバートは、田舎の主任司祭は「二度神聖な礼拝を執り行い、午前に説教をし、午後に教理問答書《カテキズム》*を教えれば、信徒の面倒を見るという公の義務をある程度果たしたと考える」と書いている。主任司祭は教区民を訪問し、彼らと罪のない社交を楽しみながら残りの時間を過ごすのだった。ハーバートは、聖餐式は「月に一度とはいかなくとも、少なくとも年に五、六度、復活祭、クリスマス、聖霊降臨*、作物の収穫前とその後、そして四旬節*の始まる日に執り行われるべきだ」としている。主任司祭は教区民が健康な時にも病気の時にも頻繁に訪れ、子どもたちに祈禱書の教理問答を教え、自分の家では断食に定められた日*を個人的な修練として守った。自分の教区教会では、「あるものすべてが見苦

教理問答書（the Prayer Book catechism）カテキズムとは信仰の根本教義を教えるために使われる問答体の手引書。言及されているのは『祈禱書』の中に収められている堅信（confirmation）の準備のための「公会問答」。

聖霊降臨（Pentecost）語源はギリシア語の「50」を意味するペンテコンタ。聖霊が炎の舌となって降りてきたことを記念して復活祭後五〇日目に祝われる祝日。Cf. 使徒言行録2：4

四旬節（Lent）復活祭前の祈りと償いの期間。灰の水曜日（Ash Wednesday）から始まって復活祭までの日曜日を除く四〇日間続く。

断食に定められた日 償いの一形式として飲食物の種類や量に制限を加えることは初代教会の頃から守られてきた。特にキリストの受難を記念する四旬節を「大斎」（fasting）期間として守ってきた。これは食事を一日一回に制限することであり、現代のカトリック教会では灰の水曜日と聖金曜日に守られる。「小斎」は肉製品を食べないことで、灰の水曜日、四旬節の金曜日に守られる。

しくないように」と主張した。神への奉仕にふさわしいものとなるようにである。たとえば「壁には漆喰が塗られ、窓にはガラスが入れられ、床には石が敷かれ、椅子は完全でしっかりとして、そろって」いなければならなかった。特に、主任司祭は「説教壇、机と聖餐式用のテーブルは、しかるべき状態にあるように」、そして東端の壁には、「ふさわしい聖書の聖句が描かれているように」留意した。大きな祝祭日には、教会は「小枝で飾られ、香がたかれた」。御言葉を説くことと聖奠の執行との均衡*は、説教壇を「主任司祭の喜びであり王座である」と表現することで保たれている。説教壇で主任司祭は忍耐強くない教区民のことを考慮して「一時間を超えて説教することはない。どの年代の人も、それが限度だと考えていたからだ」。

　こういうわけでカズン*主席司祭の司式する、ダラム主教座聖堂で行なわれた目を見張るほど華麗な典礼から、ハーバートの牧するベマートン村の教会の典礼に至るまで、ロード派の人々は威厳があり見た目に美しい礼拝式に国教会員を呼び戻そうと努力した。彼らはカトリックであると同時にプロテスタントであると宣言することにいかなる矛盾も感じなかった。ロ

御言葉を説くことと聖奠の執行との均衡　秘跡（聖奠）を重視するカトリック、アングロカトリックの聖職者は聖職者個人の資質よりは使徒継承による秘跡執行能力が問われる。これに反し、ピューリタンは聖礼典よりも説教を重んじた。これにより言葉でキリストのメッセージをどこまで伝えられるかによって牧師の能力が判断されることになる。

カズン（Cosin, John, 1594-1672）　ケンブリッジ大学出身。一六二七年にカトリック的色彩の強い文書を著したためピューリタンの敵意を買い、革命中はパリに亡命。六〇年の王政復古と共に帰国し、ダラム主教に就任。カトリックと非国教徒に強く国教会への臣従を求めた。

ード大主教は遺言の中で「今まで生きてきたとおり、カトリックのキリスト信仰の真正、かつ正統な告白の中で、キリストのカトリック教会の真正な一員たるイングランド教会の信徒として」死ぬ決意を表明した。また断頭台で述べた最後の言葉でも、彼は「常にイングランドの国教と定められたプロテスタントの信仰のうちに生きてきた。そしてその中で今死ぬ」と断言した。同様に、アンドルーズ主教は「カトリック教会のために確立と伸張を、東方教会のために、その解放と統一を、西方教会のために、問題の解決と平和を、そしてイングランド教会のために、不足しているものの充足と今あるものの確立を」祈った。こうした理想はハーバートの詩、「イングランド教会」にも表現されている。

親愛なる母よ、あなたの完全な顔立ちと顔色を
そのしとやかで晴れやかなお顔を
見ると、私はうれしくなります。

美が御身の中に場を占め、

手紙を書くときには
御身の御顔のもとに日付を入れます。

すばらしい容貌が、きちんと似合った服装で、
あまりいやしくもなく、また華美に過ぎるでもなく、
誰が一番かを示しています。

異国風の外見は比べ物になりません、
というのはそれらは飾られたものであるか、
裸のままだからです。

親愛なる母よ（彼らが持ちあわせてはいないものである）
中庸こそが、御身の誉れであり栄光です。
ぜひとも長命であられんことを。

［注］

☆75ページ
ジョン・イーヴリン（John Evelyn, 1620-1706）政治家、日記作家。一六四一年から没年まで記録した日記は、彼の教養の深さを示す。

☆76ページ
ジョージ・ハーバート（George Herbert, 1593-1633）ケンブリッジ大学出身。小村で静かな敬虔な生活を送った彼の短詩は *The Temple,* 1633にまとめられた。

『教会司祭』（*A Priest to the Temple; or the Country Parson,* 1652）司祭生活の手引きを散文で書いたもの。

「リトル・ギティング」の聖堂
ニコラス・フェラーの家族を中心とするロード派コミュニティ。
チャールズ一世や詩人のハーバート、クラッショーらが訪れた。
（訳者撮影）

第一〇章　ピューリタニズムの勝利

「為政者を待つ」という方針は、エリザベス一世の長い治世の間は、大した利益を生み出さなかった。それでも国教会内部に留まっていた長老派の意気は消沈していなかった。女王が不死であるわけではなかったし、一五八七年にスコットランド女王のメアリー☆が処刑されると、エリザベスの継承者がスコットランドのジェイムズであることが明白となったからである。長老派に囲まれて育った国王に期待できないことがあるだろうか。こうしたわけで、ジェイムズの登位後まもなく、長老派聖職者の要求を含む千人誓願*が出された。この誓願は要求内容もさることながら、要求していないことについても意義深いものだった。請願者たちは国王に対して、自

千人請願（the Millenary Petition）　礼拝時に十字を切ること、サープリスの着用、結婚式の指輪など、ピューリタンが反対してきた教会の慣習を廃止するように求めた。千人の聖職者の署名を集めたというのでこの名がある。

分たちが「信者の平等を教会内に実現しようとする党派でもなく、国家教会の解体を策謀する分派でもない」ことを保証しようと努めた。つまり彼らはブラウン主義者*でもなく、三〇年前に出された『議会への勧告』*を支持する者でもなかったのである。彼らは主に「教会に見られるさまざまな悪弊の矯正」を求めた。特に「人間が定めた儀式、式文という重荷一般が原因でおこる」悪弊の矯正である。彼らは洗礼時の十字架、結婚指輪、イエスの名が読まれる度に頭を下げること、そしてサープリスの着用といった「罪深い儀式」の廃止を求めた。他方、積極的な誓願としては、説教の充実、教会規律の回復があげられる。こうした要求に耳を傾け、議論するために開催されたハンプトン・コート会談*で、国王は明白に主教制擁護者の側についた。それ以後長老派は、国教会との一致を聖職禄の維持に必要な最小限にとどめ、為政者と神である主の御都合を待ちながら、後に登場して来るロード派の支配を甘受しなければならなくなった。

　チャールズ一世と議会との間に内戦が起こると、長老派の勝利の日がようやく訪れたかに思われた。というのは、まず、貴族院から主教が追放され、つぎに主教制と祈禱書が廃止されたからだ。さらに一六四三年に議会

ブラウン主義者（Brownists） Robert Browneの教えを信奉した会衆派（Congregationalists)。

『議会への勧告』 Cf.p.46

ハンプトン・コート会談（the Hampton Court Conference）「千人請願」の翌年、一六〇四年に開かれたピューリタンの聖職者代表とイングランド国教会の主教との会談。国王ジェイムズ一世はNo Bishops, No Kingと述べ、主教制の維持を明確にした。

派がスコットランドとの連携を求めたとき、軍事援助と引き換えに出された条件の一つは、「最善の改革派教会の型にそって」イングランド教会を改革することだった。そこでその改革を実行するために、ウェストミンスター宗教会議*が一六四三年七月に召集された。いよいよ今までの忍耐が見事な実を結ぶ時が訪れた。また、国教会に留まっていた長老派の隠れた強さが明るみに出た。エリザベス一世とジェイムズ一世の時代に主教制のもとで叙任され、このような日が来ることを熱望しながら持ちこたえてきた謹厳な聖職者の一団が集ったのだ。この宗教会議は、議会の両院から選ばれた一般信者から成る三〇人の補佐役と五人の独立派、主教制擁護者として知られている人も何人か含めて、総計一二一人のイングランド人聖職者と八人のスコットランド人委員で構成されていた。どの点から見てもこの会議は、イングランド教会の集まりのなかで最も重要なものの一つだった。それは現在でもイングランド長老教会を治める規範となっているウェストミンスター信仰告白*を生み、また長短二つの教義問答書を生んだ。このうちの短い方の問答書は、それが持つ価値のゆえに広く普及した。また「定められた典礼と即興的祈りとの中道」としての、合同礼拝指針*も生み出し

ウェストミンスター宗教会議（the Westminster Assembly）　主教制を廃止した後の新しい教会体制を制定するために一六四三年から四九年まで開かれた会議。スコットランドの長老派との連携を強化する「厳粛な同盟と契約」(Solemn League and Covenant)、新しいカテキズムである「ウェストミンスター信仰告白」が合意された。

ウェストミンスター信仰告白（the Westminster Confession of Faith）長老派の信仰告白として全世界的に影響が大きい。

合同礼拝指針（*Directory of Public Worship*）祈禱書に替わって一六四四年に採用された。

た。これは大成果といってよかった。新しい聖職叙任制度と敬虔な規律達成という対になる計画が実を結ばなかったとしても、それは変転してやまない軍事と、政治の状況によるものだった。この時代のイングランド長老派のなかで、最も学識があり著名な人物だったリチャード・バクスター☆の見解によると「使徒時代以来、キリスト教世界はこの宗教会議とドルトモント宗教会議*ほど（全体として見れば）優れた聖職者を集めた会議を持ったことがなかった」のである。

　しかし、バクスター以外の人にとっては、この会議はそれほど好意的に受け取れるものではなかった。ジョン・ミルトン☆は少数派だった独立派の意見を代表しているが、それによれば「新しい長老は、昔の司祭をさらにひどくしたもの」であり、ウェストミンスター宗教会議はロードの聖職者会議と同様、寛容も自由も生み出さないと確信していた。実際、ミルトンは、この宗教会議が「トリエント公会議よりもさらに悪い陰謀とごまかし」によって特徴づけられていると断言した。こうした少数派の意見の影響力は、内戦の推移によってさらに強められた。国王に対する議会の勝利の決定的要因は、クロムウェル☆の東部連合と新しい軍隊であり、その宗教的ス

ドルトモント宗教会議（the Synod of Dort, 1618-19）オランダの改革派教会の会議。アルミニウス派の問題を討議した。この会議から正統カルヴァン派の教義をまとめた有名な五つの条項（アルファベットの頭文字をとって）TULIP《チューリップ》が宣言された。

1 Total Depravity　人間の完全な腐敗。

2 Unconditional Election　無条件の選び。神は神が救いに予定している人を救済する。カトリック教会では信仰の他に善行なども救いに与る助けとなると考えられている。

3 Limited Atonement　キリストが十字架上の死によって罪を贖ったのは人間全体ではなく、救いに予定されている限定された人々である。

4 Irresitibility of Grace　神の愛を否定することはできない。一度救いを受け入れた人が後になってそれを否定することはできない。

5 Perseverance of the Saints　神によって選ばれた聖徒は最終的に勝利を収める。

ローガンは独立と寛容だった。さらに第一の内戦*は第二の内戦へとつながった。その後、教会においても国家においても、中庸精神にかげりが見え始めた。チャールズ一世は処刑され、共和制国家が宣言されたが、それはオリヴァー・クロムウェルによる護国卿政治となった。当然、護国卿は宗教上の裁定に大きな関心を持っていた。クエーカー*とユダヤ人*に対して行政上の便宜を図ったように、いくつかの点でクロムウェルは彼の支持者よりも寛容なところを見せた。しかし、他の点では、たとえば聖職者を維持するのための十分の一税や教会税を自由意志による献金だけでよいとする人々に対して、義務的に支払う制度の維持を主張したことに見られるように、より保守的なところも見せた。

クロムウェルが地域を管轄する教区制度を保持したので、教会を統括管理する何らかの中央組織が必要とされた。彼の支持者たちは、主教制も長老制も受け入れることができなかった。しかし、人を聖職禄につけたり、解任したりするためには、何らかの方法が生み出されなければならない。採用された方法は、中央の審判委員会と地方の放逐委員会*だった。後者は六千から七千のふさわしくない聖職禄受領者を駆逐し、新しい聖職叙任の

第一の内戦　一六四二年八月、チャールズはノッティンガムで挙兵し、ロンドンの奪回を目指したが失敗、オックスフォードを王党派の拠点とした。四五年のネイスビーの戦い(the Battle of Naseby)でクロムウェルの議会軍が勝利を収め、勝敗を決定づけた。

クエーカー(Quakers)　世俗の権威を重視せず、階級が上の人に対しても脱帽せず、また敬語も使わなかったために、社会秩序を否定する集団とみなされ、長老派が優勢であった共和国時代には厳しく迫害された。クロムウェルはカトリックに対しては残忍であったけれども彼らに対しては寛容政策を取った。

ユダヤ人(Jews)　クロムウェルは中世に追放されていたユダヤ人を再入国させ、居住を認めた。アムステルダムの金融商人が多く移住し、現代のロンドン金融街「シティ」に発展する基礎ができた。

審判委員会(Committee of Triers)**と放逐委員会**(Committee of Ejectors)　ともに一六五四年にクロムウェルによって任命される。ピューリタンの宗教体制強化に役立った。

準備作業を行なった。この状況は、スチュアート家が復位したときに、逆のことが行われたので記憶に価する。審判委員会はこうして作り出された空白を埋める仕事を行った。この委員会の証明を得ていることが聖職に就くための必須条件だった。委員会は正統神学を判断基準とするのでもなく、またある特定の叙任方法を判断基準とするのでもなかった。候補者の聖なる生活ぶりや政治的に信頼できる意見の持ち主であることが重要視されたのである。こうして新しい聖職者は、主に長老派、独立派、バプテスト派の牧師から構成されることになった。もっとも、かなりの数の主教制擁護派も、祈禱書を使用しないという条件で聖職禄を保持した。とはいえ、祈禱書を暗誦することを止めさせることは誰にもできなかった。すべての牧師は審判委員会の承認を必要としたが、クロムウェル自身も、以前は国王の贈与権であった聖職禄授与権*を行使した。また、個人の聖職禄授与権も影響を受けることなくそのまま残された。こうして神学と叙任方法の点では分裂していた国家キリスト教体制は、護国卿と委員会の権力によって支えられ、維持された。これは幅広さにおいて前例のない注目すべき実験だった。クロムウェルは許容範囲を越える極端なセクト、特にクエーカー教

聖職禄授与権（patronage）Cf. p.49

徒に対して、行政的処置を講じて実際上の信教の自由を与えようとした。実際、バクスターはよく考えた末に次のように述べた。「審判委員会は教会に大きな善をもたらした。そのおかげで多くの会衆は、無知で、堕落した、酔っぱらいの牧師を……また神聖な生活に反する説教をしたり、神聖な生活とはどんなものであるかまったく知らない者のようにしか説教できない牧師を持たずにすんだ。……委員会はその代わりに有能でまじめな説教者で、神聖な生活を送り、神学上許容範囲内であれば幅広い見解を持つ人々を牧師として認めた」。

それにもかかわらず、この教会解決は分裂したものだった。それが継続するかどうかはクロムウェルの命にかかっていたが彼が一六五八年に死去すると、その生命も限られたものとなった。しかし短命であったにもかかわらず、共和制時代の宗教の影響は多大かつ重大だった。第一に、長老派、独立派、そしてバプテスト派の数が増え、総数において、また教会合同が成立した場合において、信仰の自由を与えることを最終的には拒めないほどの勢力になった。これが国王空白期*の最も重大な結果である。第二に、長老派が、主教制度によらないプロテスタント諸派のうちで最も強大な宗

国王空白期（the Interregnum）　すなわち一六四九年一月三〇日から六〇年五月八日まで。

派になったことである。事実、護国卿政治が倒れ、長期議会が権力を回復すると、長老派の意向にすべてがかかっているように見えた。彼らの支持なしにはスチュアート家が王位に復することなどあり得なかったし、彼らはいかなる宗教的条件も、支持の代償として要求できた。第三に、共和制時代に、エリザベス一世の時代に独立派によって初めて提唱された民主主義の原則が最大限に発達したことである。教会の民主制が政治上の民主主義につながったのだ。聖書は教会自治の規範だったが、急進的政治理論の教科書となった。良かれ悪しかれ、チューダー朝の教会と国家の一致理論は、最終的に粉砕された。イングランドの将来の宗教と政治の図式は決して「一つの国家、一つの民族、一つの教会」という形を取らないことになった。これがおそらく共和制の残した最も大きな遺産であろう。共和制の基盤は、英訳聖書に基づいて形成された宗教的なものだった。次章では、この英訳聖書が一七世紀のイングランド人に対して与えた影響について述べることにしよう。

［注］

☆81ページ

スコットランド女王メアリー（Mary, Queen of Scots, 1542-87） スコットランド女王(1542-67)。カトリック教徒。生後一週間で父の死により即位。六歳のときにフランス皇太子の妃候補としてフランス宮廷に送られ、そこで成長する。五八年結婚。翌年夫がフランソワ二世として王位についたが六〇年に急死したため、六一年スコットランドに帰国。六五年従弟のダーンリー卿と結婚し、のちのジェームズ一世（スコットランド王としては六世）が生まれた。しかし二人の仲はうまくいかず、メアリーの秘書をダーンリー卿が面前で殺害したために夫婦仲は決定的なものになった。六七年にダーンリー卿が暗殺され、事件の首謀者とされたボスウェル伯と再婚したため国民、貴族の反感を招き、反乱が起こった。戦いに敗れ、退位させられたが、翌年幽閉先を逃れ、再起を図ったが破れイングランドに亡命。ヘンリー七世の曾孫として王位継承権を有していたためカトリック勢力に利用され、バビントン陰謀事件の共謀者として逮捕、処刑された。

☆84ページ

リチャード・バクスター（Richard Baxter, 1615-91） 一六三八年に国教会に聖職についたがピューリタニズムに傾き、革命中は議会軍の従軍牧師を務めた。彼が五〇年から五〇年代末までウースターシャーで試みた教会統合は「任意連合」（Voluntary Association）と呼ばれる。六一年のサヴォイ会議では長老派の代表とした活躍した。

ジョン・ミルトン（John Milton, 1608-74） ケンブリッジ大学出身。一六三〇年代に詩人、仮面劇作家としてすでによく知られていたが、ピューリタン革命期には『離婚論』『言論の自由』などのパンフレットを著し、市民的自由のために闘った。四九年の共和国の成立と共に政府のラテン語書記官となり、革命政府擁護の論陣を張った。五二年に過労のため失明。六〇年の王政復古と共に逮捕されたが、友人の尽力で釈放される。六七年ピューリタン文学の最高傑作とされる壮大な叙事詩『失楽園』（*Paradise Lost*）を発表した。

クロムウェル（Cromwell, Oliver, 1599-1658） ピューリタン革命の指導者。一六四九年チャールズ一世を裁判により処刑。アイルランドに遠征して多くの人民を虐殺。五三年から護国卿として独裁的な政治を行なう。ユダヤ人の再入国を認める政策を取った。英国議会堂の前庭には彼の剣と聖書を持った銅像が置かれ、絶対王政に対する議会制の確立者として顕彰されている。

第一一章　英訳聖書

「聖書のみ、というのがプロテスタント信仰なのです」。一度はローマ教会に改宗し、またもとのアングリカン聖職者に戻ったウィリアム・チリングワース*が明言したこの言葉は、一七世紀イングランドの宗教を要約するものとして理解できよう。というのも、一七世紀は優れて英訳聖書の時代だったからだ。ハンプトン・コート会談の最も満足すべき成果の一つは、そこから欽定訳聖書*が生まれたことであり、その影響はまことに大きく、簡単には説明できない。その影響はジョン・ミルトンとジョン・バニヤン*の散文、オリヴァー・クロムウェルの演説に強く現れており、それこそ走りながらでも解読できるほど明白*だ。これほど明瞭ではないものの、やは

ウィリアム・チリングワース（William Chillingworth, 1602-1644）　オックスフォード大学トリニティ・コレッジ出身。イエズス会士と論争し、国教会を弁護しようとしたがカトリックに改宗し、ドゥエイに渡る。しかしイングランドに帰国し再びプロテスタントに戻った。

欽定訳聖書（*the Authorized Version of the Bible*）King James's Bibleとも呼ばれる一六一一年に公刊された英訳聖書。国王ジェームズ一世が任命したランスロット・アンドルーズなど四七名の委員会が六年を費やし先行訳の*Bishops' Bible*, Tyndale訳、Wycliffe訳を参照し翻訳を完成した。英語散文に多大な影響を与えた。

ジョン・バニヤン（John Bunyan, 1628-88）ベドフォード生まれ。内戦中は議会軍の兵士として従軍。一六六〇年秘密集会を開いたことで逮捕され一二年間獄中で暮らす。この間『恩寵あふるる』などを執筆。

走りながらでも解読できるほど明白　Cf.「ハバク書」2：2

り否定できない事実として、聖書が家庭内で敬虔な心を培う役割を果たした。この聖書の登場後、主日*に聖書を読むために家族を集める家長が現れたのである。また敬虔なキリスト教徒の道徳的規範を形成する役割も果たした。そして、当時考えられていたように、政治上の統治形態の模範となる型を定める役割も果たした。しかし何よりも重要なことはもちろん、聖書がキリスト教信仰と神学の教科書となったことだ。

信仰と信仰告白の唯一の基礎として聖書の権威を主張したことが、一六世紀の宗教改革者たちの際立った特徴だった。しかし彼らは、聖書は教会の伝統という事実を歪曲させる媒介を通さずに読めば、意味は自ずから明らかになると考えていた。すぐにこの安易な思い込みは誤りだということが証明された。ルター、ツヴィングリ*、カルヴァンは、聖餐の教義に関して意見を一致させることができなかったし、アングリカンと長老派は、新約聖書の記録に最も合致する教会政治の形態をめぐって対立し、さらに独立派は、その両者と意見を異にした。加えて、不穏なことに、三位一体*という伝統的教義に疑問を投げかけるソッツィーニ派*が現れ、正統かどうかを計る重要な試金石に対して明らかに異端的な見解を述べた。それでは、

主日（Sabbath）　ヘブライ語の「休む」に由来する語。「安息日」、すなわち日曜日のこと。

ツヴィングリ（Ulrich Zwingli, 1484-1531）　チューリッヒの宗教改革者。人文主義の影響から原典による聖書研究を行ない、源泉に戻る志向性を持つに至る。ミサを廃止し、説教中心の礼拝に置き換えることなどを主張。聖餐式はキリストの最後の晩餐の記念に過ぎないとする。カルヴァンや再洗礼派に影響を与える。

三位一体（Trinity）　唯一の神が互いに別の、しかも等しいペルソナ（位格）を持つ父と子と聖霊とからなっていること。

ソッツィーニ派（Socinians）　Cf. p.135

改革派教会の博士たちが神の言葉の解釈に関して見解を異にするとき、仲裁者はどこにいたのだろうか。おそらく、一七世紀の最も際立った現象は、神の勧告を明らかにする聖霊の役割と働きが強調されたことだろう。この教義が最も穏当な形で表れているのは、旅立つピルグリム・ファーザーズ*に対して、ジョン・ロビンソン*が行なった別れの演説である。「神が何らかの手段であなた方に明らかにされるときには、私の教えによって真理を受けたときと同じように、それを受け取りなさい。私は主が聖なる御言葉から開示される真理をまだ多く持っておられると確信しているからです」。クロムウェルは、神は「ときには書かれた言葉を使わず、しかしそれに従って、話されることがある」と考えていた。しかし他の人々は、こうした立場に満足しなかった。彼らは聖霊による直接の促しを意識していたが、「聖書によって聖霊を試すのではなく、聖霊によって聖書を試す」傾向があった。

おそらく、聖霊を求める最も際立った例は、クエーカー派の出現である。ジョージ・フォックス*は共和制時代の様々な教派を実際に試してみて、それらすべてが満足のいかないものと考えた末に、ようやくすべての神秘を

ピルグリム・ファーザーズ（Pilgrim Fathers）一六二〇年九月、イングランドのプリマスをメイフラワー号で出航した分離派ピューリタンの一団。大西洋上で「契約」（Mayflower Compact）を結ぶ。

ジョン・ロビンソン（John Robinson, 1576-1625）ノッティンガムシャー州スクルービの分離派教会の牧師となり、迫害を逃れてオランダに移住。アメリカに移住するピルグリム・ファーザーズを牧会するが、自身はメイフラワー号に乗船できなかった。

ジョージ・フォックス（George Fox, 1624-91）レスタシャーの織物工の子として生まれ、靴屋の徒弟となる。一六四三年ごろに回心を体験し、ブリテン島全土、北アメリカ、オランダに伝道旅行した。無許可の説教、国教会の礼拝妨害などで投獄されるが屈しなかった。

解決するものとして、内なる光*を発見し、その教義を獲得したのだった。「既存の宗派と人間に対する私のあらゆる希望が消えてしまい、その結果、私を助けるものが何もなく、どうしていいか分からなくなったとき、ある声が聞こえてきてこう言った。『このような状況に置かれているお前にも語りかけられる方が一人おられる。すなわち救い主イエスである』と。その声を聞いたとき、私の心は喜び踊った」。一八世紀に現れるジョン・ウェスレーのように、彼はイギリスのみならず、ニュー・イングランドも広く旅し、内なる光の福音を説いた。大多数のプロテスタントは、彼の信奉者たちを忌み嫌った。というのは、彼らは教会も、聖職者も、また聖礼典も持たなかったからだ。また民衆は彼らの奇妙な衣服と言葉遣い*を嘲笑した。それにもかかわらず、フォックスは経験から得られた聖霊の知識を基礎に、キリスト友会*を組織した。彼らの善行と様々な博愛運動はすばらしく豊かな実を結んだ。

一七世紀は偉大な指導者が輩出した世紀だった。自分のことを「ただのカトリック（普遍教会信者）にすぎない」、とまったく適切に表現したリチャード・バクスターは、優れた説教者、組織家、神学者、論争家だった。

内なる光（the Inner Light of the living Christ）個々人の中にある神の光。人を救済へ、そして神と人間相互の一致へと導く。

奇妙な衣服と言葉遣い　彼らは装飾のない素朴な衣服を身に着け、言葉も身分に関係なく'thou' 'thee'で通し、会釈も帽子を取ることもしなかったために、社会の安定を揺るがす反社会的集団と考えられた。

キリスト友会（the Religious Society of Friends）クエーカー派の正式名称。その礼拝は一切の形式を排除し、聖霊の導きがあるまで沈黙を守る。ちなみに五千円紙幣の肖像で知られる新渡戸稲造は日本における代表的クエーカー教徒である。

教会一致を熱心に求める人であった彼は、一六五三年にウースターシャーのすべてのプロテスタント教派を一つの教会連合にまとめあげた。彼は使徒信条を唯一の信仰基準に、主の祈り*を十分な信心の証に、十戒*を義務の要約にすることを望み、そしてこれを受け入れる者すべてを、一つのカトリック教会の信者として受け入れたいと願った。さらに彼は、多くの著作を残した著述家でもあった。『改革派牧師』*はその時代の司牧神学の手引き書となった。『キリスト教徒の手引き』*はプロテスタント神学者のための倫理神学の教科書となった。また『聖徒の永遠の休息』*は、バニヤンの著作には引けを取るものの、信心書の古典となった。バクスターは、彼の時代の論争から距離を置き、超越してさえいた。王政復古に際して主教職を与えられたが、それを受けることはなかった。聖霊対聖書の争いにおいては、断固として伝統的立場を保持した。「われわれは聖霊が使徒たちに霊感を与えて聖書を書かせたということを、われわれが聖書を理解できるように聖霊が光を与えてくれるということよりも先に、そして現在のいかなる霊感よりも先に、信じなければならないのだ。……この聖書によって聖霊を試すということは、聖書を聖霊の上に置くということではない。

主の祈り　Cf.p.32

十戒　Cf.p.32

『改革派牧師』（*Gildas Salvianus; the Reformed Pastor*, 1656）

『キリスト教徒の手引き』（*Christian Directory*）一八三〇年にようやく *Practical Works* の一書として刊行された。

『聖徒の永遠の休息』（*The Saints' Everlasting Rest*, 1650）

それは聖霊を聖霊によってためすことにすぎないのだ」。

しかし、バクスターの著作よりもさらに人気があり、よく知られている作品は、ジョン・バニヤンの『天路歴程*』である。そこに英訳聖書が与えた影響の典型を見て取ることができる。彼が書いたもう一つの傑作である『恩寵あふるる*』と同様、これは王政回復後、ベドフォードの牢獄で書かれたものだ。チャールズ・ファース卿*はこの作品を「イングランドのピューリタニズムが生んだ散文による叙事詩」と呼んだ。平明な散文、聖書的な言葉とイメージ、そして主人公のクリスチャンが破壊の町から天上の町まで旅するという感動的で素朴なアレゴリー*は、この作品を一般庶民の宗教の古典にした。ファースが言うように、「この作品は教養のないピューリタンに、彼らが理解できる言葉で語りかけた。バニヤンが対象とした人々は、彼が描く巡礼者と同様、無学な人々であった。……しかし彼らは聖書ならばよく知っていた。聖書の章句が探し出せないということは決してなかった。彼らはバニヤンが最も想像力を働かせたところでも、そして最も深刻な神学的議論を行っているところでも、ついていくことができたのだ。それはバニヤンが聖書の言語を使い、聖書の言葉、章句、イメージ

『天路歴程』（*The Pilgrim's Progress*） 夢物語の形式で書かれたバニヤンの寓意物語（1678）。主人公クリスチャンが一冊の書物を読んで彼の家族が住んでいる都会がやがて焼かれることを知り、滅びの町から逃れる。様々な苦難を乗り越え、天上の町に入る。

『恩寵あふるる』（*Grace Abounding*） 書名を全部掲げれば、*Grace Abounding to the Chief of Sinners, or a brief and faithful Relation of the exceeding Mercy of God in Christ to his poor Servant, John Bunyan* となる。バニヤンの信仰告白録（1666）。バニヤンが罪の意識に目覚め恩寵の光の中で平安を得るまでを語る。

チャールズ・ファース卿（Sir Charles Firth, 1857-1936） オックスフォード大学近代史教授。ピューリタン革命史研究の権威として知られる。

アレゴリー（allegory） 寓意。善や悪などの抽象的な観念が擬人化され具体的な登場人物として登場する。

を使っているからだ。バニヤンの英語は聖書の英語である」。

『天路歴程』が無学な人々のために書かれたとすると、ジョン・ミルトンは散文と韻文の両方を使って、教養ある人々にピューリタン神学を説いた。初期の「ラレグロ」*、「イル・ペンセローソ」*、そして「リシダス」*から、後期のもっと深刻な叙事詩、「人間に神の道の正当性を説く」という野心的な課題に挑んだ『失楽園』☆、『サムソン・アゴニスティーズ』☆、そして『復楽園』☆に至るまで、ミルトンは敬神と一体となったピューリタン文化を体現していた。彼のような人物を擁護者に持つ宗教伝統は、門前の敵を中に入れて話すことを恥じる必要はない。十全な学識と真摯な信仰を結びつけたピューリタンはミルトンだけではなかった。オックスフォードでは、国王空位時代にクライスト・チャーチの学寮長と大学の副学長を務めたジョン・オーエン☆が、そのような高い職責を担うにふさわしい学者だったし、ケンブリッジでは、エマニュエル・コレッジのピーター・ステリー☆が文化とキリスト教を見事に調和させていた*。

このように、英訳聖書の影響は一七世紀の間あらゆるところに及んでいた。エリザベス朝の初めから、教区教会では毎日曜日の朝と晩の祈りの際

「ラレグロ」（L'Allegro）「快活なる人」。一六三一年ごろ創られたミルトンの牧歌。「快活」（Mirth）の女神に対して朝から夕暮れまで詩人と共にいて田舎の生活の楽しみを与えてくれるように祈る。

「イル・ペンセローソ」（Il Penseroso）「沈思の人」。「ラレグロ」の姉妹編。「憂鬱」の女神に対して平和、静穏、閑暇、沈思を祈願する牧歌。

「リシダス」（Lycidas）ミルトンが友人の死を悼んで一六三七年に創った詩。国教会の腐敗を憤る箇所がある。

文化とキリスト教を見事に調和させていた ピューリタンたちにとって文芸をはじめとする人間の創造物は彼らの生活の中で第一義的なものではなかった。真の創造は神の業であり、人間に許されていることといえば神の創造物の発見というのが彼らの一般的見解であった。

に、旧約聖書と新約聖書が朗読されていた。女王の時代にはジュネーヴ聖書*が、主に家庭で読むのに便利な小さい版型だったために個人の敬神精神を育てた。一六一一年には欽定訳聖書が出版され、すぐに他の聖書を凌駕する人気を確立した。この時代のイングランドにおける生活のどの分野も、聖書に言及することなく理解することはできない。オリヴァー・クロムウエルの演説は、議会演説としてよりもむしろ説教のように読める。このために現代のイングランド人にとってクロムウェルは謎の人物となっている。水平派*の進歩的社会計画は聖書に基づいていた。高教会員*のジョージ・ハーバートは、バクスターとバニヤンと同様に、「本の中の本、命と慰めが納められた宝庫である聖書の中に、彼の知識の最高・最善のもの」を見出した。聖書の中にあるものの中で、彼は「四つのもの、すなわち命に至る教訓、知識のための教義、理解を助ける例証、慰めの約束」を特に評価していた。独立派の教会政治の基礎であった誓約関係は、その世俗世界の対応物として、市民社会を成立させる基礎としての社会契約説を見出した。今では前世代に属する歴史家となったジョン・リチャード・グリーン*の一七世紀に対する判断、「イングランドは一冊の本の民となった、そ

ジュネーヴ聖書（*the Geneva Bible*）一五六〇年に公刊されたカルヴァン主義による詳注が付いた英訳聖書。創世記３：７が"...they ...made themselves breeches"（欽定訳では aprons）となっているところから the 'Breeches Bible'とも呼ばれる。

水平派（Levellers）John Lilburne（?1614-57）を中心とする政治、宗教面で徹底した自由平等主義を唱えた一派。

高教会員　巻末付録１参照。

ジョン・リチャード・グリーン（John Richard Green, 1837-83）オックスフォード大学出身。主著、『イギリス国民の歴史』（*A Short History of the English People*, 1874）。

の本は聖書であった」という言葉はあらゆる面で正当なものである。

ジョージ・フォックス
A. M. Gummere, *The Quaker: A Study in Costume* より

［注］

☆96ページ

『失楽園』（*Paradise Lost*） アダムとイブの堕落を中心主題とする。イギリス文学最大の叙事詩。

『サムソン・アゴニスティーズ』（*Samson Agonistes*）「闘士サムソン」。ミルトンが旧約聖書の「士師記」（一六章）に記されているサムソンの物語に取材した悲劇。

『復楽園』（*Paradise Regained*） サタンの誘惑にキリストが勝利することによってアダムとイブが誘惑に負けたために失われた楽園が回復されたことを説く叙事詩。

ジョン・オーエン（John Owen, 1616-1683） オックスフォード大学クウィーンズ・コレッジ出身。ミルトンとともに長老主義に疑問を感じ、独立派に転じる。説教をクロムウェルに認められ、内戦中議会軍と行動をともにする。王政回復後はアルミニウス主義者、国教会神学者と論争し、非国教徒の指導者として活躍した。

ピーター・ステリー（Peter Sterry, c.1613-1672） ピューリタン革命中議会で多くの説教を行なう。四九年クロムウェルのチャプレンとなる。王政復古後は非国教徒として秘密集会所で説教した。

第一二章　分岐点

エリザベス一世の登位からチャールズ二世が復位するまでの百年間、イングランドの宗教状況には数々の変転があった。エリザベスの宗教解決は、長老派と分離派の攻撃にさらされたが、それを跳ね返し、静かな発展の時代を迎えているかに見えた。だが、最初に長老派がウェストミンスター宗教会議で、次に独立派が護国卿制のもとで勝利するという衝撃が訪れた。オリヴァー・クロムウェルの死によって、スチュアート家が王位に復帰することが予想されたとき、宗教、教会の問題を最終的に解決する舞台が整ったかに見えたが、それがどのような解決になるか予想することは困難だった。国王の復帰を決めた長期議会でも、王政回復の詳細を決めるために選挙された仮議会においても、多数派を占めたのは長老派だった。それゆえ、チャールズ二世が王位につくためには、彼ら長老派の条件を飲む外ないように思われた。共和制時代の経験に鍛えられた彼らは、「包容主義」に沿って解決を求めるつもりだった。すなわちそれは、祈禱書と主教制度の機能を長老派と主教制擁護者がともに、一つの、国民の国家教会の中に含まれるように、変えることを意味した。彼らが実際にこれを国王の帰還条件にしていたとしても、それが拒否されたとは考えにくい。ところが実際には、チャールズは「敏感な良心に自由を与え、そして何人も宗教上の事項で意見を異にしても王国の平和を乱さない限り、精神を脅かされたり尋問されたりしない」こと、また「信仰の自由を十分に与えるために」、議会が将来定める法律に従うことを約束するブレダ宣言*で帰国を許されたのである。結果的に、宗教解決の内容を決定したのは、共和政体のもとで自己の信念を曲げるよりも、チャールズとともに追放されるという悲惨な生活を選んだアングリカンの主教と聖職者であった。長老派は、復活した国教会から独立派とともに閉め出されることになったのである。

長老派の根本的な誤りは、教会解決の前に、つまり政治的解決が達成さ

ブレダ宣言（Declaration of Breda）　一六六〇年四月、チャールズ二世がオランダのブレダから仮議会に送った声明書。ピューリタン革命中の反国王派の言動を不問に付すこと、没収されていた土地は回復されることなどを約束している。

れた段階で、仮議会の解散を許してしまったことである。次の選挙で熱狂的な王党派が選ばれ、アングリカンの王党員が多数を占めた議会は、宗教上の解決の性格をはっきり決定してしまった。大陸から帰国したアングリカンの亡命者たちは、国王の信頼が厚い大臣エドワード・ハイド*に助けられ、巧みな引き延ばし戦術を取った。チャールズ二世は一六六〇年に出された『教会事項に関する宣言』で、「長老派の見解を主張する非常に有能な指導者たちは、教会と国家の平和を真剣に求めており、主教制と典礼を敵視しているのではない。ただ基礎を揺るがすことなく、両方の不満を是正する最善の方法を求めているだけなのだ」と述べて敬意を表した。したがって国王は彼らに、長老と主教が行政上と法律上の義務を果たす際に必ず協同すること、教会法を改正すること、問題解決の同意が得られるまでの間祭服を用いないこと、「罪深い儀式」を執行しないことを認めそうだという希望を抱かせた。主教職はバクスター、カラミー*、レイノルズ*（彼はチャールズの『宣言』でノリッジの主教となることを受諾した）に与えられた。そしてこの「包括」の詳細を実現するための会議が約束された。ところが政治的問題の解決が計られている間に、主教たちが再び貴族院

エドワード・ハイド（Edward Hyde, 1st Earl of Clarendon, 1609-74）　オックスフォード大学出身。チャールズ二世とともに帰国し、大法官として活躍。主著 *History of the Rebellion and Civil Wars in England*.

カラミー（Calamy, Edmund, 1600-1666）　ピューリタン。しかしチャールズの処刑には反対した。王政復古後、リッチフィールド・コヴェントリ主教職を与えられたが受けなかった。

レイノルズ（Reynolds, Edward, 1599-1676）　オックスフォード大学出身。ウェストミンスター会議に出席し、「厳粛なる同盟と契約」に署名するが、王政回復後イングランド国教会に復帰し、六一年ノリッジ主教となる。ピューリタンに対し同情的な態度を取った。

の議席を回復し、空席だった主教区が埋められ、主教座聖堂参事会*も旧に復し、カンタベリー大主教会議が招集された。主教制擁護者と長老派との間で約束されていた会議が一六六一年にサヴォイ*で開催されたときには、教会はすでにアングリカンの手中にあり、長老派は哀願する立場に立たされた。祈禱書の改訂は、実際に主教会議において着手されたが、詳細に議論されることもなく議会の承認を得た。一六六二年の礼拝統一令によって、主教制度に則った叙任が国教会のすべての聖職につくために欠かせない要件とされ、すでに聖職にあった者は全員、聖バルトロメオの祝日（八月二四日）までに、改訂された祈禱書に「含まれ、規定されている、あらゆることに対して心から同意」すると宣誓しなければならなかった。その結果、およそ一七六〇名の聖職禄受領者が生活の糧を奪われた。さらに悪い状況が、誤って「クラレンドン法典」*と呼ばれている迫害手段によって起こった。これは国教に反対する者すべてを抑え、長老派と独立派を徹底的に駆逐しようとするものだった。王政回復の教会解決で、イングランドの宗教伝統は分岐点に到達したのである。主教制と長老制との一世紀に及ぶ対立は車輪が一回りして、国教会内部では、ついに主教制を取ることに決着し

主教座聖堂参事会（cathedral chapter）　主教座聖堂、もしくは共住聖堂に所属する在俗司祭（canon）で構成される。

サヴォイ　アングリカン主教と長老派聖職者の双方一二人ずつが参加した。

クラレンドン法典（the Clarendon Code）　王政復古時代の初期にアングリカンの国教会を再建するために制定された非国教徒を弾圧する四つの法律の総称。1. Corporation Act 2. Act of Uniformity 3. Conventicle Act 4. Five Mile Act

たのだ。

これによって、イングランドの宗教の将来にとって重要な二つの結果が生じた。第一に、長老派が独立派、バプテスト派と共同戦線を張るようになったことである。長老派は一世代以上にわたって「包容主義」に対する望みを捨てなかった。この目的を実現するためにさまざまな計画が非公式ながら議論され、一六八九年には実際に実施されたが失敗に終わった。この望みには彼らと同じ非国教徒の「信仰の自由」を求める要求が常に伴っていた。一六八九年に「信仰自由令」*が出されると、包容主義政策は実際の政治舞台から最終的に姿を消した。しかし、この法律によって与えられた信仰の自由は、制限された不十分なものだった。法律の名称そのものからして寒々とした感じを与える「イングランド教会に反対する両陛下のプロテスタントの臣民を、法律の罰則から免除するための法律」というものであった。この法律によって三位一体を信じる正統的なプロテスタント信者に、集会の場所を、教会または国家のいずれかに登録し、ドアを開けたままで、さらに牧師は三九箇条のうちの教義を扱った条文を受け入れる、という諸条件の下に公に礼拝する権利が与えられた。非国教徒に対する市

信仰自由令　Cf. p.69

民としての制約を緩和または除去する試みは行なわれなかったのだ。一七七九年になってようやく、聖書の権威を信じるという単純な条件が、アングリカンの信仰箇条を受け入れる条件に差し替えられた。そして一八一三年になるまでユニタリアン*は、信教自由令の庇護の対象とならなかった。しかし、信仰の自由はいったん与えられると二度と奪われることはなかった。イングランドにおける他の多くの発展と同じように、この点においても「大切なのは最初の一歩」だった。

第二に、一六六二年と一六八九年の決定は、イングランドの歴史の宗教面だけでなく、社会、政治の面でも、深遠かつ広範な影響を与えることになった。プロテスタントの非国教徒は、一九世紀半ばまで継続することになる市民としての低い社会的地位を甘受せざるを得なくなった。国教徒と非国教徒との間の社会的地位の溝は、神学上、教会上の溝よりもさらに深く、橋をかけることが困難なものになった。特に、非国教徒は聖職に就く者と子弟の教育について、自分たちで方策を考えなければならなかった。この点については後に述べたい。宗教面で分岐点に達したのと時を同じくして、国政面でホィッグ*とトーリー*という相対立する政党が出現した。

ユニタリアン　Cf. p.129

ホィッグ（Whig）　一七世紀の中ごろスコットランドの長老派に対するあだ名（「牛追い」の意）を転用。王権と国教会に反対する。一九世紀には自由党（Liberal Party）と呼ばれるようになる。

トーリー（Tory）　「追いはぎ」を意味するアイルランド語に由来する。当初はジェームズ二世の即位に賛成する人々を意味したが、のちに国教会を支持し、一九世紀には保守党（Conservative Party）と称するようになる。

市民的権利が制限されていたことから、非国教徒は当然ながらホィッグ党支持にまわった。宗教と政治のこの連携関係の結果は、一九世紀に大変重要な意味を持つようになる。最後に、宗教面で、非国教のプロテスタント宗派の存在を法律上認めたことは、今世紀になっても解決されない主教制と非主教制の叙任問題を永続させることになった。こういうわけで、王政回復時の教会解決は、良かれ悪しかれ、イングランドの「分岐点」であった。「包容主義政策」が実現していれば、独立派とバプテスト派は比較的重要でない少数派となり、信教の自由の到来は遅れることになったかも知れない。包容主義の失敗と信仰の自由（部分的で制限されたものではあったが）の獲得は、大きな扉を開けることになり、将来のイングランド宗教伝統の歴史と発展に影響を及ぼすことになったのである。

第一三章　知的革命

ジョン・ロック*は『人間悟性論*』の中で次のように述べている。「われわれ人間は感覚によって即座には発見できないいかなるものについての知識よりも、神が存在しているということに関する確かな知識をより多く有しているということは、私には明白なことである。否、あえて私は次のように言うことも辞さない。われわれの外に何かが存在しているということの確実性よりもはるかにまさる確信を、神が存在するということに対して有していると」。このロックの言葉は、一七世紀ばかりでなく、その後の世紀においても、神学とその他の思想分野に影響を及ぼすことになる、一七世紀の革命の基調をなすものだ。もちろんこの広範な運動には多くの原

ジョン・ロック（John Locke, 1632-1704）オックスフォード大学クライスト・チャーチで自然科学、医学を学ぶ。人間の観念は感覚と反省という経験によって与えられ、それに悟性（intellect）が働いて複雑な知識が得られるとする経験論（empiricism）の立場を強化した。

『人間悟性論』（*Essay concerning Human Understanding*, 1690）

因があった。しかし、その最たるものは、一世代という短期間のうちに、望遠鏡、顕微鏡、気圧計、そして温度計が発明され普及したことである。オックスフォードのウォダム・コレッジの塔から星空を観察していた少数のイングランド人学者の視界に、神によって創造された作品が啓示された。それは人を感動させずにはおかない普遍の声で話しかけ、全知の、情け深い創造主の存在を証言した。この発生期にあった科学運動の開拓者たちにとって、神の作品には神の性質と目的の証拠として、神の言葉に残された記録にまさるものではないとしても、少なくとも同等の重要性があった。詩人のジョゼフ・アディソン*は、この新しい福音を正確に表現している。

天のいと高きところにある雄大な大空、
霊妙なる青空を備え、
きらめく空、光り輝く天とともに、
そのものたちの偉大な根源を宣言している。
疲れを知らぬ太陽は日々毎日
創造主の力を示し、

*ジョゼフ・アディソン（Joseph Addison, 1672-1719）詩人、エッセイスト。友人スティール（Steele）が始めた *Tatler*、二人が共同編集した *Spectator* 誌に健筆を振るう。

そしてすべての土地に
全能者の手になる作品を披露する。

荘厳の静けさのままに、
暗黒の地球の回りをめぐるものは何か？
本当の声でも、音でもないとしても、
光を発する天球の間にあるものは何か？
それらは理性の耳に、喜びと
光栄に満ちた声をあげ、
輝きながら永久にうたう、
「われらを創りたもうた手は神のもの」と。

気まぐれにいつでも人間に悲劇をもたらすことができ、多くの邪悪な霊によって支配されていた古い世界に代わり、今や、不変の法が支配し不動の秩序が維持された、目に見える創造界が明らかになった。しかし法があるということは、その法を与えた者も存在するということになる。そしてそのような大きな秩序は、無限の力と知恵を備えた創造主の存在を立証する。しかし人間は、一九世紀の科学革命の場合とは異なり、この発見によって地位をおとしめられるということはなかった。逆に、創造された宇宙の中で人間だけが、神の創造の目的と方法を理解するように招かれている特権的存在だとされ、人間の威信が非常に高められた。教養ある人々は相次ぐ発明によって、一世代の間、小さな子どものように、飽くことなき遊びに夢中になったのである。おもちゃと遊び道具があまりにも豊富にあるために、人間が素晴らしいものを造り出さなくとも、自然本来の十分不思議な世界に心を奪われていた。

科学上の発見の新しさと多様性によって、神の知恵と力だけではなく人間に対する神の善意も最終的に確定したように思われた。ロックと科学運動の指導者たちにとって、神の実在とその属性は証明可能であり、その結果、理性を持った存在はすべて宗教の根本条項を受け入れることができるはずだった。

科学的概念が神学の領域に侵入したことに続いて自然宗教*が流行した。というのは神の性質と目的に関して提示された証拠は、すべての人種、時代、場所の人間に開かれているからだ。これは一世代の人々がある特定の時代と場所で受け取り、その記録がもはや理解できない書物に隠されている啓示*の証拠とは対照的だった。自然宗教の普遍性に対し、キリスト教の持つ個別性が、恥辱として対照されるようになったのだ。さらに、自然法の擁護者たちは星がきらめく空を見ることで、あらゆる人間の心に書き込まれていると彼らが固く信じていた普遍性と正統性を備えた道徳法というものについて深く考えるようになった。神は、人間の心の中に神の証しを残したどころか、神の存在を確信し、神を礼拝し、神の慈善性を模倣する義務、そして人間に与えられる報いと罰という将来についての確信を植え付けたのだ。このようにして、啓示と自然宗教の伝統的関係が逆転した。キリストのことを耳にしたことがない民族が救われるかどうか尋ねる代わりに、キリスト教が自然宗教の教義に、救いに必要なものを何かつけ加えられるかどうかが尋ねられるようになった。ここでもローマ・カトリックの詩人、ジョン・ドライデン*がこの時代の風潮をうまく要約している。

自然宗教（natural religion）　人間理性による認識に基づく宗教的真理と道徳の総称。Cf.啓示宗教。

啓示（Revelation）　神もしくは天使によって宗教的真理が人間に伝達されること。天啓とも言う。

ジョン・ドライデン（John Dryden, 1631-1700）　一六五九年にクロムウェルの死に捧げる詩を書き評価される。王政復古がなると『帰りきたる星』を書きチャールズ二世を称えた。宗教上もピューリタンからアングリカンへ、さらにカトリックへと転向した。代表作にカトリックの信仰告白詩『雌鹿と豹』（*The Hind and the Panther*, 1687）がある。

異邦人が（律法が霊感を与えたことが全くないのに）
自然に律法が要求することを行うならば、
書かれた規則を知らない人々でも
自分自身が規則と律法となる。
彼らは自然の明白な告発に抗弁し、
罪に帰せられるか赦されるかは良心しだい…
そこで理性の命じるところに忠実な者は
自然の光に従って生活し、それを高く掲げ、
ソクラテスとともに創造主の顔を見ることができよう
多くの朱色の殉教者が居場所を求めるところで。

したがって、あらゆる教派の内外でキリスト教を単純化しようとする運動が始まった。宗教戦争と神学体系に飽き飽きしていた世代にとって、自然宗教と啓示宗教に共通する最大の要素という考えはすぐさま魅力的なものとなった。この分野だけでなくその他の領域でも時代の預言者だったジ

ケンブリッジ・プラトニスト（Cambridge

ヨン・ロックは、キリスト教は一つの信仰箇条に、つまりイエスは救い主であり、その降誕は預言によって予告され、その使命は奇跡によって立証されたと単純にまとめられると主張した。キリスト教は実は自然宗教が再交付されたものに他ならず、理解力が乏しくてもわかるように改変され、死後天国か地獄に振り分けられるという制裁をつけたものに過ぎない。「これは低級な能力と、人間のこの世での運命、すなわち労働と苦しみの状態に適した宗教だ」とロックは考えた。この様に単純化されたキリスト教は受け入れやすいものだった。実際、一七世紀前半のケンブリッジ・プラトニスト*の一団は、学問的環境で生活しながら、教養の集成としてではなく、理性と神秘主義と倫理とを結合した生き方としてのキリスト教を推奨した。彼らは文化と敬神、知識と信仰、プラトン主義とキリスト教を融和させようとした。その中には有名なラルフ・カドワース*、ベンジャミン・ホィッチカット*、ジョン・スミス*、ヘンリー・モア*（一人を除いてすべてピューリタニズムの温床だったエマニュエル・コレッジの出身である）らがいた。彼らの影響は、人々に喜んで受け入れられ広範囲に及んだ。ロックとその弟子たちは、彼らが学問の世界で説いたことを市民生活の場

Platonists）　宗教的立場としてカルヴァン派にも高教会派にも傾かず自由・寛大な態度を取り（Latitudinarianism）、信仰と理性との調和を図った学者の一群。啓示宗教においても自然宗教においても理性を裁定者とし、理性を神秘的に解釈した。プラトン、新プラトン主義者からの引用が多い。

ラルフ・カドワース（Ralph Cudworth, 1617-1688）　一六四五年ケンブリッジのヘブライ語教授。イギリスの人文主義の伝統を体現し、理性と信仰を調和させることに努めた。

ベンジャミン・ホィッチカット（Benjamin Whichcote, 1609-1683）　一六五〇年ケンブリッジ大学副総長。クロムウェルにユダヤ人に対する寛容政策を助言。ピューリタニズムに反対し、人間理性を「主のともしび」にたとえた。

ジョン・スミス（John Smith, 1618-1652）　ホィッチカットの影響を受け、プラトンとプロティノスの研究に励み、霊的宗教を強調した。

ヘンリー・モア（Henry More, 1614-1687）　ホ

で説いた。そしてこの移行過程で、この教義は神秘性と美しさをほとんど失った。理性は常識に堕し、個人的な宗教体験は素朴な道徳に、信仰という冒険は利益と損失を慎重に計算する打算に堕してしまった。新しい説教の内容だけではなくその様式をも決定したティロットソン大主教*は、神の慈善性を単なる寛大なよい性格に矮小化する典型的人物であった。彼は説教のなかでこう尋ねた。「われわれ一人一人の面倒を見、喜んで善をなし、あらゆる欲求を理解し、何者も救いの手を差し伸べてくれないような最大の難局時に、喜んで救ってくれる存在があるということは、本当に喜ばしいことではないでしょうか。われわれの幸福を企図し、そのために必要なものの一切を欠かさず、またわれわれの為になるようにわれわれを治め、われわれの善となるもの以外は何も求めず、われわれが自身にとって最善のことを行えば、無限の報償を与えて下さる世界の統治者が存在するということは、すべての人間の利益にかなうことではないでしょうか。神が存在するとすればそのような存在であるはずだとわれわれは信じるのです」。ケンブリッジ・プラトニストたちから見れば堕落であるにもかかわらず、神の慈善性の強調を特徴とするこの宗教思想上の革命は、一七世紀後半か

ッブズら唯物主義に対抗。理性よりも高貴な内面的原理として神的叡智を強調した。

ティロットソン大主教（John Tillotson, 1630-1694）　ケンブリッジ大学クレア・ホール出身。カトリックとユニタリアンを除く全プロテスタントを包摂する国教会の確立を図ろうとした。彼の説教は前時代のダン、アンドルーズのメタフィジカルなスタイルと好対照を成す簡明さを備える。

ら一八世紀前半のイングランドの際立った特色である、実際的で豊かな慈善精神の源となった。次章ではこのことについて述べよう。

ロックが学んだクライスト・チャーチ
（訳者撮影）

第一四章　実際的キリスト教

大主教テニスン*は、「実際的キリスト教こそがこの時代の手柄であり喜びである」と述べ、彼の時代が実現したものの特徴を言い表した。ところで、これまで私がイングランドの宗教伝統について述べてきたことは、主に教会運営、いくつかの宗派の生活、思想上の伝統についてだった。キリスト教が社会とその諸問題に与えた影響についてはほとんど述べられていない。テニスンが称賛する「実際的キリスト教」とは、前章で扱った科学と宗教が組み合わされた運動がもたらした直接的結果だった。というのは、宇宙に存在する一定の法と秩序の発見から、神は人間に対する特別な善意によって万物を創造されたという結論が導かれ、それゆえ「人間の義務」

テニスン（Tenison, Thomas, 1636-1715）　非国教徒に対する寛容策によって知られる。王位継承をめぐってはハノーヴァー家を支持した。

は、この神の善意を仲間の人間との関係で模倣し、慈善と博愛事業に没頭することだった。神学に対して慈善が優位に立つことを、詩人アレクザンダー・ポープ*は、次のように要約している。

神に見放されし熱狂者には信仰のあり方を求める争いをさせておけ、
正しい生活を送る者の信仰は誤ることがない。
信仰と希望をめぐって世は意見を異にするが
すべての人間の関心は友愛。
この一つの偉大な目的を妨げるものすべてが偽りで、
人を祝福し、改めるもののすべてが神からのもの。

この実際的キリスト教が最も顕著に現れた分野は教育と病院である。教育の分野では、非国教会系の神学校の登場が、イングランドの高等教育史上きわめて重要な事件だった。というのも、一面では、礼拝統一令とその後の法律が生み出した社会分裂の結果だったが、イングランドの教育に新しい思想と原理を導入したという意味もあるからだ。プロテスタントの非

アレクザンダー・ポープ（Alexander Pope, 1688-1744）　裕福なカトリック商人の子としてロンドンに生まれる。独学で古典語を習得し、少年時よりホメロスを愛読。二行連句を連ねる詩体の完成者。代表作 *An Essay on Criticism*, 1711; *The Rape of the Lock*, 1712; *The Dunciad*, 1718-42 など。“A little learning is a dangerous thing.”, “To err is human, to forgive, divine”など人口に膾炙した格言となった詩句も多い。

国教徒は、事実上国教会信者以外には門が閉ざされ、アングリカンの独占物になっていたオックスフォード大学とケンブリッジ大学に代わるものを見つけ出さなければならなかった。それゆえ、一六六二年に聖職を追われた者たちは、自分たちの家に学校を開いた。こうした学校は法律の拘束力から逃れるために、しばしば移転を繰り返すことになった。名声を博し、また波乱に富んだ歴史を持つ学校もある。中世の大学と同じように、こうした学校が繁栄するかどうかは、その教師たちの学識にかかっていた。一六八九年までにその数は少なくとも二三を数え、その後も急速に増加していった。科目としては「近代学科」と呼ぶのがふさわしい教科が教えられた。それには自然科学、古典語、近代語、近代哲学、歴史が含まれていた。教育に使われた言語はラテン語ではなく英語だった。アリストテレスが依然として大学を支配していた時代に、これらの学校では新しいデカルト*哲学が教えられていた。こうして、非国教会系の教育機関は大陸との知的情報交換の媒介となった。また、その知的水準も高かった。将来ダラム主教となり、イングランド哲学の誉の一人となるジョゼフ・バトラー*は、チュークスベリー*の非国教会系の学校からオックスフォードのオリエル・コレ

デカルト（Descartes, Rene, 1596-1650）フランスの哲学者。新しい学問の方法を探究し、確実な知識に到達するためにすべてを疑う方法的懐疑に至る。しかしすべてを疑っても、疑う我の存在は疑いえない（コギト・エルゴ・スム＝我思うゆえに我あり）。デカルトはこれに基づいて神と物体の存在証明を行なった。

ジョゼフ・バトラー（Joseph Butler）長老派の家庭に生まれる。哲学者として自己愛、博愛、良心によって構成される人間にとって、倫理的生活は人間の本性にかなった生き方であるとし、ホッブズ以来の功利主義を批判した。またメソジストの熱狂主義を嫌い、メソジズムの批判者となった。

チュークスベリー（Tewkesbury）イングランド中南西部、グロスタシャーの町。

ッジに進んだが、オックスフォードの学問水準が劣っていることに驚かされた。彼は何の利益にもならない、つまらない演習討論に費やされる無駄な時間に不満を漏らしたのである。バトラーは、こうした学校が生み出した唯一の傑出した卒業生というわけではなかった。カンタベリー大主教となるトマス・セッカー*、アイルランドの主教ジョサイア・ホート*も、基礎教育を非国教系の学校で受けたし、ダニエル・デフォー*、サミュエル・ウェスレー*、アイザック・ワッツ*、ダニエル・ニール☆、トーリー党の高教会派の政治家、オックスフォード伯ロバート・ハーリー☆とボリングブルック子爵ヘンリー・シンジョン☆もまたそうだった。こうした学校で教えた有名な教師には、後にハーバード大学の副総長となるチャールズ・モートン☆、セオフィラス・ゲール☆、またノーサンプトンで経営した学校が名声を得たフィリップ・ドドリッジ☆がいる。彼らが神学の分野は言うに及ばず、文学、科学の面でイングランドの教育に果たした貢献は、王政回復に続く世紀の最も注目すべき特徴の一つとなっている。

　高等教育機関の対極には、慈善学校運動の登場とめざましい発展がある。これはこの世紀に現れたもう一つの「神の善意」を強調する教義が生み出

トマス・セッカー（Thomas Secker, 1693-1768）はじめ医学を修めたが後に神学を修める。一七二三年司祭に叙任。五八年カンタベリー大主教に就任。植民地アメリカに主教を送ろうとしたが失敗した。

ジョサイア・ホート（Josiah Hort, 1674?-1751）非国教徒によって教育された。アイザック・ワッツと親交を結ぶ。一七四二年アイルランドのテュアム主教。

ダニエル・デフォー（Daniel Defoe, 1660-1731）八五年に反ジェイムズ二世のモンマスの反乱に参加し、八八年にはウィリアム三世軍に加わる。主著 *Robinson Crusoe, A Journal of the Plague Year* など。

サミュエル・ウェスレー（Samuel Wesley, 1662-1735）詩人、国教会聖職者。初め、ロンドンで独立派の聖職につくための教育を受けた。ジョン・ウェスレー、チャールズ・ウェスレーを含む一九人の子供をもうけた。

アイザック・ワッツ（Isaac Watts, 1674-1748）会衆派牧師、賛美歌作詞者。カルヴァン派の神学に基づく賛美歌を約六〇〇作った。

した最も実際的な結果だった。慈善学校の目標は極めて功利的なもので、カリキュラムも簡単なものだった。それは貧乏な人々の子弟に初等教育を与えるために設立された。つまり、聖書とＳＰＣＫ＊（キリスト教知識推進協会、一六九八年創立）が発行する有益な書物が読めるようになることが目標であった。読み、書き、計算能力の育成がカリキュラムのすべてだった。こうした教育を受けた貧しい子どもたちが、さらなる教育を受けるためにグラマー・スクール＊に進学するということは想定されていなかった。彼らはこうした勉学が終了すると徒弟奉公に出ることになっていたのである。慈善学校の教育に、低い社会的地位から彼らを引き上げる意図はなかった。こうした学校の数は数千に上り、その重要な意義は、最も貧しい子どもたちに初等教育を与えたということと、大部分の運営資金が中産階級の人々による毎年の寄付によってまかなわれていたということだ。また、こうした学校には地域事業の初期の実験という意味合いもあった。確かに、一九四四年に施行されたバトラー教育法＊は言うに及ばず、一八七〇年のフォースター教育法☆と比較しても、この一八世紀の慈善学校との間には非常に大きな隔たりがある。限定された目的、幅の狭いカリキュラム、庇護者

ＳＰＣＫ（Society for Promoting Christian Knowledge）「キリスト教知識普及協会」。トマス・ブレイ（Thomas Bray, 1656-1739）とその仲間らが一六九八年に「国王陛下のすべての海外植民地においては信仰と学問の普及、本国においては、教区に教会問答を教えるための図書室と学校の設立」を目指して作った団体。現在でも有力なキリスト教系の出版社として存続している。

グラマー・スクール（Grammar School）中世に聖職者養成を目的に司教座聖堂や修道院の付属機関として設立された。ラテン語文法を教えたことに名前の由来がある。二〇世紀においては成績優秀者が大学進学を念頭に進む公立中等学校となり、私立のパブリック・スクールと双璧をなすに至った。

バトラー教育法　第二次世界大戦中のチャーチル内閣で教育大臣を務めたバトラー（Richard Butler, 1902-82）が制定した法律。一五歳までの中等教育の無料化と義務化、学校給食、朝礼時に特定宗派によらない礼拝を行なうことを決定した。

ぶった態度、そして比較的少数の人々しか慈善学校の恩恵を受けられなかったことを嘲笑するのはたやすいだろう。しかし、個人の善意と、一七世紀後半から一八世紀前半にかけてのキリスト教が示した博愛精神が、国家が国民に初等教育を与える任務と責任を受け入れるのに一世紀半以上も先行していたということは動かせない事実なのである。

しかしながら、慈善は義務だと考える信仰が実際に適用された最も注目すべき例は、この時代に設立された病院である。ロンドンでは、最も有名なものも含めて一一を下らない病院がこうした義務感によって設立された。ファウンドリング*、ガイズ*、セント・ジョージズ*、ウェストミンスター*、ロンドン*、ミドルセックス*の各病院、そして六つの産科病院が設立された。全国各州にわたって広く病院が設立されたことも、同じ博愛精神の働きを立証するものだ。二つの大学町では、ラドクリフ*とアッデンブルック*病院が、この時代に起源を持っている。一八世紀（最初の七五年間）ほど、病院設立が顕著に見られた時代はない。実際、自由意志による献金によって病院を維持していくことは、この時代の一般的実践活動の一つとなった。残された大部の日記によってまったく思いがけず有名になったノー

ファウンドリング（Foundling） 一七二七年に開院したダブリンの篤志病院。現在はセント・ジェイムズ病院となっている。

ガイズ（Guy's） 一七二四年設立。

セント・ジョージズ（St Georges's） 一七三三年設立。

ウェストミンスター（Westminster） 一七一九年設立。

ロンドン 一七四〇年設立。

ミドルセックス（Middlesex） 一七四五年設立。以上ロンドンにある五病院は他の病院と共にロンドン大学医学部付属の病院となっている。しかし注意しなければならないのは病院が先に設立され、医学部の方が付属施設として出発しているということである。

ラドクリフ（Radcliffe Infirmary） アン女王の侍医も務めたジョン・ラドクリフ（John Radcliffe, 1652-1714）が遺した基金によって設立された。

アッデンブルック（Addenbrooke） ジョン・

フォークの片田舎の聖職者、ジェイムズ・ウッドフォード*は、ヘンデル*の音楽を聴きに、あるいは公立病院維持のための慈善説教を聴きに、定期的にノリッジ*の主教座聖堂に出かけたと記している。彼はこの時代の典型的な人物だったのだ。

この時代は決して信仰の時代ではなかった。しかし信仰があることを慈善事業という形でこれほど納得させてくれる時代も他にはない。この時代が好んだ聖書の章句で、大主教ティロットソンが行った説教（ついでながら、彼の説教は全国の教会で剽窃され繰り返された）の中で最も有名なものの一つも取り上げている一節は、「神の命令は過酷なものではない」である。それは慈善で多くの罪を覆い隠し、神の情状酌量を願うものでもあった。実際、まったく文字が読めないままだったであろう社会階層に初等教育を提供し、病人、特に出産する女性のために病院を設立するときに心に留められていたのは、よきサマリア人*と、すべての弱者と、冷たい水一杯与える人すべてとに約束されている祝福だったのだ。おそらくこの時代の人々は、そうした行動を取るとき、善行に対して約束された報償を非常に求めていた。少なくとも善行抜きの信仰が救いに役立つという幻想は抱

アッデンブルック（John Addenbrooke, 1680-1719）の遺産によって設立された。

ジェイムズ・ウッドフォード（James Woodforde, 1740-1803）　一八世紀後半の田舎の人々の実生活をつぶさに描いた日記、*Diary of a Country Parson* を残した。

ヘンデル（Handel, George Frederic, 1685-1759）　ドイツ生まれ。一七一二年からイギリスに移住し、一二六年帰化。代表作『水上の音楽』『メサイア』。

ノリッジ（Norwich）　イングランド東部ノーフォーク州の州都。

よきサマリア人　Cf.ルカ10：33-37。サマリアはガリラヤとユダヤの中間に位置するパレスチナの中部地方。サマリア人は北王国の滅亡後（BC721）、この地方に移住してきた外国人との雑婚によって生まれた民族で、そのためユダヤ人は交渉を断っていた。イエスはユダヤ人から蔑まれていた人々の一人をたとえ話に登場させ真の「愛」を説いた。これはユダヤ律法の専門家の「何をしたら永遠の命を受け継ぐことができるか」の問いに対してイ

いていなかったのだ。

エスが「心をつくし、精神をつくし、力をつくし、思いをつくしてあなたの神である主を愛しなさい、また、隣人を自分のように愛しなさい」と答えた際に行なった。ある人がエルサレムからエリコへ向かう途中追いはぎに襲われる。半殺し状態に捨て置かれた人のそばを、祭司、レビ人は何もしないで通過したがサマリア人だけは介抱して助けたという内容。

［注］

☆119ページ

ダニエル・ニール（Daniel Neal, 1678-1743）ピューリタンの歴史家。マーチャント・テイラーズ・スクールで教育を受ける。主著 *History of the Puritans*, 1732-38は宗教改革から一六八九年までを扱う。

オックスフォード伯ロバート・ハーリー（Robert Harley, 1st Earl of Oxford, 1661-1724）非国教徒学校（the Dissenting Academy）出身。名誉革命時の仮議会の議員として世に出た。アン女王治下のトーリー政権で活躍した。スウィフト、デフォーとも親交があった。

ボリングブルック子爵ヘンリー・シンジョン（Henry St.John, 1st Viscount Bolingbroke, 1678-1751）一七〇一年トーリー党の下院議員として政界に入り、アン女王治下で活躍。ハノーヴァー朝の下で、ロバート・ウォルポール反対派の指導者となったが、三〇年代に政界を引退し、ポープ、スウィフトらと交流した。

チャールズ・モートン（Charles Morton, 1627-1698）ピューリタンの聖職者。チャールズタウン第一教会牧師。セイラム魔女裁判の訴追を認めた。

セオフィラス・ゲール（Theophilus Gale, 1628-1678）一六五〇—六〇年オックスフォード大学モードリン・コレッジ・フェロー。王政復古後独立派の牧師となり、死後蔵書はハーヴァード大学に寄付された。

フィリップ・ドドリッジ（Philip Doddridge, 1702-51）非国教会派の牧師。一七三七年ノーサンプトンにcharity schoolを開校した。

☆120ページ

フォースター教育法　自由党下院議員であったフォースター（William Edward Forster, 1818-86）が成立させた。既存の有志立学校は政府の補助金を拡充し内容の充実を図りながら存続し、有志立学校が不十分な地域では地方税によって公立小学校を設立する。少額の授業料を徴収するが貧困家庭には免除することを決定した。

第一五章　理神論と信仰心の衰退

ジョゼフ・バトラー*は一七三六年に出版された『宗教の類比*』の中で次のように述べている。「どうしてこうなってしまったのかわからないが、今や多くの人が、キリスト教は研究対象ではなく、大部分は作り話だということが明らかにされたと当然のように考えている。現在では、理解力を持った人ならば誰も異論がないことであるかのように扱われている」。このバトラー主教の驚きは、一見したところ、われわれも分かち合えるものかも知れない。というのも、われわれもバトラーと同じように、科学的発見によるキリスト教の本質的真理に対する確信と自然宗教と啓示宗教は一致するというロックと科学者たちが抱いていた自信に満ちた楽観主義はど

ジョゼフ・バトラー　Cf. p.118

『宗教の類比』（*Analogy of Religion*, 1736）　バトラーの主著。理神論に対する回答として書かれる。宗教は不合理なものではないと同時に、自然宗教と啓示宗教はともに合理的なものと説く。自然の枠組みは人間の良心を通して明らかにされる道徳的統治者を示すと主張する。

うなってしまったのかと尋ねたくなるからだ。なるほど、啓示の擁護者が、キリスト教は自然宗教に権威と刑罰を加えただけだと立証しようとしてかなり骨を折ったことは事実だ。また、正統神学者がこれまで難攻不落と見なしていた教義上の外塁の数多くを、自然宗教の擁護者が取り除いてしまったことも事実だ。しかし、バトラーがここで指摘している変化の主要因は、おそらく理神論者*が、ロックが単純化した最低限のキリスト教信仰でさえも直接攻撃の対象にしてしまったことだろう。

新しい信条が、イエスは救い主であり、その降誕は預言によって予告されており、その使命は神からのものということは奇跡によって立証されているという箇条にまとめられるためには、預言の現実性と奇跡の事実性が、疑いの余地がないまでに確立される必要があった。アンソニー・コリンズ*は、預言が文字通り実現したとは主張できないのだと、さらに寓話的または予型論*的解釈で十分とせねばならないのだと論じた。彼は「福音書全体があらゆる点で予型と寓話に基づいており、使徒たちはすべてではないにしろ多くの場合、予型論的に、そして寓話的に説いていることは明白だ」と述べている。一方、トマス・ウールストン*は、寓話的方法を新約聖書に

理神論者（deists） 理神論（deism）はキリスト教の啓示、奇跡、恩恵、神秘など超自然的な部分を疑ったり、否定したりする説。神の存在を純然たる理性の根拠によってのみ認める。

アンソニー・コリンズ（Anthony Collins, 1676-1729） ケンブリッジ大学出身。ロックと親交。国教会の三九箇条の第二〇条、教会が「信仰上の論争に持つ権威」を攻撃した。

予型論（typology） 時代を隔たった出来事や人物の比較をすること。キリスト教においては旧約聖書の中にキリスト教的意義を探り、アダムとキリスト、エルサレムと天国、洪水と洗礼などの歴史的対応を説く。

トマス・ウールストン（Thomas Woolston, 1670-1733） ケンブリッジ大学出身。オリゲネスから聖書を隠喩として読むことを学んだ。一七二九年にキリストの奇跡に関する文書を出版し、投獄、罰金処分を受けた。

記録されている奇跡一般、特にきわめて重大な奇跡であるキリストの復活に当てはめた。これは、それが「奇怪な、信じられない奇跡」であり、「今まで世界に提示されたものの中で最もずうずうしいペテン」だということを証明するためだった。彼は、ただ一つ残されている逃げ道は「この物語全体の神秘的解釈」を受け入れることだと結論づけた。元ライデン大学*の長老派給付生だったジョン・トーランド*はすでに、キリスト教の奇跡は異教の観念が侵入してきたために生まれたのであり、啓示は、本質的真理を理性の及ぶ範囲を超えて包含することはできないと論じていた。しかし預言と奇跡に対する攻撃は、斧を木の根に直接打ち込むようなものだった。正統神学者たちはこれに答えようとして、ジョンソン博士*が見事に喝破した「使徒たちが週に一度、捏造という第一級犯罪の審理を受けるオールド・ベイリー*神学」をまとめるという骨の折れる作業に着手した。典型的な弁護は、テンプル教会主任司祭だったトマス・シャーロック*の説教だ。彼は法律が理解できる聴衆に向かって、復活に関する使徒の証言に対する、判事、弁護人、陪審員の長い反対尋問を聴かせたのである。彼の結論は風変わりにも判決文の形を取っている。『判事――「使徒たちはイエ

ライデン大学（the University of Leiden）　オランダ南西部にある。一五七五年創立。

ジョン・トーランド（John Toland, 1670-1722）　アイルランド生まれ。カトリックから長老派に改宗し、グラスゴー、エディンバラ、ライデンで神学を学ぶ。一六九六年『非神秘的キリスト教』（*Chrsiianity not Mysterious*）を著し、理神論者と正当神学者との最初の争いに火をつけた。この書物は議会によって禁書となり、焼却命令が出された。

ジョンソン博士（Dr Samuel Johnson, 1709-84）　英語辞典編纂者、詩人。信仰心篤い国教徒。長老主義、非国教主義をひどく嫌ったが個人的には非国教徒と親密であった。学位はないが国民の敬愛を集めドクターと呼ばれる。

オールド・ベイリー（the Old Bailey）　ロンドンの旧市街（シティ）の西北西の入り口、オールド・ベイリーにある中央刑事裁判所。二〇世紀始めに落成した現在の建物のドームの上に立つ「正義の女神」は、イギリス国民の正義の象徴として有名である。かつてこの地にはニューゲイト監獄があった。

スの復活に関する偽証罪で有罪か、それとも無罪か？」陪審員長——「無罪であります」』。

このキリスト教信仰の基本条項に対する正面攻撃はきわめて重要なものだった。それは聖書に対する合理主義的批判攻撃の開始を告げるものであり、「イングランド神学の近代のあけぼの」と正当に呼ばれてきた。理神論者はたとえ正しい答えが得られなくても、正しい問を発したのだ。彼らは批判するうちに、一九世紀の高等批評*学者の間で見解の一致を見た結論のいくつかに行き当たったが、それは科学的研究によるものというより偶然の結果だった。なかでも彼らは、多くの扉を開ける鍵となるもので、宗教に適用されれば教義の発展という考えを生み出す、進化の概念を持ち合わせていなかった。しかし、彼らはまちがいなく、聖書批評が一世紀半後に答える巡り合わせになる問題のいくつかを提起した。

しかし、彼らの思索の結果にはその時代に警戒心を起こさせるものもあった。正統の擁護者を自称する多くの人々は、キリスト教の基本的教義は聖書の言葉だけで述べられるべきで、ニケア信条や公会議の綿密な定義は避けるべきだという考えを持っていた。新約聖書研究によって、キリスト

テンプル教会　一二世紀に遡る。ロンドンのテンプル騎士団の跡地にあり、イングランドの四つの法曹学院の一つもある。

トマス・シャーロック（Thomas Sherlock, 1678-1761）　ロンドン主教。一七〇四年に父のあとをついでテンプル教会主任司祭となる。高教会派として「可視的教会のいかなる権威も福音書に保証されていない」という見解に異を唱えた。

高等批評（Higher Criticism）　著者の手を離れた後の本文批評（Textual/'Lower' Criticism）と異なり、聖書各書の著者が使った資料、編纂手法、著作年月の学問的研究を行なう。

のペルソナと地位に関するアリウス派*の見解が復活し、広く普及した。一八世紀のアリウス主義者は、四世紀における彼らの原型と同様、伝えられてきた原始信仰から異教的な要素を取り除くことを求め、聖書を重んじる保守的キリスト教徒たらんとしたのだ。特にイングランドの長老派は、正統信仰から後にユニタリアニズム*と呼ばれるものに文字通り地滑り的に転向した。それはソールターズ・ホール論争*に端を発し、広まっていった。その結果、長老派が多数で、重要な部分を占めていたプロテスタントの非国教徒全体を混乱させ、弱体化させた。国教会内部でも、それはパン種の役割を果し、大きな影響を及ぼした。たとえば、『神の存在とその属性☆』に関するボイル講演☆によって名声を確立していたサミュエル・クラーク☆が、『聖書の三位一体の教義☆』においてアリウス派の概念を擁護するようになった。同じ世紀のうちに、ケンブリッジ大学欽定神学講座教授で、後にランダフ☆主教となったリチャード・ワトソン☆は、ユニタリアニズムは完全にキリスト教だと弁護し、「聖書のどこを見ても文字通りに記載されているところが見い出せないので、また、聖書の論理的批評研究によっても引き出せないので」三位一体を主張するアタナシウス☆の教義に反対した。

アリウス派（Arians）　アレキサンドリアの司祭アリウス（Arius, 256-336）の創始したイエス・キリストの神性を否定する異端思想。三位一体を否定するアリウス主義（Arianism）は、神の子（イエス）の受肉を比喩的表現に格下げしたため、キリスト教の基盤を揺るがした。そのため三二五年に第一ニケア公会議が招集された。

ユニタリアニズム（Unitarianism）　神は単一（Unitary）であるとして三位一体、キリストの神性を否定する。イングランドでは一七世紀に始まり共和政時代に信者の数を増やしたが、その異端性のために信仰自由令から除外された。彼らが爆発的に増えたのは理性を重んじる時代風潮と合致した一八世紀になってからである。

ソールターズ・ホール論争（the Salter's Hall Controversy）　一七一八年から翌年まで開かれた非国教派のアリウス主義をめぐる聖職者会議での論争。三位一体を信仰する正統派とアリウス主義を奉じる異端派の数はほぼ同数であったがかろうじて正統派が勝った。

そしてこうした考えと一致するように信仰箇条と祈禱書を改訂するよう訴えた。これは神学ばかりでなく礼拝と典礼に関する運動であり、大胆かつ革命的なものも含む礼拝方法の改訂が行なわれた。

同時に、一八世紀にはどの教派を見ても、一七世紀の宗教的熱情は明らかに衰退してしまった。ハノーヴァー家*の登位とともに、中庸、穏健、因習の時代が始まったのである。国教会は、審査律*と自治体法*によって守られていた。プロテスタントの非国教徒は神学論争によって大きく分裂した状態であったが、信仰の自由に守られ、黙従の姿勢に落ち着いていた。彼らは政治的には、野党に組織されたために、法律上、信仰の自由に関して現状を維持できたが、それを拡大することはできなかった。そして、彼らの慈善事業に対する王室下賜金*を毎年受け取ったことは、安逸な生活を選んだことを示している。国教会員とプロテスタント非国教徒の無気力ぶりが、メソジストによる信仰回復を引き立たせるために、あまりにも誇張されたり風刺されたりしてきたが、しかし、非国教徒のうちにアイザック・ワッツ*とフィリップ・ドドリッジ*を見出した時代が、敬神、賛美歌、司牧の熱意、また神学研究において欠けるところがあったと非難できない

ハノーヴァー家（the House of Hanover）一七一四年から一九〇一年まで君臨した王朝。ジェイムズ一世の子のエリザベスがドイツのプファルツ選挙侯妃になり、その子ソフィアがハノーファー選挙侯に嫁いだ。一七〇一年の王位継承法によってアン女王亡きあとの王位継承者としてソフィアとその子孫が定められたため、一四年にソフィアの長男がジョージ一世として即位し、ハノーヴァー家の統治が始まった。

審査律（the Test Act）一六七三年カトリックと非国教徒を文武の公職から排除することを目的とする法律。文官武官を問わず、国教会の典礼で聖体を拝領すること、君主を教会の首長と認めること、君主に忠誠を誓い、カトリックの全質変化を否認することを求めた。七二年にチャールズ二世が出した信仰自由宣言などのカトリック宥和政策に議会が反発して定められた。国教徒による支配体制の強化に役立った。一八二八年まで継続。

自治体法（the Corporation Act）一六六一年に自治体から国教徒以外の人々を排除するために定められた法律。国教会の聖餐式に従い、国王に対する忠誠と、国王の教会における至

し、国教会に見出されるバトラー、* ギブソン、* ウェイク、* セッカー* の名前が、無気力と俗心を表すとも考えられないのだ。ただ、以前の楽観主義に代わり悲観主義の趨勢が見られ、バトラーの『宗教の類比』、『自然と啓示』における理神論の批判ですら、いくつかの点でこの憂鬱な状況に拍車をかける役割を果たした。というのも彼が、自然界に、したがって自然の神の行為にも、神秘と暗黒の部分が存在することを示し、巧みに理神論者の立場を覆すならば、神の人間に対する道を正当化するのは、この世の悪と不正が最終的に正される未来の報償と罰だけという結論に至るからだ。とはいえ、大多数の人々はこうした神学上の論争に興味も理解も示さなかった。さらに言えば、一般的な道徳水準は疑いもなく下がってきていた。社会と市民の風潮を改善しようとする絶望的な闘いにおいて、合理主義的教義は正統信仰のものであれ理神論のものであれ、情緒を喚起し回心をもたらすには無力だった。特に今しも起ころうとしていた産業と農業の変革を見込んで、社会を再生させるためには、緊急に宗教を復活させる必要があった。こうした時代にジョン・ウェスレーとそのメソジスト運動における協力者を得たことは、イングランドの宗教伝統にとって稀にみる幸運だった。続

上性、厳粛同盟の無効性を誓うことを要求し、非国教徒の政治的影響力排除した。

王室下賜金（Regium Donum）　チャールズ二世が始めたが、ジョージ一世の時代以降確立した。年千ポンドが支払われた。長老派、バプテスト派、会衆派が受け取った。

アイザック・ワッツ　Cf. p.119

フィリップ・ドドリッジ　Cf. p.124

ギブソン（Gibson, Edmund, 1669-1748）　二三年ロンドン主教。理神論、自由思想に対して伝統的教義を主張し、国教会の教会法典を整備した。

ウェイク　Cf. p.21

セッカー　Cf. p.119

く二章では、この運動について述べることにしよう。

［注］

☆129ページ

『神の存在とその属性』（*Being and Attributes of God*）　一七一六年他の著作といっしょに公刊。

ボイル講演（Boyle lectures）　科学者のロバート・ボイル（Robert Boyle, 1627-91）の基金で運営される講演。ボイルは科学と宗教の調和を信じており、年八回「不信仰者を論駁するための講演」をロンドンの教会で行なうよう遺言した。

サミュエル・クラーク（Samuel Clarke, 1675-1729）　ケンブリッジ大学に学びニュートンの影響を受けた。一七〇四年のボイル講演でロックの経験主義を批判し、神・徳・不死を数学的思惟から理性より導き、それを啓示に基礎づける合理的超自然主義を主張した。

『三位一体の聖書的教義』（*Scripture Doctrine of the Trinity*, 1712）　クラークを批判した人々にはダニエル・ウォーターランド（Daniel Waterland, 1683-1749）がいた。彼は『キリストの神性の証明』（*Vindication of the Divinity of Christ*, 1719）を著した。

ランダフ（Llandaff）　南ウェールズにある主教区。

リチャード・ワトソン（Richard Watson, 1737-1816）　一七八二年ランダフ主教。奴隷解放主義者。アメリカの独立にも賛成した。『キリスト教の弁護』（*Apology for Christianity*, 1776）によって歴史家のエドワード・ギボン（Edward Gibbon, 1737-94）のキリスト教批判に答えた。

アタナシウス（Athanasius, c.296-373）　アレキサンドリアの司教。生涯アリウス派と戦い、受肉論と三位一体論に自己の神学研究を集中させた。受肉と三位一体を信仰の必然と説く四〇条に及ぶ「アタナシウス信条」の作者といわれる。

第一六章　ジョン・ウェスレーとメソジスト信仰復興

ジョン・ウェスレー*は一七三八年五月二四日の日記に次のように記している。「夜、気がすすまないままオールダーズゲイト・ストリートの集会に出かける。そこではルターが書いた『ローマ人への手紙のための序文』が読まれていた。九時一五分前頃、キリストに対する信仰によって神がおこした心の変化について語られていたとき、心が妙に熱くなるのを感じた。私は私の救いのためにキリストを、キリストのみを寄り頼んだのだと実感した。そして、キリストが私の罪、私の罪ですらも取り去った。そして罪と死から私を救ったのだと確信した」。このわずか三日前にチャールズ・ウェスレー*も、ルターのガラツィア人への手紙の注解書（ついでながら興

ジョン・ウェスレー（John Wesley, 1703-91）オックスフォード大学出身。弟チャールズ、ホイットフィールドらが結成した神聖クラブ（Holy Club）に加わる。教区教会での説教を拒否されたため三九年のブリストルを皮切りに、野外説教を始める。約五〇年間に四万回以上説教を行ない、福音主義的信仰の再生のために努力した。

チャールズ・ウェスレー（Charles Wesley, 1707-88）一七二九年オックスフォード大学在学中に、聖餐と主日の遵守、キリスト教徒の完徳を目指す神聖クラブを結成した。

味深いことに、ジョン・バニヤンの回心を引き起こしたのも、この本だった）によって、同じような回心を体験していた。このジョン・ウェスレーの経験が、宗教を呼び醒ましたのだった。その歴史は、イギリスとアメリカに大書され、歴史家レッキー*によってチャタム*の勝利よりも重要なものとして評価されている。それはまさしく英語圏の国民にとって、福音主義宗教が始まる転回点となったのだ。

ジョン・ウェスレーは堕落した生活から回心したというわけではない。その反対である。彼はすでに一〇年間イングランド教会の司祭を務めており、一八世紀におけるオックスフォード運動*のさきがけとなる可能性があった、典礼の強調と厳格な聖職生活を特徴とする高教会派運動のオックスフォードにおける指導者だったからだ。さらに彼は、この伝統の使徒として北アメリカを旅したが、大西洋を渡る船で一緒だったモラビア兄弟団*の影響をかなり受けた。彼の宗教思想は、実際多くの要素からなっていた。二人の祖父はともに、一六六二年に聖職禄を奪われた人であり、父は非国教の学校で教育を受け、後に高教会派の司祭になった。母は結婚前、当時流行していたソッツィーニ主義*の傾向を帯びた広教会派に属していた。同

レッキー（Lecky, William Edward Harpole, 1838-1903）ダブリン生まれ。主著 *A History of England in the Eighteenth Century*（8vols, 1878-90）。

チャタム（Chatham）William Pitt, 1st Earl of Chatham（1708-78）のこと。フランスとの七年戦争（1756-63）を指導し勝利を収め、イギリス植民地の拡大に貢献した。

オックスフォード運動　Cf. 第二〇章。

モラビア兄弟団（Moravian Brethren）ドイツでは「ヘルンフルート兄弟団」として、ツインツェンドルフ（Nikolaus Zinzendorf, 1700-1760）を中心に形成される。内面的信仰と個人の信仰体験を重視する。

ソッツィーニ主義（Socinianism）三位一体、処女懐胎、贖罪の否定を主な主張とする説。イタリアの司祭、レリオ・ソッツィーニ（Lelio Sozzini, 1525-62）とその甥ファウスト・ソッツィーニ（Fausto Sozzini, 1539-1604）が唱えた。

様に彼自身の精神形成においても、臣従宣誓拒否者*のウィリアム・ロー☆とモラヴィア兄弟団のピーター・ベーラー☆に多くを負っていた。したがって、ウェスレーの回心は、善行による救済から信仰による救済の確信への転回であったことになる。「私にとってキリスト教徒という言葉は、罪がもはや支配できないほどにキリストを信じている人を意味する。この意味で私は五月二四日まではキリスト教徒ではなかった」。回心の成果は、四〇年間継続した一年に四千から五千マイルも馬上の旅をする福音主義的司牧と、信じられないほどの数の説教に見て取ることができる。彼の回心の力はきわめて大きく、義認*、救いの保証と罪の許し、結果的にキリスト教的完徳に至る可能性を備えた聖別という、福音《よきしらせ》をあらゆるところで説くように彼をつき動かした。「私は全世界を自分の教区と考えている。世界のどこにいようとも、耳を傾けようとする者すべてに対し、喜ばしい救いの知らせを宣言することが、私の正しい務めと考えている」。彼は莫大な数の説教を見知らぬ土地で行った。しかし、長い司牧の期間ずっと神学論争を避けた。真の心の宗教に火をつけ、生きた炎にしようとしたのだ。「カルヴィニズム、神秘主義、無律法主義*に気をつけよ。なぜならば、それら

臣従宣誓拒否者（nonjurors）一六八九年の名誉革命の際に、新国王ウィリアム三世とメアリー二世に対する忠誠と新王を教会の最高統治者として認める臣従誓約（the Oaths of Allegiance and Supremacy）を拒否した国教会の聖職者。彼らはジェイムズ二世のカトリック政策に反対していたが、新王の国王としての正当性を認めなかった。九〇年、カンタベリー大主教サンクロフト（William Sancroft, 1617-93）をはじめとする約400人の聖職者が議会によって聖職の地位から追われた。なお、一七一四年のハノーヴァー朝の成立時に臣従を拒否した者もこの名で呼ばれる。

義認（justification）人間と神との契約の基礎をなす関係である「義」は、罪によって「不義」の状態に陥るが、これはどのように回復されるか。パウロは「キリストが義である」と宣言し、人間は罪に支配されているため、義を行おうとして律法の遵守に努めてもむなしく、キリストの十字架上における贖いを信じて「神の義」を受け入れるとき「義と認められる」と考えた。律法の遵守によって達成できなかった義が、人を義とする神の義、すなわち神の恵みと、神の義を受け入れる信仰によって初めて達成される、と考えた。キ

は真の宗教にとって命取りになるからだ。それらが起こった場所はどこでも、神の御業の大きな妨害となったではないか」と彼は書いている。

しかし、彼の最大の特質は、類い希な才能をあわせ持っていることだった。B・L・マニング*は、「メソジスト信徒はジョン・ウェスレーに指導者を見出した。彼は神が与えた才能により、ヒルデブランド、聖ドミニコ*、ロヨラの聖イグナチオ*と同列に座することになったが、ルターの福音主義的熱情と経験をカルヴァンの教会制度と組み合わせたのだ」と述べている。ウェスレーは、宗教的熱情は正しい方向に導かれない限り、どれほど簡単に消え失せてしまうものか心得ていた。したがって、彼のきわめて重要な才能は、おそらく組織化の才能ということになる。彼が作った信徒相互の霊的啓発と慈善のための団結を促すクラス・システム*によって、彼の仕事は確実に永続性を持つものになった。こうした地域の信者団体が育つにつれ、頂点に年次大会、底辺にクラス会義を持つ全国組織ができた。また、メソジストの信仰復興は彼の説教によって、理神論とアリウス派をめぐる論争をあまり意味のないものにした。罪の事実と贖いが現実のものだと確信している罪人は、彼らを救ったキリストの神性の厳密な定義をめぐる抽

リスト教が律法主義、道徳主義に傾くときに常に強調され、キリスト教信仰の中心に引き戻される。

無律法主義（Antinomianism） 神を信じ、キリストを信じることによってあらゆる道徳律は必要がなくなるという考え。聖霊の働きが強力であり、人間の側からの神の恩寵に対する協力は不必要であるとする説の当然の帰結である。

B・L・マニング（Manning, Bernard Lord, 1892-1941） イギリスの教会史家。ケンブリッジ大学出身。チャールズ・ウェスレー、アイザック・ワッツの賛美歌研究でも知られる。

聖ドミニコ（St Dominic, 1170-1221） スペイン生まれ。南フランスの異端アルビ派に対する宣教に従事。何も持たずに各地で説教を行ない、一二一六年新しい托鉢修道会「ドミニコ会」を設立した。

ロヨラの聖イグナチオ（St Ignatius of Loyola, c.1491-1556） スペインのバスク生まれ。戦傷療養中にイエス伝を読み、キリストの兵士になることを決意。一年間断食と鞭打ちの苦

象的な理論化に時間を浪費することなどしなかったからだ。おそらくこれが、ウェスレーがこの時代の宗教に与えた最も重要で直接的な影響だった。「われわれは概念とではなく、罪と戦うのだ」。しかし罪をドアの外に追い出す際に、多くの概念もまた窓の外へと飛び出していった。

ウェスレーの第二の偉大な業績は、特に国教会を中心とする既存教会の司牧の圏外にいた人々に福音を伝えたことである。実際、イングランド教会は産業革命によって引き起こされた社会の変化によって骨抜きにされていた。新しい教区を作るためには特別な法律が必要だった。国教会は新しい町に集まった人々を司牧する自由を致命的なまでに奪われていたのだ。こうした人々、さらには既存の教会と関係を持っていない社会集団に、ウェスレーは宗教的体験と教会に奉仕する組織を与えることができた。また、照明手段として白熱ガス燈が発明されたことも、秋と冬の期間試みられ、非常な成功を収めた日曜の夕べの集会に寄与した。

こうした福音と組織の仕事には、彼を助ける多くの人々が必要なことは明らかだった。実際、彼の補佐役には、ウェスレーには劣るものの、優れた才能の持ち主がいた。特に弟のチャールズ、そしてジョージ・ホィット

行と祈りに専念し、『霊操』を執筆。一五四〇年イエズス会設立。同志達はキリストの兵士として日本、ブラジル、インドなどの海外布教に活躍した。

クラス・システム（Class System）一七四二年以降、メソジスト教会に取り入れられた毎週行なわれる集会制度。各教会の牧師によって任命された指導者の下に小さな集会が持たれ、各信徒の霊的進歩が調べられる。

フィールド、＊マデレーのフレッチャー＊がそうした人物だった。しかし彼に従った者で、国教会で叙任されていた牧師の数は、まったく不十分だった。したがって、彼は一般信者の説教師に頼らざるを得なかった。この窮境は彼らを聖職者の列に加えようとしない国教会の主教たちとの間で、徐々に問題を引き起こすようになった。さらにウェスレーは、自己の聖奠に関する教義に忠実であろうとして、自分に従う人々に規則正しく頻繁に聖餐を拝領するよう求めた。ウェスレーの活動が広まるにつれて、当然メソジストたちは、神の言葉を語る説教師自身の手から聖餐を拝領したいと思うようになった。この次第に強くなる要求が、イングランド教会から彼らを分離させた最大の要因だった。やがてウェスレーは、最初北アメリカで、次にスコットランドで、ついにはイングランドで、この要求に応えるために自ら牧師を叙任した。しかし、彼がそうしたのは、彼が三〇年以上前から決着済みだと確信していた、新約聖書の長老と主教は同じものだという考えに基づいて行動したのだということを認識しておく必要がある。一七四六年以来彼は「主の晩餐を祝う権利と同様、叙任権も持っている」、というのは「長老と主教は同じ位階に属するものであり、したがって叙任権も

ジョージ・ホイットフィールド（George Whitefield, 1714-70）　オックスフォード大学在学中にチャールズ・ウェスリーとともに神聖クラブを結成。三六年国教会牧師に叙任。三八年アメリカのジョージア植民地でウェスリー兄弟の伝道活動を継承する。帰国後、ブリストルで炭鉱夫に野外説教を行ない成功を収める。

フレッチャー（Fletcher, William, 1729-1785）　スイス生まれ。ジュネーブ大学卒業後イギリスに移住。六〇年、シュロプシャー州のマデレーの牧師となる。

有している」と確信していた。彼が長い間この権利を行使することを自重してきたのは、ただ「国教会の秩序を乱したくないという思い」からだった。しかしながら、彼の行為はアメリカにおけるメソジスト教会の基礎を作り、また彼の死後、イングランドにおけるメソジスト教会の国教会からの正式な離脱につながったのだ。さらにまもなくメソジスト教徒は、イングランド教会を除けば、長老派を抜いて最大のプロテスタント教会を形成するようになった。近代における教会再統合についての議論のなかで、彼らはイングランドの自由教会のなかで最も国教会に近い教会として指導的立場を占めている。

また英語圏のキリスト教はこのメソジストの信仰復興によって、プロテスタントのすべての教会が深い恩恵を受けている賛美歌を手にした。チャールズ・ウェスレーは、この運動に加わった卓越した詩人であり賛美歌作者だった。彼が作った賛美歌は、兄の説教に勝るとは言わないまでも、同等の働きをしたのである。彼の賛美歌は、キリストはすべての人のために死に、神はすべての人が救済の知識を持つように望んでおられるという、アルミニウス派の教義を広める役割を果たした。ルターの改革がドイツ語の賛美歌という宝を生み出したように、また、カルヴァンの改革が有名な韻文詩編*を生み出したように、メソジストの信仰復興は、今までに類を見ない量の賛美歌と宗教歌によって、イングランドのキリスト教を豊かにした。歴史家たちはメソジズムと一八世紀の産業革命によってもたらされた社会革命とが同時に起こったという摂理をずっと認識してきた。そして歴史は、ジョン・ウェスレー自身が自分の仕事について述べた、「われわれは早すぎることもなく、また遅すぎることもなくこの世に現れた。われらの主が選ばれた時が最善の時である」という判断を、十分に立証したと言えるだろう。

韻文詩篇（*Metrical Psalter*）　イングランドではスターンホウルド（Thomas Sternhold, c.1500-1549）が詩篇の韻文訳を発表し、その死後友人であったホプキンズ（John Hopkins, ?-1570）が作詞を引き継ぎ、Sternhold and Hopkinsとして刊行され、エドワード六世存命中に多くの版を重ねた。一九世紀に至るまで盛んに用いられたが、最も流布したのはテイト（Nahum Tate, 1652-1715）の*New Version of the Psalms*, 1696である。

［注］

☆136ページ

ウィリアム・ロー（William Law, 1686-1761）ケンブリッジ大学出身。ジョージ一世に対する臣従を拒否し、国教会聖職から追われる。慈善学校を設立し、簡素で敬虔な生活を送った。『敬虔な生活への招き』（*A Serious Call to a Devout and Holy Life*, 1728）はきわめて影響力の強い著作。

ピーター・ベーラー（Peter Boehler, 1712-1775）フランクフルト生まれ。アメリカのサウス・キャロライナで黒人奴隷に伝道。ウェスレーは一七三八年にベーラーと出会い、信仰の指導を受けた。

野外説教をするジョン・ウェスレー
W. J. Townsend, et al, *A New History of Methodism* Vol. 1 より

第一七章　イングランド教会における福音主義の信仰復興

「オックスフォードに行くたびに、イエス・キリストが初めて姿を現し、新しい命を私に与えて下さった場所に走って行かずにはおれない。教会に行き、祈りを唱え、聖餐に与っていても、キリスト教徒であるとは言えない場合があることがわかった。……宗教を少しでも知っている人とは、神の子、つまり心の中に宿ったキリストと喜びに満ちて一致することが宗教だと心得ている人のことだとわかった。おお、なんと素晴らしい神の命の光が私の魂に射し込んできたことか」と、ジョージ・ホィットフィールドは亡くなる少し前に書いている。ジョン・ウェスレーが回心する三年前、一八世紀の福音主義の信仰復興を担う仲間となるジョージ・ホィットフィールドは、一六歳の時に同じような霊的覚醒体験を経験していた。この両者のどちらかを抜きにして考えるのは困難である。というのも、彼らはメソジスト運動の最初期の段階で行動を共にしたからだ。最初はホィットフィールドの活動が、ウェスレーの活動をしのいでいた。彼の方が間違いなくより偉大な雄弁家であり、彼の説教は、身分の低い労働者ばかりではなく、庇護者のハンティンドン伯爵夫人セリナ*のような信仰心篤い貴夫人、そして世故にたけたチェスタフィールド卿*や、懐疑主義哲学者のディヴィッド・ヒューム*など、上流社会に属する人々も引きつけた。また彼の方が、野外説教を開始したこと、一般信者を説教師として任用したこと、北アメリカを訪問しイングランドと新世界に新しい教育機関を設立、助成したことに見られるように、開拓者精神に富んでいた。しかし、説教者としての彼は信仰復興運動の導きの光だったが、ウェスレーのような組織作りの才能は持っていなかった。彼の運動の目に見える成果だったハンティンドン伯爵夫人の人脈は、ウェスレーのメソジスト協会《ソサイアティ》に比べればしれたものだった。さらに、この二人の指導者は、しばしばプロテスタント勢力を二分したカルヴィニズムとアルミニウス説の論争のために深く対立した。ホィ

ハンティンドン伯爵夫人セリナ（Selina, Hastings, Countess of Huntingdon, 1707-1791）三九年妹の影響でメソジストとなる。六八年ウェールズのタルガース（Talgarth）にメソジスト神学校（Trevecca House）を設立。

チェスタフィールド卿（Lord Chesterfield, Philip Dormer Stanhope, 1694-1773）ケンブリッジ大学出身。一七一五年下院議員。息子に宛てた処世術を説く書簡集*Letters to his Son*, 1774によって知られる。

ディヴィッド・ヒューム（David Hume, 1711-76）エディンバラ生まれの哲学者、歴史家。主著『人間悟性論』（*An Enquiry concerning Human Understanding*, 1748）。

ットフィールドは厳格なカルヴィニストだった。彼とウェスレーとの間では、論点で仲違いすることなく意見を異にする了解ができていたが、継続的協力は不可能だとわかっていた。不幸にも彼らの後に続く者たちは、この博愛精神を真似ることはできなかった。イングランド宗教史上最も痛ましいエピソードの一つは、彼らの弟子たちの後裔の、カルヴィニズムとアルミニウス説をめぐる激しい論争だった。

イングランド教会内における福音主義の信仰復興は、歴史的に見るとホイットフィールドのカルヴィン主義運動から派生したものだった。実際、ジョン・ウェスレーの晩年の大きな失望の一つは、アルミニウス主義者だという理由で、「覚醒した」アングリカン聖職者たちの説教壇から閉め出されたことだった。最初は共通したカルヴィニズムの告白が宗派の相違を乗り越えていた。ハンティンドン伯爵夫人の庇護によって一七六八年にトレヴェッカに設立された神学校は、主教制度を持つ教会と持たない教会の区別なく聖職者を養成していた。ロンドン宣教協会*からは慎重に宗派色が除かれていた。一方、イギリス外国聖書協会*は、アングリカンと非国教聖職者の二重の事務局を置いていた。しかし、その他の協力はさらに異常な

ロンドン宣教協会（the London Missionary Society）　ＬＭＳ。一七九五年に会衆派、アングリカン、長老派、メソジスト派によって結成される。二九名の宣教師が九六年にタヒチに送られた。

イギリス外国聖書協会（the British and Foreign Bible Society）　国内外に聖書の印刷、頒布を目的に一八〇四年ロンドンで設立された。

ものであったと言ってもよかろう。たとえば、ハワースのグリムショー、* ハダースフィールドのヴェン* といったアングリカンの聖職禄受領者は、教区牧師の交代のためにカルヴィニストの説教が継続不能とならないように、イングランド教会の教区内に独立教会を作ることに賛成し、そのための寄付を行った。またグリムショーとベリッジ* は、ホイットフィールドが行った巡回説教を取り入れ、自分たちの教区の外に福音宣教のために自由に入り込んだ。しかし一七八〇年に、ハンティンドン伯爵夫人の庇護により設立された教会のいくつかが非国教の教会として正式認可を受けたとき、そして一七八三年に、牧師のなかに叙任権を行使するのは当然という態度を示す者が現れたときに、この協力関係は痛手を被った。カルヴィニストのメソジストが袂を分かつことになったのだ。アングリカンの福音主義者は以前仲間であったメソジストとの、また同じ国教会に属する信者との関係を再調整することになった。

このアングリカン内部の新しい福音主義世代の指導者のうちで、おそらく最も影響力があり見逃せない人物は、チャールズ・シメオン* であろう。ケンブリッジで彼が行った長い司牧生活は、ケンブリッジの町と大学の宗

グリムショー（Grimshaw, William, 1798-1763）ケンブリッジ大学出身。妻の死後ウェスレーと似た回心体験をする。メソジストに対して快く説教壇を解放した。

ヴェン（Venn, Henry, 1725-1797）ケンブリッジ大学出身。五九年ヨークシャーのハッダスフィールドの牧師となり一二年間の在任中大きな感化を与えた。国教会内の福音派「クラパム派」の創始者の一人。CMSの設立者の一人であるジョン・ヴェン（John Venn, 1759-1813）の父。

ベリッジ（Berridge, John, 1716-1793）ケンブリッジ大学出身。一七五八年にウェスレー、ホイットフィールドに出会い、初めアルミニウス、後にカルヴァンの立場に立つ説教活動を開始した。

チャールズ・シメオン（Charles Simeon, 1759-1836）ケンブリッジ大学出身。一七八三年司祭叙任。学生時代ヴェン父子の影響を受けて福音主義に転じた。CMSの設立に貢献。福音主義教会を助成するための「シメオン財団」を創設した。

教史上の転回点となった。最初シメオンは巡回牧会に従事していた。彼が後にこれを放棄し他の人々にも勧めなかったことが、福音主義運動がもっと実り多い教区活動に向かい、国教会内部に確固とした地盤を持つようになった原因である。さらに重要なのは、彼が教会宣教協会*の設立で見せた指導力である。この協会のおかげで、アングリカンの福音主義者たちは自分たちの宣教活動を支援し、ロンドン宣教協会に属している非国教徒との関係を断ち切ることができたのだ。このため、シメオンは敵対者から「福音主義者というよりも教会主義者だ」という非難を受けた。しかし、この手法により、彼に従った者たちは自分たちの教会に対して明確な貢献をなすことができた。結果的に、イングランド教会は一八世紀におこった国教会内部の信仰回復運動によって刷新された。世紀が替わると、最も活発な国教会内部の勢力は福音主義の聖職者となった。彼らが第一に強調したことは、個人の回心と、信仰による義認と許しを体験する必要性だった。ある面では彼らは、「罪のために天国から閉め出されてしまうなら、この世でどの教会に属しているかなどということは、たいした慰めにはならない」という広教会派の確信を共有しているように見えるが、他方、新しい宣教

教会宣教協会（CMS）Church Missionary Society。元Society for Missions in Africa and the Eastと呼ばれた。一七九九年設立。

活動による教会の拡大に多くの力を与え、インド、中国、オーストララシア*に設立されたアングリカン主教区に多くの人材を提供した事実も忘れてはならない。オックスフォード運動の指導者たちが教会の主教の理論的必要性について声を大にして主張したのに対し、福音主義者たちは第二の大英帝国となる世界のさまざまな地域に主教を送ったという見解には、悪意に包まれているとはいえ、おそらく一片の真理以上のものがあるだろう。

しかし信仰回復の最も顕著な影響は、教会の宗教・社会生活に対するものだろう。宣教と慈善活動は別個に扱われるべき重要性が十分にある。国教会自身のなかに新しい精神の火が灯され、新しい司牧の規範ができた。ケンブリッジの聖三位一体教会におけるシメオンの長期に及ぶ司牧は福音主義の鑑となった。さらに彼は福音主義の教えと聖職の継続性の問題に新しい解決法を示した。それが将来、また別の問題をもたらしたのではあるが。古い世代の福音主義者たち、たとえばグリムショー、ベリッジ、ヴェンは前述したように、既存の教区内に独立教会を設立することでこの継続を計ろうとした。そこでは主教によって叙任された牧師が式を務め、祈禱書が使われ、カルヴィニズムの教義が説教された。しかしこの方便の弱点

オーストララシア（Australasia） オーストラリア、ニュージーランドおよびその付近の南太平洋諸島の総称。オセアニア。

は、祭壇に対して祭壇を立てることにはならなくても、説教壇に対して説教壇を立てることになり、さらに次の世代になると、国教会との連携関係が途切れ、正式に非国教の教会になってしまうことだった。こうした方法の代わりに、シメオンは自分の財産の一部を提供し、聖職者推挙権*を買ったのである。これにより、福音主義の牧師の司牧を嫌う主教の下でも、当面は叙任が可能となり、将来の継続性を維持する意味でも、より安全な保障となった。こうしてシメオンが設立した財団が、教会派閥財団の歴史の始まりとなった。この手段は明らかに以前のものよりも改善されていた。しかしそれが模倣された時、将来の世代にとって難局となった。福音主義者の明白な弱点は、指導者の多くが学者だったにもかかわらず、一般的に学問に対して無関心であったことである。その他にも、聖書に対する原理主義*的立場と呼べる態度もある。しかし、個人の信仰心を再び盛んにすることによってイングランド教会にもたらした貢献は、その時代だけではなく、ヴィクトリア時代におこる革命的な変化を見越しても、大きなものであった。

聖職者推挙権（advowsons）　教区教会その他の聖職禄に聖職者を任命する権利。イギリスの法律ではこの権利は財産としてみなされ、贈物、遺産として譲ることができ、また一九二三年までは売ることもできた。Cf.p.49

原理主義（Fundamentalism）　一九世紀後半に始まり第一次世界大戦後アメリカで発展した、天地創造、処女懐胎など、聖書の記述の歴史的実在性を主張する運動。進化論、自由主義神学、聖書の高等批評に対する反動として起こった。

第一八章　社会的良心——奴隷・工場・炭坑・教育

「あなたは神の力によって世に反抗するアタナシウス*のようにならなければ、この素晴らしい仕事をやり遂げることができましょうか」と、ジョン・ウェスレーは一七九一年二月二四日付のウィリアム・ウィルバーフォース*宛の手紙で述べている。「神の御名と力によって、アメリカの奴隷制(この世に現れた最悪のもの)が消え去るまで進みなさい」。この手紙の裏には、その受取人によって「ジョン・ウェスレー、彼の最後の言葉、奴隷売買」と書き込まれている。この手紙を書いて一週間もたたないうちに、ウェスレーはこの世を去った。それゆえ彼が最後に書いた戒めは、台頭してきたキリスト教会の社会的良心を最も顕著に表す改革運動を貫徹するよ

世に反抗するアタナシウス　Athanasius contra mundum「一人で世界を敵にする」という意味の表現。

ウィリアム・ウィルバーフォース(William Wilberforce, 1759-1833)　一七八〇年下院議員。八四年ごろ福音主義者となり、クラパム・セクトの有力会員になる。八七年奴隷貿易廃止協会(Society for the Abolition of the Slave Trade)を設立。一八二三年奴隷制反対協会(Anti-Slavery Society)を設立。

うにという、イングランド教会の指導的立場にいた福音主義の信者に対して送られた励ましの言葉となった。奴隷の売買は長い間確立されたものであり、富をもたらすものでもあった。宗教的、倫理的配慮からその全廃を要求することは新しい現象だった。クエーカー教徒は、以前から熱心な反対運動によって有名となっていたが、彼らは今や、他教会からの援軍を得たのだった。この運動がキリスト教の一般信徒によって導かれたという点で、特別な栄誉が与えられるべきである。クラパム・セクト*の影響は、アングリカンの福音主義信仰復興の際立った特徴の一つだった。というのも、それにはウィルバーフォース、ヘンリーとロバート・ソーントン、*グランヴィル・シャープ、*ザッカリ・マコーレー、*ジェイムズ・スティーヴン、*チャールズ・グラント、☆テインマス卿☆といった、社会的地位のある人々が含まれていたからである。この運動は庶民院では、トマス・トンプソン、☆ウィリアム・スミス、☆ジョゼフ・バターワース☆といった著名な非国教徒議員の支持を得た。最初に勝利を収めたのは一八〇七年であった。チャールズ・ジェイムズ・フォックス☆は、イギリス植民地での奴隷制を廃止する法案を提出し、大臣としての業績につかの間の輝きを与えた。最終的な勝利

クラパム・セクト（Clapham Sect）一七八五年から一八三〇年ごろまで人道主義的な社会改革運動に従事した国教会の福音主義信者団体。ロンドン郊外のクラパム教会（ジョン・ヴェン牧師）に集まったことからこの名で呼ばれるようになった。

ヘンリー・ソーントン（Henry Thornton, 1760-1815）銀行家。八二年無所属下院議員。クラパム派の有力メンバー。CMS、聖書協会の設立に尽力。

グランヴィル・シャープ（Granville Sharp, 1735-1813）奴隷制廃止運動に参加。アメリカの独立に理解を示す。聖書協会の設立に尽力。

ザッカリ・マコーレー（Zachary Macaulay, 1768-1838）ジャマイカで黒人奴隷の悲惨な生活に触れる。奴隷解放を主張する雑誌『クリスチャン・オブザーヴァー』誌の編集を行なう。

ジェイムズ・スティーブン（James Stephen, 1758-1832）弁護士。一八〇八年下院議員。ウィルバーフォースの義弟、協力者。

は、一八三三年にイギリス納税者に二千万ポンドの負担をかけて奴隷解放が実現されたときにやってきた。ウェリントン*もカースルレー*も、これを単なる偉業としてではなく、キリスト教の社会的良心が成長する前兆として受け止めた。

キリスト教の社会的良心が国民生活に必要なことは明らかだった。産業革命が社会にもたらした結果は、重大で恐るべきものだったからである。一つには戦争の悪化のために、また自由放任主義*という当時優勢だった政治哲学のために、議会は、新しい工業都市に集まってきた肉体労働者の、工場と家庭における健康・福祉に必要な法律の立法化に手をつけずにいた。産業を発展させるために使われた発明の才能は、今日、戦争の破壊手段への科学の応用が、管理されなければ人類を滅亡させるものとなっているように、人間の道徳的能力を凌駕していた。フランスとの四分の一世紀に及ぶ戦争が残した遺産は、すべての社会改善政策を事実上、一時停止に追い込まれたことである。それゆえ、自由放任政策を打ち破り、まもなく「国民の状況」問題として知られるようになる事態に、議会は対処すべきだと緊急に主張する必要があった。工場と炭坑での労働時間を制限する運

ウェリントン（Wellington, Arthur Wellesley, 1st Duke of, 1769-1852） 陸軍軍人、政治家。一八一五年エルバ島から脱出したナポレオンをワーテルローの戦いで破る。二八年首相。

カースルレー（Viscount Castlereagh, 1769-1822） Robert Stewart。一七九四年下院議員。一八一二年外務大臣。

自由放任主義（the laissez-faire principle） 一八、一九世紀に唱えられた、政府は経済問題に干渉すべきではなく、経済は経済自体に任せておけば最大の効率となり、最高の福利が得られるとする自由主義経済の主張。アダム・スミス（Adam Smith, 1723-90）らの古典派経済学の理論に由来する。

動を指導したのは、これもアングリカンの福音主義者だったシャフツベリー卿*である。一八三三年に、九歳以下の子どもの就労を禁じ、九歳から一八歳の若年労働者の労働時間を制限し、一日最大一二時間、一週六九時間に定め、四人の常勤視察官による工場の強制調査権を国家に与える政府法案が可決された。一八四二年に炭坑法が通過し、女性と子どもを炭坑の地下作業に従事させることを禁止し、男児の雇用最低年齢を一〇歳とし、再び炭坑の公式査察を規定した。一八四四年には新工場法が制定され、先の法律が体系化された。一八四六年にはまた別の法律ができて、一日の労働を十時間に定めた。こうした段階的措置が現代の福祉国家の一週五日、四四時間の労働時間とかけ離れていることは確かだ。しかしこの最初の改革は、大いに必要とされていた雇用制限を定めたばかりではなく、国民の健康と福祉を守るために国家が介入するという原則を示したのだ。キリスト教の社会的良心がもたらした最初の実りとして、これらは重要な意義を持つ。それは一九世紀にますます強力なものとなる、宗教を社会と国家の問題に当てはめようとする運動の最初の実りにすぎなかったとはいえ、重要なものだったことに違いはない。

シャフツベリー卿（Lord Shaftesbury, Anthony Ashley Cooper, 1801-85）一八二六年下院議員。貴族としての義務「ノブレス・オブリージュ」（noblesse oblige）と福音主義的キリスト教徒としての義務感から、女性、児童、労働者、精神障害者、奴隷などの人権のために戦った。

奴隷解放と同じ一八三三年に、有志によって設立運営された初等学校を援助するために最初の政府助成、二万ポンドが与えられた。普通教育の分野で教会が果した先駆的役割については、すでに慈善学校運動との関係で述べた。メソジスト教会は教育事業の大きな原動力となった。ウェスレーもホィットフィールドもともに、宗教教育を貧しい人々に与えるために熱心に努力した。アングリカンの信者だったロバート・レイクス*とハナ・モア*は日曜学校を設立し、肉体労働者の社会的地位を向上させようとした。時間にも教師の数にも限りがあったが、少なくとも生徒に読むことを教えることができた。しかしながら、徐々に高まる若年労働者に対する産業界の要求に伴い、彼らの教育機会は明らかに厳しく制限される状況になった。一九世紀初頭の平日学校設立の開拓者は、クエーカー教徒のジョセフ・ランカスター*と、アングリカンのアンドルー・ベル*だった。彼らは別々にその事業を始めたのだが、同じ監督制度に行き当たった。ランカスターの試みからイギリス外国学校協会*が生まれ、ベルの活動からは全国貧民教育振興協会*が生まれた。いつも互いに友好的だったとは言えないが、二つの協会の間で全国に平日学校を設立しようとする活発な競争が始まった。

ロバート・レイクス（Robert Raikes, 1735-1811） 新聞社主、日曜学校推進者。日曜日にも教会に行かず街頭で遊ぶ子供たちに胸を痛め、八〇年出身地のグロスターに四校の日曜学校を設立し、読み書きと宗教教育を行なった。自分の所有する新聞で日曜学校の意義を説き、全国に波及するきっかけとなった。

ハナ・モア（Hannah More, 1745-1833） 作家、博愛運動家。一七歳から戯曲を発表し有名になる。ウィルバーフォースの感化を受け、クラパム・セクトに加わる。八九年以降日曜学校を設立し、九九年には廉価なパンフレットで国民の教化を目指す「宗教小冊子協会」（Religious Tract Society）の結成に尽力した。

ジョセフ・ランカスター（Joseph Lancaster, 1778-1838） クエーカーの教育者。一七九八年ロンドンのサザークに設立した学校には千人の生徒が集まった。ベルの考案した助教方式を普及させた。

アンドルー・ベル（Andrew Bell, 1726-1832） スコットランド出身。一七八九年マドラスの孤児院所長となり、生徒相互による指導方法を導入し成功。一七九七年に上級生が教師の

争いの核心は、与えられる宗教教育が宗派色のあるものか、あるいはないものであるべきかという問題だった。一八三三年に政府助成が振り分けられた際には、全国貧民教育振興協会の方により大きな財政的支持があったために、大きな金額が配分された。一八四〇年に枢密院*に教育委員会が組織され、さらに一万ポンドが普通教育のために支出された。そして最初の教員養成のための「正規のコレッジ」が設立された。こうしてアングリカンと非国教徒との間に、運営、職員配置、宗教教育をめぐって意見の対立が生まれた。一八七〇年のフォースター教育法*によって、すべての子どもに対して初等教育を与える責任を初めて引き受けた時、国家は重要な二つの点で当時の実態を受け入れた。すなわち、教会立小学校と公立小学校の共存、そして公立学校においては宗派によらない宗教教育を、そうした授業に子弟を参加させない自由を両親に認めるという良心条項つきで提供するという二点である。

　この法律は半世紀以上に及ぶ、普通教育をめぐる教会間の激しい論争の発端となった。アングリカンは宗派教育を求め、非国教徒はそれに反対した。論争は長く続いたばかりではなく、閉塞的なものでもあった。ジョン・ク

助手あるいは助教（monitor）として下級生を指導する、助教方式（monitorial system）を発表した。

イギリス外国学校協会（British and Foreign School Society）一八一四年王立ランカスター協会を基に設立された。

全国貧民教育振興協会（National Society for Promoting the Education of the Poor）一八一一年以降「国民学校」（National School）を設立。国民学校では読み書き算数に加えて国教会の教義に基づく宗教教育を行なった。アンドルー・ベルが初代会長を務めた。

枢密院（the Privy Council）政治一般に関する国王の諮問機関。その歴史は一四世紀に遡る。チューダー王朝で星室庁裁判所を従えるなど大きな権力を行使したが、議院内閣制の発展と共に重要性を失っている。

フォースター教育法　Cf. p.124

リフォード*のような著名な非国教徒は、一九〇二年のバルフォア教育法*によって教会立学校が公費で運営されるようになり、したがって非国教徒が教会立学校の維持に寄与させられるようになると、消極的抵抗に踏みきった。この争いから多くの軋轢が生まれた。一九四四年にバトラー教育法*が生まれるまで、この重苦しい空気は晴れることはなかった。一九世紀の教会間の教育論争は、今や「遠い昔の忘れ去られた戦い」（そうあってほしいものだが）の部類に属する。というのは、バトラー法は宗教教育と礼拝を初等、中等教育の欠かせない部分であると規定したからだ。宗教教育を国家が管理する学校に導入することをめぐって意見を戦わす時代が過ぎ去り、国民の同意を得た授業計画《シラバス》の時代が到来したのだ。一九世紀の教会どうしの争いのうちで、普通教育をめぐる争いほど幸せな結末を迎えたものはない。キリスト教の一致と協力の精神が、不和を生じさせる宗派間の相違に対して、このように広範、重要な勝利を収めた領域は他にはない。

ジョン・クリフォード　(John Clifford, 1836-1923)　バプテスト派牧師。七九年ロンドン・バプテスト協会会長、八八年と九九年にはイギリス・バプテスト連合会長、一九〇五年バプテスト世界連盟を結成し、議長に就任。

バルフォア教育法　(Balfour Act)　首相であったバルフォア (Balfour, Arthur James, 1848-1930) の名を冠して呼ばれる。初等、中等教育を地方教育局の権限に委ね、公立小学校だけではなく有志立学校にも地方税を投入すること、グラマー・スクールにも助成金を支給することを決定した。しかし国教会系のグラマー・スクールに補助金を支給することに非国教徒の反対が強かった。

バトラー教育法　Cf. p.120

［注］

☆151ページ

チャールズ・グラント（Charles Grant, 1746-1823）　東インド会社で働き大きな財を成し、慈善事業に協力。一八〇四年下院議員。

テインマス卿（Lord Teignmouth, 1751-1834）　一七九三年インド総督。国教会の宣教師をインドに派遣する事業を推進しようとした。聖書協会初代会長。

トマス・トンプソン（Thomas Thompson, 1708?-1773）　この人物はキリスト教と奴隷制が両立するという著作を発表しており、グランヴィル・シャープの反論を受けた。したがって著者サイクスの勘違いではないかと思われる。

ウィリアム・スミス（William Smith, 1756-1835）　クエーカー教徒。一七八四年下院議員。

ジョゼフ・バターワース（Joseph Butterworth, 1770-1826）　メソジスト教徒。一八一二年下院議員。

チャールズ・ジェイムズ・フォックス（Charles James Fox, 1749-1806）　一七六八年下院議員。一八〇五年にはカトリック教徒解放に賛成する演説も行なった。

クエーカーの慈善事業「労働者のための学校」広告

G. C. Martin, *The Adult School Movement* より

第一九章　改革の時代

一八三二年にトマス・アーノルド*は「教会の現状を人間の手で救うことはできない」と記している。同時代人のジェレミー・ベンサム*は「イングランド教会解体の機は熟した」と言って喜んだ。どちらの予想も一八三〇年代の特徴だった改革熱の中では、陰鬱過ぎるとは思えない。戦争が原因で長い間停止していた改革は再び始まり、熱心な改革の手が契約の船を安定させるためではなく、転覆させるために伸びてきていた。一八二八年には、ついに国教会の排他性の象徴だった審査律*と自治体法*が廃止された。これらの法律が法令集から消え去ったことは、フランス史上名高いバスチーユ牢獄*の破壊のように使われていた要塞を強襲したのではなく、すでに

トマス・アーノルド（Thomas Arnold, 1795-1842）一八二八年ラグビー校校長。古典語偏重を止め、近代語と数学教育を、さらにクリケットやラグビーなどのスポーツ教育を重視し、ジェントルマンとしての人間教育を目指すパブリック・スクール改革を行う。

ジェレミー・ベンサム（Jeremy Bentham, 1748-1832）功利主義（Utilitarianism）の主唱者。道徳と法の基本原則を各人の快楽に置き、「最大多数の最大幸福」（the greatest happiness of the greatest number）を目指さなければならないとした。

審査律　Cf. p.130

自治体法　Cf. p.130

バスチーユ牢獄（the Bastille）一七世紀以来政治犯の牢獄として使われていた。

防備を解かれていた砦を破壊したにすぎなかったとしても、それはやはり画期的な出来事だった。翌年には、ローマ・カトリック教徒が解放され*、国教会の既得権を廃止してしまおうとするプロテスタントとカトリックというアングリカンの敵に対して、防潮門が開かれたように思われた。功利主義の原理にしたがってジェレミー・ベンサムは、イングランド教会の財産を没収し、その収入を全国機械工学校の設立に充てる計画を練っていた。一八二八年に、ロンドン大学ユニヴァーシティ・コレッジが設立されたが、これは完全に世俗的な教育を基本にすることを明言したイングランド最初の大学であった。議会、地方自治体、刑事・司法制度、そして国教会に対しても、改革の要求が提出された。そして、革命が緩やかな再構築を主張する人々を待たずに起こるのではないかという疑問には、依然として答えが出ていないままだった。

国教会は確かに徹底的な改革を必要としていた。一六世紀の宗教改革は、教皇制の否定を除けば、おもに教義と典礼の面で行われたのであり、財政と教会の政治制度の面では、大体において変更はなかった。たとえば聖職兼従*と、不在*、収入の不均衡、無任所聖職禄といった、古めかしい中世の

ローマ・カトリック教徒が解放され　一八二九年のカトリック教徒解放令（Catholic Emancipation Act）により、カトリック教徒は地方自治体法、審査律、刑罰法（Penal Laws）によって剥奪されてきた市民的権利を回復した。

聖職兼従（pluralism）　同一人物が二つ以上の聖職禄を有すること。

不在（non-residence; absenteeism）　聖職兼従によって司祭が不在になること。これは聖職の売買と共に宗教改革者が断罪したものである。

悪弊は、産業革命の結果、土地価格の変動によってさらに悪化していた。ロバート・ピール*によって任命された教会委員会とホィッグ党の後継者によるその答申の結果、主教職の収入はほぼ均衡化され、主教座聖堂参事会員聖職禄*の給付は廃止された。こうして生み出された収入は、北部の産業地域に新しく主教区を創設すること、新しい教区を設立し、聖職禄の支払、副牧師の給与に充てられた。こうした改革によって、不在牧師をなくし、兼職を禁止することができた。しかし、改革の手段は、全体としては徹底的なものだったが、教会財産の没収まではいかなかった。改革が速やかに機能したおかげで、国教会が新しい時代の要請と状況に適応し、産業革命による遅れを取り戻すことができたのだ。こうした改革が行われなかったならば、オックスフォード運動の指導者が推奨した司牧職の理想が、遂行されたかどうかは疑わしい。改革が実行されたことで、教会の支持者が恐れ、敵が望んだ国教会の解体は、雲行きに反し、再び先延ばしにされたのである。

プロテスタントの非国教徒にとって、審査律と自治体法の廃止は、完全な平等を求める継続した運動の幕開けに過ぎなかった。彼らを束縛する多

ロバート・ピール（Robert Peel, 1788-1850）首相（1834, 41-46）。一八〇九年トーリー党の下院議員。内務大臣のときに結社禁止法を廃止し、労働組合の結成を可能にした。また警察制度の基礎を築いた。イギリスで警察官のことをボビーと呼ぶのはピールの愛称による。

主教座聖堂参事会員聖職禄（prebend）主教座聖堂に所属し、共同で聖餐を執り行う。固定的な収入が保証されていたため「見入りの良い仕事」として民衆の批判があった。

くの規制、たとえば教会税の強制納付、結婚と埋葬のために国教会の教区教会に頼らざるを得ないといったことは、依然として続いていた。こうした不平等の名残りを取り払おうとする闘争は、長く苦しいものだった。そして国教会の抵抗のせいで、教会間の関係は悪意と嫉妬に満ちたものになった。さらに二つの古い大学、オックスフォードとケンブリッジは徐々にしか非国教徒に門戸を開かなかった。こうした敵意は、アングリカン教会の非国教化と財産没収を視野に入れた解放協会の創設という直接的な結果をもたらした。非国教化は一八六九年にアイルランドで実を結んだが、それ以上の勝利は、第一次世界大戦の始めに起こったウェールズ教会の非国教化まで待たなければならなかった。イングランドでは非国教化を目指す扇動はほぼ姿を消した。しかし、このことが国教会と自由教会との間に円満で暖かな関係が生まれた唯一の証拠というわけではない。

　新しい状況によってもたらされたさまざまな問題に対処するため、非国教の各教会が連携するようになった。まず、一八三一年に会衆派とバプテスト派が連合し、そして今世紀に、一九一九年に自由教会全国会議が実現した。しかし非国教諸教会の勢力のバランスは、第一にイングランドの長老派がユニタリアンに地滑り的に転換したこと、第二にウェスリアン・メソジスト教会が設立されたことによって大きく変化した。不幸にも一九世紀前半にメソジスト教会は、一連の暗たんとさせる論争と分裂によって大きな痛手を負った。一つには、因習的で保守的な世代が、彼らの祖父の時代には珍しくはなかった「熱狂主義」の再来を嫌悪したことが原因であった。しかしより大きな理由は、ジョン・ウェスレーが残した教会運営制度の廃止を要求する民主主義的な要素が現れたことであった。確かにウェスレーは、自分の教育と社会的地位が大多数の信者よりもまさっていることを自覚して、自分が組織した集団を独裁的に運営した。さらに、自分の権威を、彼自身が選んだ牧師によって構成され、死亡による空白を新会員の任命によって埋める権限を有するリーガル・ハンドレッド*に委譲した。まもなくこの選挙によらず、責任も負わないリーガル・ハンドレッドに対し、牧師たちの反対がおこり、一般信者もまた、それが聖職者のみで構成されていることに反対するようになった。メソジスト教会に偽教皇的な影響力を行使したジュイブズ・バンティング*が実権を握るようになると、争いはさらに深刻なものとなった。そして一八四〇年代半ばの痛ましい「ビラ論

リーガル・ハンドレッド（Legal Hundred）

ジェイブズ・バンティング（Jabez Bunting, 1779-1858）　メソジスト信者を組織し、国教会から独立した教会として強化した。一八三三年には海外宣教協会（Weslyan Mission Society）を設立し、三五年には最初のメソジスト神学校校長となる。

争」の後、大規模な分裂と除名が続いた。まもなく合同メソジスト自由教会が、その母体を上回るようになった。しかし、ウェスリアン・メソジスト教会は、一八七七年まで年次大会に一般信者の参加を認めなかった。メソジストの合同は一九三二年まで待たなければならなかったのである。しかし、こうした争いと分裂がメソジズムの団体としての影響力を弱めたとしても、またそれを補完する利便も生み出した。急進的メソジストが民主主義的原則を主張したことにより、その時代の政治的急進運動、特にチャーティスト運動*が宗教的同調者と支持者を得ることになった。メソジスト教会の分裂から左翼的な社会運動の指導者が出てきたのであり、このためにイングランドの政治的急進主義と社会主義は、反聖職、反キリスト教の偏見を免れることになったのだ。

しかし、一九世紀における非国教諸教会とイングランド教会との相互理解のうちで最も希望を抱かせる前進が見られたのは神学教育の面であった。一八七一年に通過したグラッドストーン*の大学審査律廃止法によって、聖職、コレッジの長、神学教授職を除くすべての職が非国教徒に解放された。一八七九年には、一八七四年にオックスフォード大学ニュー・コレッ

チャーティスト運動（Chartism）Cf. p.191

グラッドストーン（Gladstone, William, 1803-98）首相（68-74, 80-85, 86, 92-94）。三二年トーリー党の下院議員。その後自由党に移った。六九年アイルランド国教制度を廃止、アイルランド土地法、フォースター教育法の成立、選挙法の改正を行なうなど、被抑圧者に対して深い理解を示した。

ジに入学したロバート・F・ホートン＊がになった。おそらく、こうした変化の最も重要な結果は、自由教会の神学校が大学に移ってきたことである。オックスフォードでは、一八八九年に会衆派のマンスフィールド・コレッジが設立され、その先鞭をつけた。一八九三年にはユニタリアンのマンチェスター・コレッジが、一九二八年にはリージェンツ・パーク・バプテスト・コレッジが創設された。ケンブリッジでは、一八九九年に長老派のウェストミンスター・コレッジが、一九〇一年にはハンティンドン公爵夫人の同志が設立したチェシャント・コレッジが、そして一九二一年にはウェスレー・ハウスができた。また都市に設立された現代の大学に対する自由教会の寄与も見逃せない。非国教会系のコレッジが都市に設立されていたことが、現代の大学に神学部が創設される道を準備したからだ。こうした学問の中心地におけるアングリカンと自由教会人との教育、試験、運営面での協力は、密接で誠実なものだった。実際、初等、中等学校においてバトラー教育法の理想が実現可能になったのは、最も高等な教育段階における和解と親善のおかげだった。少なくとも教育分野においては、イングランドの宗教伝統は、同じキリスト教の信仰者が一致することが、どれほど

＊ロバート・F・ホートン（Robert F. Horton, 1855-1934） 会衆派の聖職者、神学者。一九〇五年全国自由教会協議会会長。

素晴らしく、喜ばしいことであるかを明らかにして見せたのである。

The Bull of Excommunication against Queen Elizabeth, February 25, 1570

エリザベスを破門する教皇勅書

J. H. Pollen, *The English Catholics in the Reign of Queen Elizabeth* より

第二〇章　オックスフォード運動

一八三三年にトマス・サイクス*はピュージー*博士に手紙を出し、「イギリスのどこにいっても、愛想が良くて尊敬すべき、まじめで善をなすことを切望している数多くの聖職者に出会います。しかし彼らの説教には共通して欠けているものがあります。彼らは偉大な真理を一様に隠蔽しているのです。私が見る限り、唯一の聖なる普遍《カトリック》教会についての説明が何一つなされていません……この教会について少しも語られていません。やがてそれを見ることになる人は、それ以外のものをまったく耳にしなくなるでしょう。現在大きな抑圧が行われている分、それだけ将来の大進展が見込まれます」と述べている。この予言ほど実際の出来事によってその正しさが

トマス・サイクス（Thomas Sikes, 1767-1834）ノーサンプトンシャーの田舎の主任司祭に過ぎなかったが、オックスフォード運動の到来を予測したといえよう。

ピュージー（Pusey, Edward, 1800-82）ドイツ留学後、一八二八年オックスフォード大学ヘブライ語教授。オックスフォード運動の指導者としてキーブル、ニューマンと親交を結んだ。六五年キーブルへの公開書簡（An Eirenicon）で、国教会とカトリック教会の統合は可能であるとの見解を示した。

証明されたものはないだろう。サイクスはオックスフォード運動の開始時に、アングリカン教会の教えに見られる欠陥と、オックスフォード運動の伝統の最も重要な特徴を誤ることなく指摘した。もちろんこの運動の一部は、改革時代の危険な傾向に対して戦いを挑む運動でもあった。ニューマンにとって、運動の第一の目的は『時局冊子《トラクト》』*第一号で宣言されているとおり、聖職者を彼らが置かれている危機と超自然的任務に目覚めさせることであった。さらなる目的としては、教会、大学、国家に、抜け目なく浸透してくるリベラリズムと戦うことがあった。しかしオックスフォード運動は福音主義派の優位に対する反動であり、一七世紀の高教会派の復興でもあった。それでもこの派が臣従拒否者の分裂以後に経験した長い冬の間、まったく姿を消していたというわけではない。影響力のある一般信徒や聖職者を含むクラプトン・セクト*は、これまでと同じ道を歩みつづけていたし、ジョン・キーブル*は、オックスフォード運動が始まる以前から、この原理の下で育てられていた。ただ、それまで目立たない勢力であった彼らに、あらゆる伝統的制度を脅威にさらした改革精神がもたらした時代の緊急性が、消極的な反抗よりも積極的な運動を要求したのである。

『時局冊子』（*Tracts for the Times*, 1833-41）ニューマン、歴史家のフルードらが刊行した。オックスフォード運動のことをTractarianismとも呼ばれるのはこの雑誌のためである。

クラプトン・セクト（the Clapton Sect）ジョシュア・ワトソン（Joshua Watson, 1771-1855）らを中心とする高教会主義聖職者のグループ。別名Hackney Phalanx。

ジョン・キーブル（John Keble, 1792-1866）詩人、聖職者。一八三一年オックスフォード大学詩学教授。三三年大学教会で行なった説教、「国民的背教」（National Apostasy）によってオックスフォード運動の口火が切られた。

この新しい運動が一人の指導者を中心に動いたのは当然だったし、その指導者になり得る人物のうちで、ジョン・ヘンリー・ニューマン*は傑出した存在だった。それゆえ、この信仰復興運動の初期段階はニューマン個人の宗教的、神学的発展と結びついていた。キーブルとピュージーが持っていた高教会派の歴史的伝統との深い結びつきを欠いていたニューマンは、目を見張るほどの速さで自信から絶望へと、指導者の地位から脱会へと歩を進めていった。彼の純粋な確信は際立っていた。「私はこの運動にこの上ない自信を持っている。私たちは初代教会の教父たちによって交付され、アングリカンの儀式と神学者によって登録され証明された、初代キリスト教を支持しているのである」。しかし一連の出来事がニューマンを激しく揺り動かした。それには彼が行った古代ドナティスト派*の分裂の研究のように歴史的なもの、またエルサレムに主教区を置く計画のように同時代に起こったものが含まれていた。そうした出来事はイングランド教会が本当にイングランドにおけるカトリック教会であるかどうか再考することを強いたのである。『時局冊子』第九〇号は、三九箇条がトリエント公会議*の精神と矛盾しないと解釈することによって、彼の立場を正当化しようとす

ジョン・ヘンリー・ニューマン　Cf. p.12

ドナティスト派（Donatists）四～五世紀に勢力を強めた異端。主な主張は、秘跡の有効性は授与者の徳によって支配される。また罪人は教会の成員になることができない、であった。

トリエント公会議　Cf. p.63

るものだった。それはR・W・チャーチ*によると、いくつかの点で「強引で不自然」なものだった。さらにニューマンが三九箇条を検証するのに用いたカトリックであるかどうかの尺度が、キリスト教会の最初の五百年間ではなく、トリエント公会議だったことは注目に値する。この経緯の必然的結果として、一八四五年にニューマンのローマ・カトリック教会への改宗が起こった。

しかし、この大きな痛手の注目すべき結果は、オックスフォード運動が指導者を失っても揺るがなかったという事実である。キーブルとピュージーは支持者を呼び集める仕事に着手した。運動はまずその立場を神学的に確固たるものにし、大学からイングランドの教区全体へと広がっていった。そこでは、弟子たちの第二世代が公の礼拝の理想と外観上の付属物について革命を起こした。さらに、この運動の歴史には個人が大きな影響を及ぼしていたが、運動自体は個々の人間というよりも原理の問題だった。したがってこの運動の重要性を評価するためには、この原理に注目する必要がある。サイクスが予言していたように、その教義のうちで最も影響力があったのは、教会に関するものであった。キーブルの『キリスト教暦年』*で

R・W・チャーチ（Richard William Church, 1815-90）　ロンドンの聖ポール主教座聖堂首席司祭。ニューマンと親交を結ぶ。オックスフォード運動を扱った *The Oxford Movement*, 1891は今なお重要な文献である。

『キリスト教暦年』（*The Christian Year*, 1827）　キーブルの詩集。国教会の一年の祭礼について詠ったもの。

も『時局冊子』でも、新しい特徴はと言えば、教会の権威と、個人が教会に従属しなければならないという考えだった。オックスフォード運動の支持者にとって、主教制は教会の本質であり、主教による叙任は有効な司牧と聖奠にとって不可欠なものであった。「私たちはこの方法によらないで叙任された者を、当然ながら真に叙任された者とみなすべきではない」と、ニューマンは最初の『時局冊子』に書いている。さらに、このように主張された使徒継承とは、同じ主教座を占めてきた者のつながりではなく、使徒から現在の主教にいたるまでの、聖別する者と聖別される者との間の結びつきと考えられた。そのような立場から見れば、聖地のルター派とアングリカン教会の信者を司牧するために、ルター派とアングリカンの聖職から交代で主教を出し、エルサレムにプロテスタントの主教を配置する計画など許されるはずもないことだった。またこの使徒継承を強調することが、イングランド教会と他のプロテスタント諸教会との間に、本国においても外国においても、楔を打ち込むことになった。他の面では、カトリック教会に対するオックスフォード運動擁護の基盤として、ニューマンのカトリック教会への改宗以後もそれまでと変わらず続けられた、初代教会と、教会の最初の五百年間とにイングランド教会を結びつけることは、教父研究の大きな推進力となった。『教父叢書』*という名称で教父の残した数多くの著作の翻訳が出版され、『アングロ・カトリック神学文献』*という並行シリーズも出版された。こうした歴史と神学の研究が持つ重要性はいくら強調してもし過ぎではない。

オックスフォード運動は何よりもまず、信仰復興運動だったことを忘れてはならない。R・W・チャーチはその指導者たちについて、「彼らにとって宗教とは、この世で最も崇高かつ重要な個人の問題だった」と述べている。また当時最も学識ある主教であったコノップ・サールウォール*は、この運動が「深い意識と心からの誠実さを備えたものであり、高い、現実的な目的の実現に熱心だ」と見ていた。特にこの運動は教会人の聖性を強調し、統率された信心と道徳によって、それに従う者たちに秩序ある生活をおくらせることを目標にした。運動の大きな目標は、論争することではなく聖人を育てることにあり、この目的を実現させるために、聖餐の信心、断食や他の禁欲、そして告解と霊的な指導、聖職者の独身、女性と男性それぞれの修道生活への召命を奨励した。回心者の第二世代はまた、典礼の

『教父叢書』（*the Library of the Fathers*）一八三八年以降翻訳出版された。第一回はアウグスチヌスの『告白』。

『アングロ・カトリック神学文献』（*Library of Anglo-Catholic Theology*）一八四一年以降、一七世紀のアングロ・カトリック神学者の文献を翻刻した。

コノップ・サールウォール（Connop Thirlwall, 1797-1875）ケンブリッジ大学出身。歴史家としても著名で*History of Greece*（1835-44）がある。四〇年セント・ディヴィッズ主教。

付属物に聖奠の教義を表現しようとした。そしてその後続いた、いわゆる儀式論争は、この運動と国教会が残した最大の汚点の一つとなっている。

イングランド教会に及ぼしたオックスフォード運動の影響は、全体として見れば非常に大きなものである。それは教会と主教制に関する教義によって、アングリカン伝統のバランスを大きく変えた。教会一致をめぐる現在の議論のあらゆる面で、主教制が一番前面に出るようになった。またそれは司牧と司祭の努めに関する新しい理想を導入した。しかしながら、その最も大きな影響は、おそらく公的礼拝に及ぼしたものだ。現代の教区教会と主教座聖堂で、特に威厳ある儀式において、この運動の礼拝規範の影響を受けていないところはほとんどない。しかしそれは同時に、イングランド教会内のいくつかの派との関係において、そしてプロテスタントとローマ・カトリックの両方の教会との関係において、新しい困難な問題をもたらした。この運動の歴史のおそらく最も見事な総括は、マンデル・クレイトン*によるものだろう。「司祭職、聖奠、告解は、すべてそれ自体で説明がつく。そういったものは個人の自由を認める制度内でも、それを認めない制度内でも置くことができる。……決着をつけなければならない問題

マンデル・クレイトン（Mandell Creighton, 1843-1901）　ロンドン主教。教会史家。国教会内部の儀式重視派聖職者の奢侈に反対した。

は、オックスフォード運動の結果が、どれほど永続的にアングリカンの制度の中に組み込まれるかだ。私の見るところ、個人の自由を保障する教会観に基づく制度の継続が可能な限り、組み入れられるであろう」。

ニューマンが説教をしたセント・メアリ大学教会(右)。左は大学図書館のラドクリフ・カメラ。　(訳者撮影)

第二一章　ローマ・カトリック教会の復興

長命に恵まれ、ほぼ一九世紀全体を生きたW・B・ウラソーン*司教の自叙伝には、ヨークシャーのスカーボロの解放される前のローマ・カトリック信者たちの感動的で魅力的な姿が描写されている。彼らは六週ごとの日曜日にしか、神父の行う儀式に参加できなかった。そして「神父の訪れない五週の日曜日には、信者はいつもの通り午前と午後に教会を訪れることになっていた。最初にミサ前のいつもの祈りが声に出して唱えられ、次に全員が霊的聖体拝領*できるよう『魂の園』*の祈りを静かに読んだ。それからその週の読師が、アーチャー師*の説教を一つ朗読した。午後には、「なんじらすべて主の御業」など、詩編の祈りが朗誦された。そしてカテキズ

W・B・ウラソーン（William Bernard Ullathorne, 1806-89）バーミンガム司教。トマス・モアの直系。キャビン・ボーイとして三年間働いた後、ベネディクト会員となり三一年司祭叙階。オーストラリア宣教に従事。ニューマンと親交を結ぶ。

霊的聖体拝領（spiritual communion）カトリック教会では、実際に聖体を受けなくても信仰に満たされて聖体を望みにおいて受ける信者は、聖体の恩恵を全面的にではないにしろ、大部分受けるとされる。

『魂の園』（*The Garden of the Soul*, 1740）チャロナーが著したイングランドのカトリック教徒のための霊操書。イタリア系の信心書が普及する前にイングランドのカトリック教徒の謹直な信仰心を養うのに影響が大きかった。

アーチャー師（Archer, James, 1751-1834）ロンドンのカトリック教徒が集まるパブで働く。チャロナーの知己を得、ドゥエイで教育を受ける。司祭叙階後帰国。毎日曜日の説教で有名となり、*Sermons on Various Moral and Religious Subjects for all the Sundays in the Year,*

ムが読まれた」。司教はさらに続けて「堅信に関して言えば、われわれ子どもたちの誰一人として司教様を見た者はいなかった」と記している。これは、散々になり、孤立し、ミサと秘跡は、時々しか訪れない司祭に依存せざるを得なかった一八世紀の会衆の典型的な姿だ。一六八八年にインノケンティウス一一世*によって、イングランドに、ロンドン、中央、北部、南部地方を担当する四人の代牧*が任命されたあとも、司教は依然として一定の居住区を持たず、しばしば逃亡者的な存在であり、司祭の数も少なかったからだ。ウラソーンの自叙伝で言及されている『魂の園』は、代牧のうちで最も英雄的な人物の一人であった、リチャード・チャロナー*のことを思い出させる。彼は四〇年間にわたって、ローマ・カトリックの信仰に忠実に生きられるように、信徒を守る努力を惜しまなかった。

長期に及んだチャロナーの司牧は解放前のカトリック教会の典型である。彼の考える司教職とその任務は、一般に受け入れられている堅信、叙任、司教区の教会訪問、教会規律の維持といったことだけにとどまらず、聖書の翻訳、個人の黙想のための手引書、イギリスの聖人伝、護教神学、論争書の出版という形で、信仰と信心面での信者の助けとなることだった。

and some of the Principal Festivals of the Year, 1787 はカトリック教徒解放以前に非常によく読まれた説教集となった。

インノケンティウス一一世 (Innocent XI, 1611-1689) ローマ教皇(1676-89)。フランス教会のガリカニズム、イエズス会、ヤンセン主義、ネポティズム(縁故びいき)に対抗した。

代牧 (Vicar Apostolic) 布教国において司教区設立に至らない教会区の責任者として、司教叙階をもってカトリック教会から任命される。

リチャード・チャロナー (Richard Challoner, 1691-1781) 厳格な長老派の家庭に生まれたが、一三歳の時にカトリックに改宗。ドゥエイで教育を受ける。リームズ・ドゥエイ聖書の改訂を行なった。一七四九年に出された新約聖書はドゥエイ版の不明瞭箇所を除き、欽定訳に近づけたものである。一般にドゥエイ版と呼ばれている聖書はチャロナーの改訂版である場合が多い。

彼の司牧は、露見するのを恐れて極秘のうちに行われた。彼はしばしば旅に出、多くの仕事をこなした。また、北アメリカ植民地のカトリック司祭を監督する仕事もあった。多くの障害をものともせず、在俗司祭と修道司祭を和解させ、統一しなければならなかった。これら厄介な仕事をやり遂げられたのは、愛の精神と神に対する畏れがあふれる強い義務感によってだった。彼は教皇権至上主義*が優勢となる前の時代の、穏健な抑制された信仰心を代表していた。モーセ*のように約束の土地が見えるという時に、彼は世を去った。

一八二九年のカトリック教徒解放とともに外的状況は急激に変化した。伝統的ローマ・カトリックの紳士階級の信者が、この新しい状況、新しく公認された信仰に適応するのは困難だと感じたとしても驚くにはあたらない。プラトンが描く洞窟の中の人々*と同じように、教会として二世紀半ぶりに太陽の光のもとに現れ出た団体は、驚きと感嘆で眼をこすったのだ。保守的な信者にはあまりにも急激で、とても永続するとは思えなかった数と組織の面での急速な躍進を促した要素は他にもあった。一九世紀前半のアイルランドからの移民は大規模なものだった。アイルランド移民は一八

教皇権至上主義（Ultramontanism）　教理、教会政策面で各国、各司教区よりも、教皇庁による中央集権体制を支持する見解。フランスのガリカニズム、フランス革命に見られるリベラリズムが伸張する中で盛んになり、一九世紀に頂点に達した。語源の「ウルトラモンタン」とは、北ヨーロッパから見て山（アルプス）の向こう、すなわちローマの意味である。

モーセ（Moses）　ユダヤの民を約束の地カナンへと導く預言者。四〇年にわたる彷徨の間、シナイ山で十戒を受ける。カナンに入る直前、ネボ山の頂上に立ち、眼下に広がる約束の地を望みながら生涯を閉じた。

プラトンが描く洞窟の中の人々（Plato's men in the cave）　プラトンの『国家』第七巻、514。彼らは洞窟の中で縛められて暮らしており、後ろに位置する火の光によって投影される影しか見ることができない。

四一年には、二二万四千一二八名だったが、わずか一〇年後の一八五一年には、その数は四一万九千二五六名に膨らんだ。これは極めて多くのカトリック人口が、大規模な産業都市、特に海港都市に流入したことを意味する。さらに、教会、司祭、司祭館、学校を非常に必要とする、都市に居住するプロレタリアートの信者という問題を引き起こした。これとはまったく異なり、関係があるとは思えないオックスフォード運動からも、数の上では比較的少数であったが、ニューマンとマニング*という名前からよくわかるように、人物としてはきわめて重要で影響力を持つ改宗者がやってきた。このように、矛盾すると言ってもよい三つの異なった要素、つまり伝統的ローマ・カトリックの地主階級、アイルランドからの移民、学識を備えたアングリカンからの改宗者を一つにまとめる仕事は、有能な司教の知恵と活力を十分酷使するものだった。さらに、新しい教義の嵐がヨーロッパ大陸からイングランドに吹いてきていた。つまり教皇不可謬説*の傾向を持ち、フランス・カトリック教会のガリカニズム*と、解放以前のイングランドのローマ・カトリック教徒に見られたあまりにも進歩的な政策に対する臆病な恐怖心の両方に反対する教皇至上権論である。

マニング（Manning, Henry Edward, 1808-92）三三年国教会牧師。五一年カトリックに改宗。六五年ウェストミンスター大司教。

教皇不可謬説（Papal Infallibility）　第一バチカン公会議は次のように規定している。「教皇が教皇座から、全キリスト信者の牧者としてまた教師として、その最高の使徒伝来の権威をもって、信仰または道徳に関する教理を全教会に信じるべきものとして定義するとき、聖ペトロにおいて教皇に約束された神の助力によって、教皇は不謬性を持つ。神である救い主は自分の教会が信仰または道徳に関する教理を決定するときにこの不謬性を与えた。したがって、教皇座から行われた教理決定は、教会の同意によってではなく、それ自体で、改正できないものである」。

ガリカニズム（gallicanism）　ガリア主義ともいう。フランスのカトリック教会がローマ教皇権から自由であると主張する説。第一バチカン公会議まで勢力があった。

こうしたさまざまな流れを整理し融合する、行動的で精力的な才能あふれる指導者を自らの中から生み出したことは、ローマ教会にとってまれに見る幸運だった。偉大な人物の一人目は、一八四〇年にグレゴリウス一六世*がイングランドの代牧の数を二倍にしたときに帰国した、ニコラス・ワイズマン*である。彼は、講演、著作、新しく刊行された『ダブリン・レビュー』*、そして一般向けの『タブレット』*を通して、神学と文学による精力的な攻撃を開始し発展させた。わずか一〇年後の一八五〇年に、ピウス九世*は代牧の代わりにイングランドにローマ・カトリックの位階制を復活させる決定を下した。ワイズマンが最初のウェストミンスター大司教、および枢機卿となった。彼の教書「エクス・ポルタ・フラミニア」*による新しい統治の開始は、イングランドに大規模な暴動と、教皇に対する最後の怒りを巻き起こした。それが程なく沈静化すると、新しい司教たち（ウラソーンはバーミンガム司教となった）は、教会組織、教会の建物、司祭職の養成といったより大きな問題について配慮することができた。一八四五年にニューマンがアングリカン教会から転会すると、イングランド知識人に対して新しいローマ・カトリシズムの時代の幕開けとなった。しかし一

グレゴリウス一六世（Gregory XVI, 1765-1846）ローマ教皇（1831-46）。学芸を重んじ、バチカン博物館を拡張し、キリスト教美術の収集に努めた。

ニコラス・ワイズマン（Nicholas Wiseman, 1802-1865）スペインで一八世紀にアイルランドから移住した家庭に生まれる。二八年ローマのイングリッシュ・コレッジ学長。四七年ロンドン代牧区代牧。

『ダブリン・レビュー』（*Dublin Review*, 1836-1968）アイルランド人のM.J.Quinが創刊した季刊誌。ニューマンに国教会のカトリック性を最初に疑わせたのも三九年の八月号に載ったワイズマンの論文である。一九六九年から*The Month*誌に吸収された。

『タブレット』（*Tablet*, 1840-）イギリスで最も伝統のあるカトリック週刊誌。法廷弁護士のFrederick Lucasがロンドンで創刊。

ピウス九世（Pius IX, 1792-1878）一八五四年聖母マリアの無原罪の御宿りを宣言。六九年―七〇年、第一バチカン公会議を招集。教皇不可謬の教義を明文化した。

八五一年のヘンリー・エドワード・マニングの改宗は、イングランドのローマ・カトリックの立場と影響力を一新した。改宗後一〇週間も経たないうちに司祭に叙階されたマニングは、六年後ピウス九世によってウェストミンスター司教座聖堂の主席司祭に任命され、一八六五年には同じ教皇によってワイズマンの後任として、ウェストミンスター大司教に推挙され、一八七五年には枢機卿となった。

マニングが大司教を務めたことは、イングランドのローマ・カトリック教会にとってきわめて重要な意味がある。というのは、彼こそが現代カトリック教会の立場を確立し、その影響力を発揮させた最初の人物だからだ。彼は最初から、徐々に増加する信者に宗教教育を提供する責任を認識していた。彼が「教会よりまず学校」という原則を採用し、努力を第一に教育分野に集中させたことは、非常に勇気ある行為だった。一八七〇年にフォースター教育法が成立すると、マニングはローマ・カトリックの小学校のために寄付金を集める運動を開始し、七万人の子どものために三五万ポンド集めた。教育面での仕事が最も成功したのはこの分野だった。高等教育の分野では彼の計画はあまり成功しなかった。ローマ・カトリック信者を

エクス・ポルタ・フラミニア (*Ex Porta Flaminia*) ローマのフラミニア街道に通じる門から、ワイズマンがイングランドにおけるカトリック教会のヒエラルキー復活にあたって出した。この門はエリザベス朝にイングランドの改宗に向けて送り出されたイエズス会のパーソンズとキャンピオンが送り出されたところでもある。イングランド人を刺激し、いわゆるPapal Aggressionを生み出す結果となった。

イングランドの大学と研究職に完全に組み込む仕事は、二〇世紀の後継者の手にゆだねられた。彼はアイルランド移民が置かれていた社会状況を理解していたので、社会改革の分野にも乗り出した。特に、一八八九年のロンドン・ドックヤードのストライキに介入し、解決のために指導的役割を果たし、全国的に有名になった。こうしたことから、彼はアイルランド自治*の支持者となり、政治の舞台では、グラッドストーンおよび自由党との関係を築き上げた。宗教信条の面ではマニングは熱烈な教皇至上権論者で、教皇の地上における権力を強く支持するだけでなく、一八七〇年に開かれたバチカン公会議*では、教皇不可謬説を定義するために精力的な唱道者の役割を務めた。おそらく彼の最大の業績は、イングランドのローマ・カトリック教会の立場を伝統的な保守主義から正真正銘の教皇至上主義へと変えたことである。彼の死後、彼が築いた基礎の上に立ってさらに仕事が進められた。現在では、ローマ・カトリック教会は、政治、社会、文学、知的生活の各方面で、十分な役割を果たしている。イングランドの宗教伝統の素晴らしさは、その豊かな遺産の中に一九世紀と二〇世紀初頭のローマ・カトリック教会の復活《ルネサンス》を吸収する能力にも見て取ることができる。

アイルランド自治（Home Rule）一九世紀後半から二〇世紀初頭にかけてのアイルランドの自治権獲得運動。一八〇一年発効の「統合法」（Act of Union）以来消滅していたダブリンのアイルランド議会の設置と内政自治権を求めた。

バチカン公会議（the Vatican Council）第一バチカン公会議（1869-70）。

第二二章　神とカエサル*

トマス・ホッブズ*は中世の教会について、「その全位階、すなわち暗闇の王国は、『妖精の王国』に、つまりイングランドのおしゃべりな老婆たちが、幽霊や聖霊、そしてそれらが夜中に行なう早業について語るおとぎ話にうまく喩えられる」と書いている。ホッブズが擁護した一七世紀国家の最高形態は、ルイ一四世*のフランス、あるいはオリヴァー・クロムウェルによるイングランドの軍事独裁国家に見ることができるが、それがこの妖精の王国をいとも簡単に粉砕したとするならば、一九、二〇世紀のヨーロッパの国民国家に対して教会は抵抗などできるだろうか。世論を形成し、また影響を及ぼし、さらには反対を押しつぶすのに、これまで例を見なか

カエサル　Cf. p.59

トマス・ホッブズ　Cf. p.59

ルイ一四世（Louis XIV, 1638-1715）　フランス王（1643-1715）。絶対王政の典型的君主。フランスの黄金期を築き、太陽王と称せられる。

ったような恐るべき手段を備えた強力な国民国家が、強い影響力を持つフランス革命をモデルに一九世紀に登場したのだ。さらに、こうした国家はフランス革命という成功例に刺激を受けただけでなく、それより以前の一八世紀には、イエズス会の解散*に同意したことにも表れているように、啓蒙専制君主*に教皇が屈服するという状況もあった。「欲望にきりはない」のだ。近代国民国家は権力に飢えており、その行く手にキリスト教会が立っていたのだ。教会は伝統的に、まもなく世俗権力によって担われるようになる、教育、貧民救済、その他の社会事業を管理してきた。教皇庁と伸張しつつあったイタリア王国との間で、ドイツではローマ・カトリック教会とビスマルク*の猛烈な文化闘争との間で、そしてフランスでは一九〇六年の教会と国家の分離で頂点に達した、ヨーロッパ大陸を吹き荒れた教会と国家との間の長く苦い論争の嵐の中で、イングランド独特の教会と国家の伝統的関係は、どのように持ちこたえられたのだろうか。

ナポレオン戦争終結時に、イングランドの教会と国家との間に、大陸での軋轢と同じような極端な敵対関係が生まれる兆候が見られた。一方では国教会のますますひどくなる悪習が、また一方では排他的特権を要求する

イエズス会の解散　一五四〇年教皇パウルス三世によって認可されたイエズス会は、ローマ教皇に忠実な態度が災いし、一八世紀の反教会的な啓蒙思想、絶対君主制によって批判された。一七七三年クレメンス一四世は、フランス、スペイン、ポルトガルの圧力に屈し、同会の解散に同意した。

啓蒙専制君主　(the Enlightened Despots)　プロシアのフリードリッヒ大王、ロシアのエカテリーナ二世、オーストリアのヨーゼフ二世など、啓蒙主義の影響を受け政治の合理化を進めた絶対君主。国民の幸福を説きながらも専制政治を脱することができなかった。

ビスマルク　(Bismarck, Otto, 1815-98)　一八六二年プロシア首相。七〇年普仏戦争に勝ち、プロシアを中心とするドイツ帝国の建設に成功。

前時代的な姿勢が、プロテスタントの非国教徒とローマ・カトリック教徒からの反発だけでなく、功利主義思想家からの深い侮辱をも招いた。しかし、危険なのはイングランド教会だけではなかった。この功利主義の指導者の中には、教会という形態を取るキリスト教の伝統に一切敬意を払わない人々がいたからだ。それゆえ、教会には国家による教会攻撃運動と反感が生まれる可能性に備えて防御し始めるものも現れた。オックスフォード運動自体、第一の目的はこの危険性に対する抗議と防衛だったのだ。教会と協議することなく国家の決定によってアイルランド主教区の数を減らしたことがきっかけでこの運動は始められたのであり、その存在理由《レゾン・デートル》は、国教制度が廃止された場合に要求を実現するための基礎を聖職者に与えることだった。R・W・チャーチは最初の『時局冊子』について「苦しみと危険、緊急事態の中で発せられる早口で短い言葉のようだ」と断言しているが、まさにそうした調子がはっきりと読みとれる。オックスフォード運動の抗議の重要性は予期しない方角から認められた。ラスキ教授*はオックスフォード運動と同時代のスコットランド教会の大分裂*とを比較して、次のように述べている。「オックスフォード運動と同時代の一八三四年に起こ

ラスキ教授（Laski, Harold, 1893-1950）政治、経済学者。社会主義者として知られ、フェビアン協会（Fabian Society）の理事、労働党の執行委員を勤めた。

スコットランド国教会の大分裂（Scottish Disruption）スコットランドにおける国教会は名誉革命後長老派で確定しているが、一七三三年に会衆派の路線を選択する人々が脱会するなど、分裂は珍しくない。ここで言及されている分裂は、一八四三年五月に起こったThomas Chalmers（1780-1847）を指導者とする「スコットランド自由教会」の独立である。

ったスコットランド国教会の分裂に見られる注目すべき類似性に、これまでさほど注意が払われなかったのは非常に不思議なことだ。両者ともに、本質的には反エラストス運動*であり、その両方の活動家たちが戦っていたのはすべてを飲み込む国家だった……。どちらの場合も、同時代の人々が十分に認識していたように、国家を無視し教会に完璧な社会組織を与える教義を作り上げる……試みだった」。もちろんこの二つの運動には重要な相違があった。オックスフォード運動は本質的に聖職者の運動であり、国家には間接的な戦いを挑んだに過ぎない。それに対して、スコットランドの運動は教会内部における一般信徒の権利を主張するもので、国家と直接戦うものだった。しかし原則的には、どちらの運動も、キリストの委託と、地獄の門は教会に勝利を収めることはないというキリストの約束によって保証された教会の主権と自律という高等な教義が必要であることを、それぞれの教会に自覚させようとするものだった。いずれの場合も、贖い主が与えた教会の権利が、覚醒した教会意識の原則であり、鬨《とき》の声となった。

こうした緊張はスコットランドとイングランドの国教会に限られたものではなかった。ピウス九世が一八五〇年にローマ・カトリック教会の位階

反エラストス運動（anti-Erastian movement）スイスの神学者トマス・エラストス（1524-83）が唱えた教会関係事項に関して国家権力の方が教会権に勝るとする考え方に反対する運動。

制をイングランドに復活させたとき、反教皇の驚くべき怒りが巻き起こった。(ワイズマン枢機卿の派手な言葉遣いによってそれがさらに煽られたということも確かにあったが)。まさに大博覧会*が開催された年、この大成功の万博を見物にくる外国人の歓迎と教皇庁の侵略に対する拒絶とに、われわれの先祖の注意はほとんど二分されていたように思われる。ジョン・ラッセル卿*は、グラッドストーンの反対にもかかわらず、当時のホィッグ党政権にローマ教会の要求を差し止めるための「教会名称法*」を通過させた。それにもかかわらず、ローマ・カトリックの司教座は地域名とともに再興され、その法律が執行されることはなく、一八七一年には、グラッドストーン政権によって廃止された。この国家に対する「妖精の王国」の勝利は、控えめなものであったが勝利であることに変わりはなかった。ディズレリ*が時代の兆候を読み取り、この歴史の一こまから学んでいれば事態は良好なものになっていただろう。グラッドストーンの後を受けて政権につき、オックスフォード運動の後裔たちの儀式主義的なふるまいに対して民衆が抗議の声をあげた時、事態に対処するよう迫られた彼は、強制的にそれをやめさせる「合同礼拝規制法*」を一八七四年に通過させせな

大博覧会(the Great Exhibition) 一八五一年ロンドンのハイド・パークを会場に開かれた最初の万国博覧会。

ジョン・ラッセル卿(Lord John Russell, 1792-1878) 首相(1846-52, 65-66)。一八一三年ホィッグ党下院議員。審査律と自治体法の廃止、カトリック教徒解放を支持するなど、自由主義改革派として頭角をあらわした。神学的には儀式尊重主義に反対の立場を取った。哲学者、数学者のバートランド・ラッセルの祖父。

「**教会名称法**」(the Ecclesiastical Titles Act) たとえばArchbishop of Westminsterなどイングランド国教会の主教区と重なり合う名称をあえて使用するカトリック司教に対して百ポンドの罰金を科す法律。

ディズレリ(Disraeli, Benjamin, 1804-81) 首相(1868, 74-80)。小説家としても知られる。特に『シビル』(Sybil, 1845)の「イギリスには富める者と貧しい者の二つの国民がいる」という記述は有名。保守党政権を率いて大英帝国の拡大に努めた。

ければならない羽目に陥った。このときは法律が適用され、多くの聖職者が投獄された。しかしふたたび法律に違反し、釈放すれば再拘束せざるを得ないことが明白になると、この法律の適用は頓挫してしまった。ふたたび妖精王国が国家との争いで勝利を収めたのだ。

これよりもはるかに重大なのは、国民全体に初等教育を与えることをめぐるアングリカンと非国教徒との間の長い論争の結末だった。バプテスト教会の有名な牧師だったジョン・クリフォード*が指導した、一九〇二年のバルフォア教育法に対する消極的抵抗運動は、自由教会牧師の投獄か動産の差し押さえ、教会と国家の正面衝突という様相を呈するようになった。実際一九〇六年の総選挙で保守党が勝利し、抗議者の改善する公約をしていた自由党政権が誕生していなかったならば、この運動はもっと大きなものとなっていただろう。こうした憂鬱な教育論争を、単なる伝統的な「神学者同士の憎悪」の異常な悪意に満ちた一例として済ませてしまうことは易しい。しかし、重要な原則が危機に瀕していたのだ。カヴール*の『自由な国家における自由な教会』という原則を採用する一九世紀の国民国家の自由主義が全体主義独裁制に取って代わられ、誰にでも理解できるきわめ

「合同礼拝規制法」（the Public Worship Regulation Act）　カンタベリー大主教テイト（Archibald Campbell Tait, 1811-82）が起草し、議会においてシャフツベリー卿によって大幅に修正された国教会における儀式尊重主義の伸張を食い止めるための法律。法律家をカンタベリーとヨークの大主教裁判所（Provincial Courts of Canterbury and York）の判事に任命し、裁判を行なった。判決を不服とすれば法廷侮辱罪で投獄された。

ジョン・クリフォード　Cf. p.156

カヴール（Cavour, Camillo Benso, 1810-61）ピエモンテ首相（1852-9）。一八六一年にイタリアの統一を為し遂げた。

て明瞭な形で思想の自由を抑圧し、その体制が作り上げた世俗的イデオロギーを教え込もうとする権力によって公教育のあらゆる面が管理される危険性が出てきたのである。教育を教会と国家との関係を見極める重要な領域としてとらえたのは、非国教徒の健全な直観であった。幸運なことに、この場合もイングランド人の妥協の精神が、実際的解決を可能にしたように思われる。一方では、二〇世紀に現代のリヴァイアサンが身に付ける武具に対して、任意寄付主義*で抵抗できるかどうか疑わしいという問題がある。他方、最近の経験からもわかるように、国家というものは自然と同様、真空状態を嫌うので、真の宗教との連帯を捨てると、純粋に現世的な関心しか持たない世俗イデオロギーがそのかわりに入ってくるものだ。完全な宗教的自由と市民としての平等性を他の教会員にも認める形でのイングランドとスコットランドにおける国教会制度の維持によって、さらには一九四四年のバトラー教育法の規定とＢＢＣの宗教に好意的な運営方針*によって、イングランドの宗教伝統は、少なくとも「暫定協定」を、最高に評価すれば「調和ある協力関係」を、二〇世紀のリヴァイアサンと妖精王国との間に見つけ出したと言えるだろう。

任意寄付主義（voluntaryism）教会・学校などは国費に依存しないで民間の寄付によって経営すべきだとする考え。

ＢＢＣの宗教に好意的な運営方針　一九二二年に誕生したＢＢＣは翌年礼拝と説教の放送の可否についてカンタベリー大主教に問い合わせ、二四年からラジオで礼拝の放送を開始した。

第二三章　社会的福音

「国民をキリスト教化せず、またキリスト教原理を社会と市民どうしの関係に導入せず、強欲という罪は存在しないとか、不正直でさえなければ資本から可能な限りの利益をむさぼってもよいと考えるような精神の邪悪さを暴き出さないようなら、国民教会にどのような利点があるのか理解できない」と、一八三二年にトマス・アーノルドは書き記している。ここに新しい考え方が明らかにされている。これは一九世紀にイングランドの宗教がますます強く主張することになる見解だった。一九世紀はまさに革命の時代だったが、その革命的性格が一番はっきり現れているのは、おそらく社会問題に対する教会の態度の変化であろう。もちろん先にも述べたように、一八世紀の慈善学校や病院、また一九世紀初めの工場法のように、前の時代にもキリスト教の素晴らしい慈善活動の例はあった。しかし、一九世紀後半に「国民状況の問題」として知られるようになる事態に対する教会の対応は、根本的に変化したのだ。一般的に言って、伝統的な見方によれば、社会の中の貧困層は神によって秩序づけられた社会階層の中でふさわしい場所を占めており、富裕なキリスト教徒に個人的慈善を行なう機会を提供する存在だった。新しい対応は、貧困をなくす問題を個人ではなく社会の問題として、個人的な善行ではなく国家の問題としてとらえ、教会の責務は、キリスト教倫理を社会と国家に適用する手段を考慮し、「汝の隣人を汝自身のごとく愛せ」という神の第二の命令と合致する社会政策を求めることだった。

古い考え方と新しい考え方の分岐点はおそらく、少数の熱心な人々を集め、フレデリック・デニスン・モーリス*が指導した、キリスト教社会主義者の事業に溯ることができるだろう。モーリスにとっては、競争ではなく協力が宇宙を支配する神の法則だった。そして社会主義もその理想に忠実であるためには、キリスト教化されなければならなかった。彼は書いてい

フレデリック・デニスン・モーリス（Frederic Denison Maurice, 1805-1872）　国教会牧師。キリスト教社会主義運動の指導者。労働者学校を設立し、その美術科ではラスキン、ロセッティも教えた。主著、*The Kingdom of Christ*, 1838。

る、「競争が宇宙の法則だとされているが、それは嘘だ。言葉と実践によって、それが嘘だと宣言すべきときがやってきた」。そしてまた、「社会主義者の合言葉は協力だ。反社会主義者のそれは競争だ。競争原理よりも協力原理の方が、より強力で真理に近いと考える者は、誰でも社会主義者と呼ばれる名誉（あるいは恥辱）を受ける権利がある」。モーリスと彼の支持者たちは、早く来すぎた預言者だった。そしてテーラー・ワーキング協会*の場合のように、理想を機能的な制度として実現させる試みが時期尚早だったために失敗したとしても、彼らが説いた原理自体は芽を出し、実を結ぶことになる。国教会内部では、こうした態度の変化は革命とほとんど変わらないものとなった。聖マタイ・ギルド*、教会社会主義者同盟*、キリスト者社会ユニオン*といった小さな団体は、教会の公式見解に影響を及ぼすパン種となった。彼らが遂げためざましい成功は、一九一八年に出された「キリスト教と産業問題」に関する大主教委員会の報告書に明らかである。そこからキリスト者産業人友和会*が誕生したのである。

　ゆるやかではあるが着実な国教会内部の見解の進展と並んで、社会問題に対するより強いキリスト教の影響力が自由諸教会によって与えられた。

テーラー・ワーキング協会（the Tailors' Working Association）一八五〇年にモーリスが中心となって設立。

聖マタイ・ギルド（the Guild of St Matthew）スチュワート・ヘドラム（Stewart Headlam, 1847-1924）がロンドンで設立した「人々に神を証する」ことを目的とする。

教会社会主義者同盟（the Church Socialist League）一九〇六年に「宗教であるキリスト教の実践が社会主義である」というスローガンを掲げて設立。

キリスト者社会ユニオン（the Christian Social Union）チャールズ・ゴア（Charles Gore, 1853-1932）とヘンリー・スコット・ホランド（Henry Scott Holland, 1847-1918）を指導者とする。運動の手法としてデモ行進よりも書物・論文という学問的な手段を選んだ。

キリスト者産業人友和会（the Industrial Christian Fellowship）一九一九年「海軍ミッション」（Navy Mission）と「キリスト者社会ユニオン」が合体して誕生。

左翼政党、つまり最初は自由党、次に労働党が、かなりの程度キリスト教信者とキリスト教原理の直接的影響を受けてきたことは、イングランドの宗教伝統の幸運な特色の一つだった。プロテスタンティズムの分裂もこれを助長した。たとえば、一九世紀の前半に、メソジストが一連の激しい分裂を繰り返した時、特に原始メソジストの離脱、そしてさらには救世軍*の設立につながるウィリアム・ブース*の脱会の場合に、労働組合運動とチャーティスト運動*はその指導者と顧問をキリスト教聖職者と信者の中に見出すことになった。グラッドストーンの長期にわたる自由党党首時代に、自由教会の影響が党の社会改革政策と密接に、また直接に結びつくようになり、「非国教徒の良心」として知られる現象が起こった。自由教会が一般信徒の説教家を使ったことも、その時代の労働組合運動の指導者に人前で話をする経験を与えた。炭坑組合指導者のトマス・バート☆、農業労働従事者組合の設立者のジョゼフ・アーチ☆といった自由党国会議員が、労働者階級がウェストミンスターに送った最初の代表だった。また、最初の労働党下院議員ケア・ハーディー☆は福音主義ユニオン*の一員だった。最近でもこの関係は途絶えていない。メソジズムは両大戦間の労働党政権にも寄与し

救世軍（Salvation Army）　軍隊組織を持つ。山室軍平が日本司令官であった。ブースは万国司令官である。一九〇九年以来続いている「歳末慈善鍋」の運動で知られる。

ウィリアム・ブース（William Booth, 1829-1912）　救世軍の創始者。ノッティンガム生まれ。真の救済はキリストの福音による霊的救済と社会環境の改善による肉体的救済を一体化させなければならないという考えに立ち、一八六五年ロンドン東部の貧民街で活動を開始した。一九〇七年には日本を訪問し、山室軍平とともに各地を巡回した。

チャーティスト運動（Chartism）　一八三八年から五八年にかけての労働者階級による議会改革運動。男子の普通選挙権、無記名秘密投票、議会の毎年開催などの要求を「人民憲章」（People's Charter）として公表し運動を行なったことからこの名がある。

福音主義ユニオン（the Evangelical Union）　一八四三年にスコットランドで組織された宗派。正統カルヴィニズムの「無条件の選び」に反対する。

た。アーサー・ヘンダソン*は内務大臣と外務大臣を続けて務めた。現在の労働党はメソジストの大臣を、ジョージ・トムリンソン*の死によって失った。これまでのところイングランドの政治では、反聖職者政党は登場していない。これは少なからずイングランドの宗教伝統の特別な気風、特色による。これと同じ時期、一八八九年にロンドン・ドックで起こったストライキに際してマニング枢機卿が取った行動は、ローマ・カトリック教会を社会問題の前面に押し出した。そしてレオ一三世*とそれに続く教皇が出した一連の回勅は、すぐにイングランドのローマ・カトリック教徒の間にその代弁者を生み出した。

さらに二〇世紀前半には、数々の問題が存在したにもかかわらず、すべての教会で社会問題に対する関心が強まり、各教会はこの問題に関して協力した。第一次世界大戦後、後にヨークの、続いてカンタベリー大主教となるウィリアム・テンプル*の指導のもと、さまざまな委員会による四年間の準備を経て、政治、経済、市民権に関する注目すべき会議が開かれた。このローマ・カトリック教会を除くイングランドの全教会の代表者が参加した会議は、広く現代社会の問題を概観し、将来の研究と行動のための基

アーサー・ヘンダソン（Arthur Henderson, 1863-1935）一九〇三年下院議員。内務大臣（1924）。外務大臣（1929-31）。世界軍縮会議議長の功績によりノーベル平和賞（1934）。

ジョージ・トムリンソン（George Tomlinson, 1890-1952）一二歳のときから紡績工場で働く。一九三八年下院議員。

レオ一三世（Leo XIII, 1810-1903）ローマ教皇（1878-1903）。現代教会の政治、社会、学問に関する多くの回勅を残した。なかでも一八九一年に公布された「レールム・ノヴァールム」（*Rerum novarum*）は、労働条件について社会主義者の理論に反論し、個人の所有権を弁護する。

ウィリアム・テンプル（William Temple, 1881-1944）一九四二年カンタベリー大主教。若い時から社会問題に関心を寄せ、労働者階級に共感しキリスト教社会主義に傾く。労使間紛争の調停役を務め、キリスト教各派の協調のために尽力し国民の尊敬を集めた。

礎・原則を示した。その間、クエーカー教徒は伝統あるさまざまな優れた社会活動を継続し、特に戦争中は、経済的苦境にあった人々と難民を援助した。さらにイギリスのユダヤ人もヨーロッパで未曾有の弾圧と国外退去を経験した同朋を援助する指導的役割を果たした。第二次世界大戦後イギリスに福祉国家が実現すると、社会問題に対するキリスト教の影響は否応なしに新しい形を取ることになった。現代の現象のうちで驚くべきことは、国教会も非国教会もともに福祉国家の原理を受け入れたことだ。このことについてはウィリアム・テンプルの影響力が大きかった。彼は一方では、教会人に対してキリスト教を社会政策の観点から解釈してみせる能力と、他方では、政治家の社会改革者に対して社会問題とキリスト教の福音が関係があると説得する能力という二つの非凡な才能を合わせ持っていた。彼の早すぎる死によってすべての教会が回復不能なまでの痛手をこうむった。それにもかかわらず、亡くなってもなお彼は語り続けている。ヴィクトリア朝のイングランド教会の戯画である「祈る保守党」*が現在の状況を言い表すにはまったく不適切になり、「非国教の良心」がある特定の政党と結びつかなくなったとするならば、それはまさしく、キリスト教の影

「**祈る保守党**」（the Conservative Party at prayer）

響が人材と原理の両面において、イングランドの政党にかなりの程度まで浸透したせいだ。この百年間でキリスト教の社会的良心が大きな影響を及ぼしたことによって、教会の第一の仕事は「人々に対し神の正しさを認めさせること」だという、チャールズ・キングズリー*の主張が実現されるようになった。

救世軍日本司令官　山室軍平（1872-1940）
三吉明著『山室軍平』（吉川弘文館）より

チャールズ・キングズリー（Charles Kingsley, 1819-75）　小説家、国教会牧師。F.D.モーリス、カーライルの影響を受け、社会改革運動に参加し、キリスト教社会主義に近づく。神学的には高教会派に属し、カトリック教会に転じたニューマンを批判したため、ニューマンの名著『アポロギア』が書かれるきっかけとなった。小説としてはエリザベス朝時代の海洋発展を背景にした愛国的物語 *Westward Ho!*（1855）がよく知られている。

［注］

☆191ページ

トマス・バート（Thomas Burt, 1837-1922）
十歳のときから炭鉱で働き始め労働運動の指導者となった。七四年下院議員。

ジョゼフ・アーチ（Joseph Arch, 1826-1919）
九歳のときから農作業員として働く。八五年下院議員。

ケア・ハーディー（Keir Hardie, 1856-1915）
十歳のときから炭鉱で働き始める。九二年下院議員。

第二四章　科学・歴史・宗教

たしかな足取りはふらつき、
　心配の重荷によって倒れる
　この世の大きな祭壇を登る階段の上で、
暗闇を通り神に至る坂で。

私は信仰の萎えた手を伸ばし、探ってみる、
　そして塵と籾殻をつかみ、そして呼びかける、
　私がすべてのものの主と感じるものに、
そしてより大きな希望を弱々しく託す。

テニスン*の『イン・メモリアム』*が出版されてから百年以上の時が過ぎた。おそらくこの詩ほど、科学と歴史がイングランドの伝統的信仰に与えた影響によるヴィクトリア朝の混乱を、痛切にまた忠実に表現しているものはないだろう。というのも、一九世紀後半にキリスト教神学は、伝統的信仰箇条のほとんどすべてが覆されるような一連の攻撃にさらされたからだ。この嵐の前触れは、一八三〇年のチャールズ・ライエル*の『地質学原理』*の出版である。この書物は一七世紀のアイルランドの大主教、ジェイムズ・アッシャー*がまとめた聖書の年代を激しく揺さぶった。地球の歴史はアッシャーが計算した四千年よりもずっと前に遡ることを示したのだ。ほぼ一世代後の一八六三年に出版された『古代の人間』*で、ライエルは最初の発見をさらに進め、創世記に記されている時と場所とはまったく異なる人間の起源を明らかにした。

しかしながら、これは嵐の前兆に過ぎなかった。嵐が圧倒的な破壊力を示したのは、一八五九年にチャールズ・ダーウィン*の『種の起源』*が出版されたときだった。これが伝統的キリスト教の人類学の根元に斧を打ち下

テニスン（Tennyson, Alfred, 1809-92）　桂冠詩人。リンカンシャーで牧師の子として生まれる。ケンブリッジ大学在学中から詩を発表。作品にはアーサー王伝説に題材を求めた『王の牧歌』、妻の幸福を願って死んでいく水夫の物語詩『イノック・アーデン』などがある。

『イン・メモリアム』（*In Memoriam*）　友人のハラムの死を悼む一八三三年刊行の長詩。

チャールズ・ライエル（Charles Lyell, 1797-1875）　オックスフォードで法律を学ぶが地質学に転じ、ロンドン大学教授となる。

『地質学原理』（*Principles of Geology*, 1830-3）

ジェイムズ・アッシャー（James Ussher, 1581-1656）　一六二五年アーマー大主教。彼が著した *Annals of the Old and New Testament*, 1650-4によれば天地創造は紀元前四〇〇四年である。

『古代の人間』（*The Geological Evidences of the Antiquity of Man*, 1863）

ろしたのである。生物は進化し、ホモ・サピエンスは下等動物から進化して出現したと、自然選択による進化の原理によって説明することで、人間がエデンの園で堕落する創世記物語と、アダムとイブが神をかたどって特別に創造されたものだというキリスト教信仰に異議を申し立てたのだ。人間は天使よりもほんのわずかに低く創造されたものではなく、下等動物から苦しみながらゆっくりと進化の梯子を上ってきたのだとされた。この進化の過程で生み出される犠牲者に対する配慮は残酷なまでに欠けており、自然という生殖の豊穣性の前では、人間すらもかつて保証されていた特別な地位を失ったのだ。一七世紀の科学が人間に創造主の特別な愛情を受けた存在としての誇るべき地位を認めていたのに対して、一九世紀の科学は、現世における人間の地位と来世への希望の両方を台無しにした。そこでテニスンは次のように尋ねた。

人は、自然の最後の作品で、まことに美しく見えた、
目には素晴らしい目的が輝き、
冬の空に賛美歌を歌い、

チャールズ・ダーウィン(Charles Darwin, 1809-82) ケンブリッジで神学を修める。海軍の測量艦ビーグル号に乗り、ガラパゴス諸島、タヒチなどで調査・研究。

『種の起源』(*The Origin of Species*) ダーウィンが一八五九年に発表した彼の主著。自然淘汰(natural selection)、適者生存(survival of the fittest)の法則に基づく進化論(evolution theory)を理論化した。

実を結ばぬ祈りの神殿を造った。

神はまことに愛だと信頼し、
　創造の究極の法を愛する——
　自然は歯も爪も獲物で赤く染め
神の信条に対して金切り声をあげたけれど——

愛し、数え切れない不幸に会い、
　真実と正義のために闘った、
　こうした人間は、砂漠の塵の中に吹き飛ばされるのか
あるいはまた、鉄の山に封じられるのだろうか。

このように自然科学はキリスト教信仰に対して、どちらかが無条件降伏するしかない命がけの戦いを挑んだように見えた。事態はまた別の敵の登場によってさらに悪化した。一八六五年にE・B・タイラー*が、新たに宗教自体の起源を問題にする『人間の初期の歴史に関する研究』*を出版した

E・B・タイラー（Edward Burnett Tylor, 1832-1917）　オックスフォード大学初代人類学教授（1896-1909）。

『人間の初期の歴史に関する研究』（*Researches into the Early History of Mankind*）

のだ。この研究によって、さまざまな自然宗教に見られる驚くべき類似性、それらが端を発する部族のタブーとアニミズム的迷信についての科学的な調査が開始された。こうして、今世紀に比較宗教学として知られるようになる研究分野のすべてが、ユダヤ教に始まるキリスト教の啓示の起源に他宗教と異なる点があるのかということや、その内容において何らかの権威を有しているのかといったことについて、疑義を提出し始めた。前の時代に見られた啓示に反対する理神論的自然宗教の主張が再び繰り返された。ただし今度は、自然宗教の内容が、聖職者の政略と教会によって腐敗させられていない高尚な普遍宗教ではなく、教養ある人間にとっては考察の価値もない、あまりにも原始的で魔術的な習慣とタブーの寄せ集めにしか過ぎないものとなっていたのである。

　しかし、啓示に対するこうした攻撃は教会の外からのものだった。もっと油断ならないのは内側からの攻撃であり、いわば友人の家で受けた傷の方だった。歴史批評の影響の方が、聖書の記録の正確さを否定したために、科学上の発見よりもずっと重要で広範囲に及んだ。歴史学者が古代ギリシア・ローマの伝説に対して適用した検証は、創世記の神話に向けられたときにも同じように破壊的だった。さらに歴史と文学の批評家は、モーセ五書*がモーセによって書かれたという伝統的な考えを否定し、申命記*とレビ記*に記録されている律法*は、ヘブライ史の比較的後の時代に出来上がったのものであるとし、旧約聖書最古という栄誉を紀元前八世紀に書かれた預言書に与え、また詩編のいくつかがバビロン捕囚*後の時代の、さらにはマカベ*の時代のものであると論じた。こうした主張はそれだけでも動揺を与えるのに十分だった。さらに混乱を招いたのは、イスラエルの宗教は初めに啓示されたのではなく、原始的な多神教、よくて拝一神論☆から数々の後退を繰り返しながらゆっくりと道徳的な一神教に進化したという推論だった。一八三〇年にはすでに、ミルマン主席司祭☆が『ユダヤ人の歴史』で、旧約聖書に記録されている奇跡のいくつかは自然原因によるものと説明し、またアブラハム☆を東方のアミール☆もしくは族長とみなし、さらにはアブラハムの性格には、「名誉が大きく影響する社会の特徴である、素晴らしく気高い正直さが欠如していることに言及し、旧約聖書批評を受け入れられるように全般的な知的見解を準備していた。

旧約聖書批評がもたらした結果が驚くべきものだったとすれば、新約聖

モーセ五書（Pentateuch）　旧約聖書の最初の五書。すなわち創世記、出エジプト記、レビ記、民数記、申命記の一括呼称。これらの書はモーセが神感を受けて著したものと考えられていた。

申命記（Deuteronomy）　神と交わした契約を思い出しユダヤ人が神に対して果すべき義務について述べている。

レビ記（Leviticus）　ユダヤ一二部族のうちの祭司族であるレビ人によって行われた神への奉仕と儀式について述べている。

律法　神からイスラエル民族に与えられた規範。神がシナイ山でモーセを仲立ちとしてイスラエルの民と結んだ契約である「十戒」を根幹とする。

バビロン捕囚　紀元前六世紀の初めにユダ王国はバビロニアに滅ぼされ、人々はバビロンに強制移住させられた。

マカベ（Maccabees）　ユダヤ祭司族。紀元前二世紀にヘレニズム化とシリアの支配に対する反乱を指導した。

書批評のそれは不安を起こさせるものだった。一八四六年にジョージ・エリオット*がシュトラウス*の『イエス伝*』を英訳したとき、教養ある人々はその否定的結論に大きな衝撃を受けた。というのは、シュトラウスは奇跡だけではなく福音書も歴史的形式で表された神話だと見なし、その歴史的信憑性を事実上犠牲にしてしまったからだ。同様に、一八六三年にルナン*の『イエスの生涯*』の英訳が出るとすでに広まっていた不安をさらに強めた。初め、二つの弁護が展開された。スタンレー☆主席司祭とベンジャミン・ジョエット☆は、敬虔な信者の心に訴える新約聖書の魅力が薄れることはないので、批評、歴史学的結論によって、宗教的価値がそこなわれることはないと説明しようとした。一方、ジョン・シーリイ☆の『この人を見よ☆』は、キリストの道徳的教えと完全な人間としての手本は、同じように批評的な問いかけによっては影響されないものだと指摘しようとした。しかし新約聖書の信憑性と信頼性を再生させようとするまじめで持続的な骨の折れる下仕事は、ケンブリッジの三人の学者、ライトフット☆、ウェストコット☆、そしてホート☆によって行われた。彼らの地道な研究は、教養ある人々の信仰を安定させ、キリスト教徒の間に全面的な自信を回復させた。

ジョージ・エリオット（George Eliot, 1819-80）女流小説家。本名Mary Ann Cross。メソジスト派の宗教的雰囲気の中で育つ。シュトラウスの翻訳のほかにも、一八五四年にフォイエルバッハの『キリスト教の本質』（*The Essence of Christianity*）を訳している。古典語にも通じ、彼女の小説は哲学的色彩が強い。代表作、『ミドルマーチ』。

シュトラウス（Strauss, David Friedlich, 1808-74）ドイツの高等批評を代表する神学者。イエス伝は神話にすぎないとする。

『イエス伝』（*Das Leben Jesu*, 2vols, 1835-6）

ルナン（Renan, Joseph Ernest, 1823-1892）フランスのオリエント宗教学者。六二年にコレージュ・ド・フランスのセム語教授に任命された際の就任講義でイエスを単に「比類なき人間」と述べたために大きな波紋を起こした。

『イエスの生涯』（*Vie de Jesus*, 1863）

もちろん、この戦いによる犠牲者も出た。(現在はロンドン大学の神学講座にその名が記念されている)サミュエル・デイヴィッドソン*は、旧約聖書批評の見解を採用したために、ランカシャーの独立派コレッジを解職された。さらに大きな事件は、同じ理由でアバディーン大学のロバートソン・スミス教授が免職となったことだ。イングランド教会からは『詩論と批評』に寄稿した二人が異端として訴えられたが、世俗社会の最高控訴法廷である枢密院の法律委員会の裁定によってかろうじて救われた。しかし徐々に警戒心が弱まり、一八八九年にオックスフォード運動の継承者によって論文集『世界の光*』が出されると、それは非難を免れたばかりではなく、広く受け入れられさえした。このように、ゆっくりとではあるが着実に、教会は一九世紀の新しい科学と歴史学の発見に適応していった。これは驚くべきことである。キリスト教信者の学者は論陣を張るよう求められ、規模においても性格においても前例がないほどの、伝統的な信仰の再吟味と再宣言に、かなり成功したと言えるであろう。多くの人が前の時代には確かな足取りで歩いていたところでふらついたとしても、神が過去において父祖に様々な方法を用いて話しかけ、歴史的イエス、救い主、神の子に

サミュエル・デイヴィッドソン（Samuel Davidson, 1806-1898）一八三五年ベルファストのロイヤル・コレッジ聖書批評学教授。四二年マンチェスターのランカシャー・インディペンダント・コレッジ教授となるが、五七年退職。

『世界の光』（*Lux Mundi*）

実現させた、進化する啓示の記録として聖書を受け入れることには、失うものもまた得るものもあったのだ。

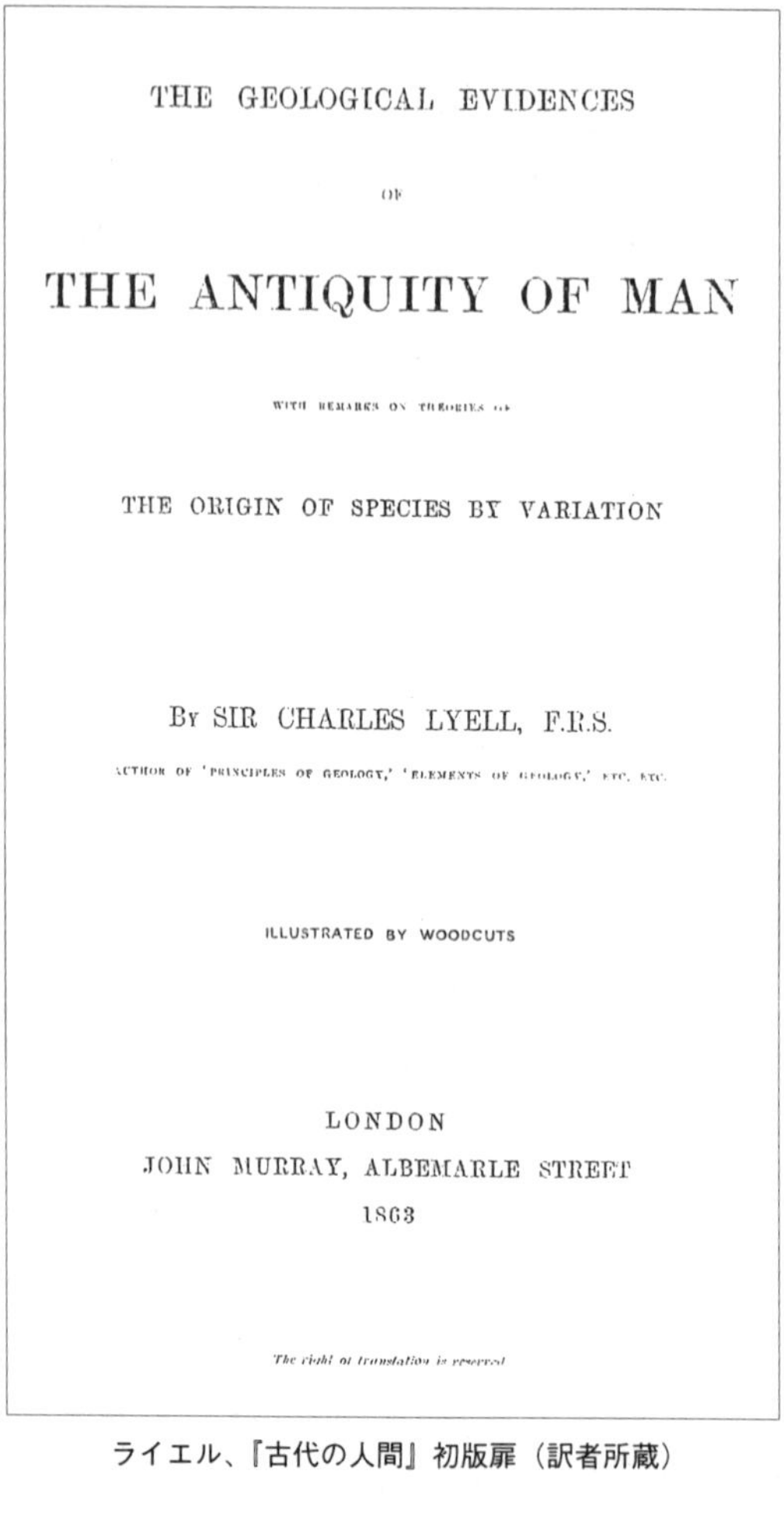
THE GEOLOGICAL EVIDENCES

OF

THE ANTIQUITY OF MAN

WITH REMARKS ON THEORIES OF

THE ORIGIN OF SPECIES BY VARIATION

BY SIR CHARLES LYELL, F.R.S.

AUTHOR OF 'PRINCIPLES OF GEOLOGY,' 'ELEMENTS OF GEOLOGY,' ETC. ETC.

ILLUSTRATED BY WOODCUTS

LONDON
JOHN MURRAY, ALBEMARLE STREET
1863

The right of translation is reserved

ライエル、『古代の人間』初版扉（訳者所蔵）

［注］

☆201ページ

拝一神論（henotheism）一八六〇年にマックス・ミューラー（Max Müller, 1823-1900）が原始宗教を表現するために始めて使った術語。複数の神の存在を認めるが、民族の神としては唯一の神を信仰し、事実上他の神の存在を無視する信仰形態。一神教と多神教の中間に位置することになる。紀元前八世紀頃までのヤーウェ信仰もこうした形態を取っていたと考えられている。

ミルマン（Milman, Henry, 1791-1868）教会史家。オックスフォード大学出身。主著『ユダヤ人の歴史』（*History of the Jews*, 1829）。

アブラハム（Abraham）ユダヤ民族の父祖。メソポタミアに住んでいたが神の約束に従ってカナンの地に移住した。

アミール（emir）預言者ムハンマドの子孫の尊称。

☆202ページ

スタンレー（Stanley, Arthur Penrhyn, 1815-1881）一八五六年オックスフォード大学教会史教授。六四年ウェストミンスター大聖堂首席司祭。広教会の立場から各教派に寛容の精神を説いた。

ベンジャミン・ジョエット（Benjamin Jowett, 1817-93）国教会の自由主義的な派閥である広教会派の代表的人物。オックスフォード大学ギリシア語教授。プラトンの翻訳者として有名。

ジョン・シーリイ（John Seeley, 1834-1895）一八六九年ケンブリッジ大学近代史教授。

『この人を見よ』（*Ecce Homo*, 1865）イエス伝。人間的な面に偏りすぎていると批判されたが、シーリーはさらに『自然宗教』（*Natural Religion*, 1882）を著し、キリスト教から超自然的要素を排除しようとした。

ライトフット（Lightfoot, Joseph Barber, 1828-1889）一八七五年ケンブリッジ大学神学教授。七九年ダラム主教。

ウェストコット（Westcott, Brooke Foss, 1825-1901）一八七〇年ケンブリッジ大学神学教授。九〇年ダラム主教。

ホート（Hort, Fenton John Anthony, 1828-1892）一八七八年ケンブリッジ大学神学教授。

第二五章　宣教の拡大

ジョン・ウェスレーが世界全体を自分の教区と宣言し、勇敢な仲間だったジョージ・ホイットフィールドが新旧両世界を弛みなく旅することによってこの考えを実践した時、彼ら自身は気づいていなかったものの、一九・二〇世紀に福音を地の果てまで伝えることによって世界を変え、全世界に拡がるキリスト教会を創り上げることになる、近代の宣教活動の基礎を築いたのだった。実際、一八世紀の福音主義の信仰復興の最も顕著な結果は、それが教会の宣教活動に与えた刺激であった。それまで宣教の仕事は、スペイン、ポルトガル、フランスの植民地拡大と、対抗宗教改革によって生まれた宗教の新しい息吹と熱意によって、主にローマ・カトリック教会が担っていた。それに比べて、イングランドの諸教会はすべての民族に福音を説く義務に対して反応が鈍かった。一八世紀のイングランド教会の主な福音活動は、SPCK*（一六九八年設立）の後援で行なったインド宣教だった。しかしこれも、デンマークとドイツのルター派教会から選ばれた宣教師によるものだった。アングリカン福音宣教協会*（一七〇一年設立）は、主に北アメリカの植民地と、インドに移民したイングランド人を対象とし、それ以外では、植民農園で働く奴隷に活動対象を限定していた。プロテスタント教会の中では、モラヴィア教徒、別名「ユニタス・フラトゥルム*」（ジョン・ウェスレーが大西洋を越えたときに一緒だったのは彼らである）が、宣教活動規模の大きさのゆえに際立った存在だった。

しかし、福音主義運動が浸透すると、変化の兆しが現れた。この分野で先陣を切る名誉を担ったのは、バプテストでイングランド中部地方に住む靴職人のウィリアム・ケアリ*だった。彼はバプテスト派の牧師になったあとも、学校を運営してわずかな手当を補った。初めに、すべての民を弟子にせよという主の命令を真剣に受け止め、それを自分自身の教会と状況に当てはめた。こうして、一七九二年にバプテスト宣教教会*が設立された

SPCK　Cf.p.120

アングリカン福音宣教協会（the Anglican Society for the Propagation of the Gospel）

「ユニタス・フラトゥルム」（Unitas Fratrum）チェコ語で「兄弟団」を意味するjednota bratrska（society of brethren）のラテン語形。フス派の系統を引く、ボヘミア兄弟団、モラヴィア兄弟団を指す。

ウィリアム・ケアリ（William Carey, 1761-1834）「近世海外伝道の父」と称せられる。宣教師としてばかりではなく植物学者としても知られ、セランポール植物園を設立した。

バプテスト宣教教会（the Baptist Missionary Society）アンドルー・フラー（Andrew Fuller, 1754-1815）との協力で設立された。活動地はインドのほかに、ジャマイカ、中国、ザイール、ブラジルなどがある。

（ついでながら、この年にイギリスはフランスとの長い戦争*を始めた）。翌年、ケアリ自身がインドに渡り、そこで四〇年以上に及ぶ使徒生活を送った。彼は宣教師、翻訳家、教育者、そして社会改革者として、誰よりも働いた。一七九五年にロンドン宣教協会*が設立された。どの宗派にも属さないことを不変の特徴とし、その目的は「長老主義、独立教会主義、主教制度、あるいは他のいかなるキリスト教会制度であれ、そのどれか一つを伝えることではなく……神の栄光に満ちた福音を異教の人々に伝えることである。教会の運営方法としては、神が異教の人々の中から召し出された人々自身が神の言葉に最もふさわしいと思うものを選択する」。このような原則のために、この協会は独立派、長老派、そして指導的立場にあった何人かのアングリカンの福音主義者の支持を得た。しかし、一七九九年にはアングリカンは、チャールズ・シメオン*の指導のもとに自分たちだけの団体であるCMS*を設立した。また一九世紀最初の数十年の間に、メソジスト宣教協会*が設立された。そしてアメリカからは、ビルマにバプテスト派の、インドには会衆派の宣教師が送られた。一八二四年には、スコットランド国教会の外国宣教委員会がインド亜大陸での活動を開始した。

フランスとの長い戦争　フランス革命戦争からナポレオン戦争に至る戦い。

ロンドン宣教協会（the London Missionary Society）　通称LMS。一八九六年に二九名の宣教師がタヒチに送られた。最近では会衆派によって運営されている。

チャールズ・シメオン　Cf. p.146

CMS（教会宣教協会）　Church Missionary Societyの略。アフリカと東洋の宣教を目的に設立。初代会長ジョン・ヴェン。一八六九年来日。

メソジスト宣教協会（the Methodist Missionary Society）　一八一八年設立。

　このように、いくつかの教会でいわば自然発火するように拡大した運動は、一九世紀と二〇世紀前半をキリスト教会史上宣教運動が最も盛んだった時代とするほどの規模になった。さらに、この運動は新しい特徴を備えていた。前の時代とは対照的に、この事業は財政的にヨーロッパとアメリカの政府ではなく教会信者の自由献金と奉仕によって推進された。特に注目すべきは、こうした事業を主に担当したのが、いくつかの教会が設立した宣教協会だったという事実である。さらに、この一世紀半はプロテスタント教会が特に拡大した時代だった。ローマ・カトリック教会が無関心、あるいは不熱心だったというわけではない。そうではなくてプロテスタント教会が自分たちの責任に目覚め、過去の遅れを取り戻す努力をしたのだ。一九世紀のローマ・カトリック宣教協会の中心的存在が一般信徒のポーリーン・ジャリコット*だったということは、おそらく特別な関心を引くだろう。同じように注目に値するのは、こうした宣教活動が一気に花開いたのが、伝統的にキリスト教の拠点だったヨーロッパ諸国の多くが、一方では、懐疑主義や無関心に、また一方では全体主義的で反キリスト教的な独裁政権に飲み込まれた時代だったということだ。

ポーリン・ジャリコット（Pauline Jaricot, 1799-1862）　フランス人。一八二二年リヨンにカトリックの宣教師を派遣するためにSociety for the Propagation of the Faithを設立。

こうした宣教活動の成果は、その実施に注がれた努力に見合っていた。インド亜大陸、中央アメリカ、中国と日本、七つの海のさまざまな島、コモンウェルス*諸国、そして南北アメリカで、キリスト教は今までに例を見ない数と種類の人種・文化に伝えられ、根をおろした。今までになく多くの民族の間に福音が広まった。さらに宣教の目的は、現地の、その土地固有の教会であり、究極的には自立可能で、自力で運営され、自国の聖職者と教師が配置される教会の発展だった。最初はヨーロッパとアメリカからの援助と人員によって育成せざるを得ないが、西洋の伝統と習慣を植え付けることではなかったのだ。ローマ・カトリック教会もプロテスタント諸教会もともに、この目的に向かって努力した。まだ成し遂げなければならないことが多いものの、ヨーロッパと共通の信仰と秩序を備えた固有の礼拝伝統を発展させることがある程度できた。宣教といっても大部分の仕事は、明らかに、これはただ間接的に改宗を目指す活動だった。まず第一に、各教会は健康と識字率を向上させるために病院、学校、大学を設立したのであり、そして第二に、直接的な福音化という手段ではなく、文明化を担う文化的施設を使って、キリスト教の信仰と理想を広めようとしたのだ。

コモンウェルス（the Commonwealth）大英帝国（British Empire）の後身で、イギリスとイギリスの旧植民地、自治領、保護国から独立した諸国のゆるやかな結合体。

したがって、キリスト教宣教の一つの成果は、人類史上かつてない数の土着言語に文字を与えたことだ。聖書の翻訳とキリスト教文献を普及させるため、それまで文字がなかった言語に文字を与えたのである。同様に医療宣教団は、病気による死者の数を大幅に減らし、住民の生活水準を引き上げるのに貢献した。近代における宣教の拡大の際立った特徴はまた、北アメリカの黒人、アフリカ、フィリピン、そして東インド諸島の住民がキリスト教へ集団改宗したことだった（これは多くの例のうち、ほんのわずかに過ぎない）。こうした改宗の大部分はアニミズム*的信仰からのものだった。

これが特筆すべき偉業であったことは、使徒時代から今世紀までを扱ったラトレット*教授の『キリスト教拡大史』*が、全七巻のうちの三巻を一八一五年から一九一四年までの百年間に割り当てていることによって、見事に例証されている。彼は「運動の地理上の広がりと人類に与えた影響の大きさの点で、人類の歴史のどの時代よりも大きな場を一九世紀のキリスト教は占めている」と述べている。彼はまた、「信仰がこのように多くの民族と国家の中に支持者を得たことはなかった。人類にこれほど広範な影響

アニミズム（animism）　自然界の物体、現象、人間以外の生物に人間の精神や意思、感情が存在するという信仰とその実践。

ラトレット（Latourette, Kenneth Scott, 1884-1968）　アメリカのバプテスト派宣教師。宣教史学者。一九二一年イエール大学教授。四八年アメリカ歴史学会会長。

『キリスト教拡大史』（*A History of the Expansion of Christianity*, 1937-45）

を行使したことはなかったのである。地理的広がりと人類全体に及ぼした影響を尺度とすれば、一九世紀は今までのキリスト教史で一番偉大な世紀である」と述べている。戦後は大きく後退することを余儀なくされたが、二つの世界大戦でさえもその進歩を妨げることがなかった。歴史家は、キリスト教史の中でわれわれに最も近い時代が信仰の広がりを考える時最も素晴らしい世紀だったことに気づき、おそらく驚きと慰めを同時に感じるだろう。神に偉大な御業を行うよう期待したウィリアム・ケアリと他の先駆者の信仰は、経験と結果において十分正当化されたのである。

第二六章　アングリカン・コミュニオン

十九世紀に宣教が著しく拡大したのは、諸教会が新しい状況に対応しようとしたためであった。その影響は教会内部の発展と外部世界との関係に見出すことができる。このことはどの教会にもましてイングランド教会について言えることだ。というのは、どちらかといえば教会のゾアルの町*だったものが、一九世紀には世界的規模のアングリカン・コミュニオン*に拡大したからだ。しかし、このように地理的に拡大したということが変化の最も際立った特徴というわけではなかった。イングランド教会は世界に広がったことにより、一民族の信仰から、アフリカ、インド、七つの海に散在する島々、そして極東の諸国に信仰・礼拝・実践の規範を勧める、イン

ゾアルの町（city of Zoar）　ソドムとゴモラが滅ぼされた時ロトとその子が避難した町。Cf.「創世記」19：20–30。

アングリカン・コミュニオン（Anglican Communion）「全聖公会」。イングランド教会を母に持つ教会の総称。

グランドに限定されないキリスト教の普遍的解釈の一つに変貌したのである。教会員の数では他の教会にかなり劣っているが、将来実現されるはずの普遍教会に貢献することができるキリスト教の一つだと証明して見せたのだ。

すでに述べたように、イングランド教会の宣教活動にふたたび火をつけたのは、一八世紀後半におこった福音主義の信仰回復だった。それまで唯一の宣教協会であったSPG*は、主に北アメリカとインドにいるイングランド人植民者の霊的平和の維持を目的とするものだった。アメリカ植民地が反乱を起こし、アメリカ合衆国として独立すると、SPGの活動範囲からはずれ、代わりに、アメリカ合衆国にプロテスタント主教制教会*が設立され、後にアングリカン・コミュニオンを形成する最初の教会になった。さらに、イギリスに対する忠誠を捨てなかったかなりの数にのぼる人々がカナダに移住した結果、最初の海外主教区が一七八七年にノヴァ・スコシアに設立され、カナダにおけるイングランド教会が誕生した。現在ではアメリカのプロテスタント主教制教会には、宣教主教区も含め一一二の主教区がある。一方、カナダとニューファランドのアングリカン教会には、そ

SPG　(the Society for the Propagation of the Gospel in foreign parts)　SPCKを助けるために一七〇一年にトマス・ブレイによって創設されたアングリカンの団体。

プロテスタント主教制教会　(the Protestant Episcopal Church in the United States of America)　一九七九年Episcopal Church in the United States of Americaに正式名称を変更した。

れぞれ大主教を戴く四つの管区に合計二七の主教区がある。

この間、第二の大英帝国というべきものが、インド、オーストラシア、南アフリカにできつつあった。そこにもまた同じようにイングランド教会が広まっていった。一八一三年に東インド会社*の特許状が改訂され、宣教活動の許可が与えられた。カルカッタに主教座が設立されたのは、ウィリアム・ウィルバーフォースのたゆまぬ努力によるものだった。これを皮切りに、インド・ビルマ・セイロン教会の一六の主教区ができたが、そのうちの四つは、一九四七年に新しく作られた南インド教会*に加わるため母教会を離れた。一八一三年にオーストラリアは、カルカッタ主教区管轄の大執事管区となった。今日オーストラリアのアングリカン教会は四つの管区に分けられ、二一の主教区を擁する。一方、その隣のニュージーランドでは全体で一つの管区を構成し、ポリネシアとメラネシアを含む九つの主教区がある。同様に、南アフリカ教会にはケープタウン大主教の下に一四の主教区がある。また熱帯アフリカの各地域にも主教区が作られた。一番最近のものは、一九五一年に設立された五つの主教区を持つ西アフリカ管区である。その他の地域では、中国、日本及びその近海の島々に、カンタベ

東インド会社（the East India Company）一六〇〇年にエリザベス女王の特許状によって設立されたインド、東南アジアの貿易独占権を持つ会社。一八七三年解散。

南インド教会（the Church of South India）インド、ビルマ、セイロンのアングリカン教会と、メソジスト教会、さらに南インド合同教会（一九〇八年に長老派教会と組合教会とオランダ改革派教会とが合同して成立していた教会）が「ランベス四綱領」に基づいて合同してできた教会。

リー大主教区が直接管轄する主教区が設立された。つまり、この一七〇年間にアングリカン・コミュニオンに属する二五〇以上の主教区が設立されたことになる。イングランド教会はかなりの数の、そしてさまざまな特徴を持つ子供の親となったのだ。

さらに、アングリカン・コミュニオンは、それ自体としても興味深く、また現在と将来の教会一致運動にとってもきわめて重要な特徴を生み出した。第一に、いくつかの管区では、聖職者と一般信者の代表との協議と同意によって運営される、立憲的主教制の理念が受け入れられている。また大多数の管区は、底辺では教区会議、頂点では管区会議という形で実際の制度運営にこの理念を生かしている。初代教会の歴史に見られる前例と、地域の必要性と環境に合った工夫とを調和させることにより、アングリカン・コミュニオンは教会制度の発展に価値ある独自の貢献をなしたわけである。第二に、カンタベリー大主教のロンドンの住居であるランベス宮*に管区主教が一〇年ごとに集まり会議を開く。一八六七年から始まったランベス会議は、アングリカン・コミュニオンの中で他に類をみない影響力を獲得したが、その権威に強制力はなく、ただ決定事項を推奨するという性

ランベス宮 (Lambeth Palace) ロンドンのテムズ河畔にあるカンタベリー大主教の公邸。一〇年に一度全世界のアングリカンの主教会議が開かれる(現在はカンタベリーで開催)。

格のものであるし、その決定は代表を出した管区と主教区を拘束するものではない。したがって、新しいカンタベリー大主教区には、ランベス会議の強制力もアングリカンの偽教皇制に似た要素も存在しない。それにもかかわらず、主教会議の結論は、その本質的価値と主教会議が暗示する主教制のキプリアヌス的概念*のゆえに、かなり重要なものである。第三に、アングリカン・コミュニオンはコモンウェルスと同様、厳密に定義された教義・典礼・規律の制度によってではなく、信仰・礼拝・実践の共通した伝統を受け入れ、それに忠実であることによってまとまっている。イングランド教会を束ねる三重の輪である祈禱書、聖職叙任式次第、宗教箇条が、アングリカン・コミュニオンを結合させている。ところがこの枠組みの内部でも、地域の習慣と慣行には幅広い自由と多様性が認められている。イングランド教会は、アングリカン・コミュニオンに属する各教会との関係から見れば、教皇大グレゴリウス*がカンタベリーのアウグスティヌス*に与えた助言、すなわち、地域の風習と習慣とを採用し、それに適応することを考え、厳しく統一を迫ることは避けよ、という賢明な助言に従っている。したがって、南アフリカ管区は聖餐式次第を改訂し、その他の祈禱書の部

キプリアヌス的概念（Cyprianic conception）　三世紀のカルタゴ司教Cyprianus（200-258）の司教解釈で、司教職は使徒継承に基づく教会の基礎であり、司教と共にいない者は、教会の内にはいないとする考え方。

教皇大グレゴリウス（Pope Gregory the Great, 540-604）　グレゴリウス一世（590-604）。ベネディクト会修道士から教皇となった。古代から中世へと移行する時代にあって教皇の政治的権力を強めた。イギリスに四〇人の修道士を派遣した。

カンタベリーのアウグスティヌス（Augustine of Canterbury, 604-609に死亡）　グレゴリウスの命を受けてローマからイギリスに向かったが、弱気になりフランスで引き返そうとした。教皇からの励ましの手紙を受け、五九七年にケントに到着、王のエセルバートの改宗に成功した。神殿を聖水で清めてキリスト教のために使うなど、異教を根絶することはしないようにというグレゴリウスの助言を得ていた。

分改訂も行っている。同様に、三九箇条の採択は、もはやすべてのアングリカン・コミュニオンに求められてはいない。というのは、そのいくつかの条文が関係する神学論争はヨーロッパ以外の国の教会状況とは無関係であると、正当にも考えられているからだ。このように、イングランド教会が基盤だという立場に大体において忠実である限り、地域による試行と改変は奨励されている。

アングリカン・コミュニオンの拡大が、それ自体がその一部をなしていた一九世紀の宣教拡大と同様に、宣教協会に多くを負うものであった事実について一瞥しておくべきだろう。こうした協会の中でも主要な位置を占めていたのは、福音宣教協会と教会宣教協会であった。他にも、たとえばケンブリッジ・デリー宣教団*、中央アフリカ学生伝道協会*のような、小さな会は、特定の、また個別の地域で宣教活動を行なった。こうしたやり方で、アングリカンの伝統である包括性、つまりアングロ・カトリック派*、福音主義派、リベラル派という、教会信者としての三つのあり方を認める特性が、アングリカン・コミュニオンのさまざまな地域でも再生された。それは一方では解決が決して容易ではない問題と困難な状況を生み出した

ケンブリッジ・デリー宣教団（the Cambridge Mission to Delhi）

中央アフリカ学生伝道協会（Universities' Mission to Central Africa）UMCA。リヴィングストン（David Livingstone, 1813-73）の探検によって宣教の道が開かれたアフリカに布教するために一八五七年ケンブリッジで創立された。

アングロ・カトリック派（Anglo-Catholics）イングランド国教会の枠組みの中に留まりつつ、使徒継承、教会の国家からの独立、聖餐を重要視する教会内派閥。一九世紀のオックスフォード運動以降勢力を強めた。

のであったが。このようにアングリカン・コミュニオンは、過去一五〇年間の教会史のきわめて大きな特色となった、宣教の実践に寄与した。アングリカン・コミュニオンは、現在と将来の教会一致運動に対して他にない価値ある貢献を成し得るキリスト教のあり方であると主張した。

ケントの王エセルバートに
洗礼を授けるアウグスチヌス

第二七章　モダニズムとリベラル・プロテスタンティズム

一九世紀が二〇世紀に移り変わる頃になると、聖書の歴史批評によって引き起こされた動揺（これについては先に述べた）は静まったかに見えた。批評家が勝利を収めていたのだ。しかしこの静けさはより大きな嵐の前兆だった。教会の伝統的なキリスト論に歴史批評の原理を当てはめる作業は、これから行われるところだったからだ。それは教会に対して容易ならぬ脅威と対立を生み出さざるを得ない作業だった。しかし、全体的雰囲気としてはその作業を行うのに適しているように見えた。レオ十三世が教皇の座に着き、ジョン・ヘンリー・ニューマンを枢機卿にすると、後に「モダニズム*」と称されることになる波風が立ち、まず手始めに伝統的にペトロ

「モダニズム」（Modernism）「近代主義」。キリスト教の起源と本質についての説。近代主義は宗教を個人および集団の問題としてとらえ、キリスト教が依拠している神から人間への客観的啓示など、信仰を客観的に保証する根拠はないと考える。信仰は人間の内部から発するものとする。

の岩を包んでいた霞を吹き飛ばしてしまったかのように思われた。ニューマンは、教会の古典的な神学は長い発展段階を経てできたものだと論証していたからだ。今や批評の矛先は、その発展の初期段階、つまり新約聖書そのものに向けられることになった。

一般的に言って、関心の中心は「歴史的イエスの追求」として知られている研究に移った。つまり、キリスト教の枠組みの背後に、そして福音書と書簡の解釈の背後に、ナザレのイエスの教えと、その人と生涯の事実を発見しようとする試みである。後の時代に行われた神学的説明と教会にこびりついた伝統の要素を削り落とすことによって、歴史上のイエスと向き合うことが期待された。こうした追求によって、互いに異なり、矛盾さえも含む二つの運動が生まれた。リベラル・プロテスタンティズムとローマ・カトリック教会のモダニズムである。この二つの陣営の指導者は初めは、外国人学者だった。リベラル・プロテスタントのアドルフ・フォン・ハルナック*とモダニストのアルフレッド・ロワジー*である。一九〇一年にハルナックの『キリスト教の本質』*が出版され、論争が始まった。この本でハルナックは主に三つの主張を展開している。第一に、イエスの教える

アドルフ・フォン・ハルナック（Adolf von Harnack, 1851-1930）　ドイツの神学、教会史学者。

アルフレッド・ロワジー（Alfred Loisy, 1857-1940）　フランスの聖書学者。一九〇二年にハルナックの思想を論駁する意図で書かれた『福音と教会』（*L'Vangile et l'Eglise*）を発表し、イエスは神の終末的な国の到来を説き、教会組織の創設は意図していなかったと主張した。破門後コレージュ・ド・フランス宗教学教授に就任。

『キリスト教の本質』（*Das Wesen des Christentums*, 1900）

神の国は、個人の内面的な神に対する霊的忠誠である。第二に、福音の本質は、神が父であり、一人一人の人間が神の子だと気づくことである。これもまた性質上、個人的なものであり、教会組織を求める概念ではない。第三に、キリスト論の核心は、自分が神の特別な子であるというイエスの唯一無比の意識であり、これがイエスが救い主であることを主張する根幹である。こうした主張から、ハルナックはキリスト教が元来、本質的に個人の霊的、神秘的宗教であり、伝統的カトリック教会の制度、司祭制、秘跡は、それからの退歩であり堕落だと結論づけた。彼の結論は次のような印象的な言葉で述べられている。「キリスト教という宗教は単純かつ崇高なものだ。それは一つのことだけを意味している。すなわち、時間の中で、神の強靭さとそのまなざしのもとに生きる、永遠の命である」。

これに対する回答としてロワジーは『福音と教会』を出版し、完全に反駁しようとした。彼は、キリストを知ることができるのは伝統によってのみであり、この伝統は原始キリスト教に見られるように、ハルナックの立場を否認していると主張した。ロワジーにとってイエスの教えた神の国は、客観的で、集団的で、未来のものであり、キリストが最初の弟子たちが生きている間に再臨する際に、超自然的な終末的王国を開始するために実現されるものであった。またロワジーは、救世主であるということはイエスにとって、目に見える客観的、また黙示的な王国の支配を意味していたと主張した。しかし、このように待ち望まれ、すぐにも起こるはずの栄光に満ちた再臨に代わって、イエスの復活と教会の設立が起こった。「イエスは王国を予言していた。しかしやってきたのは教会だった」と彼は書いている。そこで、教会の教義、秘跡、位階制は、聖霊の導きによってこうした歴史的状況から発展してきたものとなる。しかし、これはイエスの教えに明白な形で存在していたものではなく、ただ暗黙のうちに存在していたものである。後にロワジーは自分の著作に解説を加えた時、歴史的イエスは全知ではなく、また復活は厳密に言って歴史的事実でもなく、霊的、超歴史的秩序における事実であると強調して、著書の要旨を明白にした。疑いもなく、ロワジーはハルナックに答えたのだった。しかし彼はその際に、謎めいた文章を並べ、新しい革命的な仮定を提出したのだ。

この二つの思想を代表する人物がイングランドにも存在していた。モダニズムの代表的人物には、イエズス会士のジョージ・ティレル*と、一般信

ジョージ・ティレル（Tyrrell, George, 1861-1909）　イエズス会士。ストーニーハースト校で哲学を教えた後、非正統的な著作を行ったために一九〇六年イエズス会から除名された。

者の貴族フォン・ヒューゲル*である。ティレルはロワジーと同様に、伝統的キリスト教神学と現代批評を、アルバート・シュバイツァー*が『歴史的イエスの探求』*で広範に論じた、イエスの教えを終末論的にとらえる見解を受け入れることで調和させようとした。ティレルは『分かれ道に立つキリスト教』*で、「終末論のキリストは、本質的にカトリックの伝統と経験に現れるキリストと同じものである。つまり、超自然的、来世的、超然的、本質的に神秘的なキリストだ」と論じている。ロワジーもティレルも、他の指導的モダニストの司祭とともに破門された。フォン・ヒューゲルは、彼が一般信徒だったことと、イングランドのローマ・カトリック教会の高位聖職者がそうした手段を選べば教養ある人々の間に騒動を巻き起こすことを承知していたおかげで、破門を免れた。この嵐が起こった時、フォン・ヒューゲルは聖書研究における三重の砦、すなわち、宗教における神秘的要素の涵養、制度的教会、その秘跡と規律に対する忠誠とに、彼の支持者を再結集させようとした。

　イングランド教会と自由諸教会では、リベラル・プロテスタンティズムが今世紀初めの二〇年間最も勢力があった。オックスフォードの学者の一

フォン・ヒューゲル（Hugel, Friedlich von, 1852-1925）　神聖ローマ帝国の貴族の子としてフィレンツェに生まれる。独学でヘブライ語を習得し、近代の旧約聖書の批評学的研究を行なう。一九〇五年、ロンドンに宗教研究所（London Society for Study of Religion）を設立。主著、*The Mystical Element of Religion*, 1908, *Eternal Life*, 1912.

アルベルト・シュヴァイツァー（Albert Schweitzer, 1875-1965）　ドイツの神学者、音楽家、医師。ルター派の牧師の長男として生まれる。バッハの研究と演奏で第一人者となった後、赤道アフリカの医療に従事。五三年ノーベル平和賞。

『歴史的イエスの探求』（*The Quest of the Historical Jesus*, 1906）　原題 *Von Reimarus zu Wrede*。

『分かれ道に立つキリスト教』（*Christianity at the Cross-Roads*）　ティレルの近代主義弁明の書。一九〇九年刊。

団は、多くの前哨地点を放棄する一方で、信仰の『基礎』*を再構築しようとした。新約聖書の奇跡の歴史的確実性が大きな議論となった。また、信条を受け入れる際に合法的に認められる自由裁量の程度の問題が熱心に議論された。自由諸教会では、シティ・テンプルの牧師であったR・J・キャンベル*が、説得力ある力強い言葉で『新しい神学』*を打ち立てた。そして彼は、数年間リベラル・プロテスタンティズムの主役の地位を保持した。彼がイングランド教会の牧師となった時、彼の志はW・E・オーチャード*に受け継がれた。オーチャードは神学における急進的リベラリズムから最終的にはローマ・カトリック教会に落ちつくまで、正統信仰を発展させていった。

モダニズムとリベラル・プロテスタンティズムはともに、二〇世紀における伝統的キリスト教教義の再説と再解釈に関する、聖書研究と神学の根本問題を提出した。ローマ・カトリック教会では、ピウス一〇世*が出した反モダニスト宣誓と教皇回勅「パシェンディ*」による個々のモダニストとモダニズム一般に対する非難、さらにローマに設置された聖書委員会が旧約と新約聖書の著者と年代に関して出した、学者たちの結論とは全般的に

『基礎』（*Foundations*）B.H.Streeter（1874-1937）の序文、九名のエッセイをつけた神学シンポジウムを出版したもの（1912）。

R・J・キャンベル（Reginald John Campbell, 1867-1956）一八九五年会衆派牧師。一九一六年イングランド教会に改宗。

『新しい神学』（*The New Theology*）一九〇八年出版。

W・E・オーチャード（Orchard, William Edwin, 1877-1955）ケンブリッジ大学出身。初め長老派の聖職者となり、三二年にローマ・カトリックとなる。第一次世界大戦中、反戦の祈りの集会をトラファルガー・スクウエアで組織。

ピウス一〇世（Pius X, 1835-1914）近代主義を排斥し、伝統的価値を擁護したが、一方で典礼の刷新、教皇庁立聖書研究所の創立、聖職者の教育の強化など教会刷新にも尽力した。

「パシェンディ」（*Pascendi*）正式名「パッシェンディ・ドミニチ・グレジス」。近代主義

矛盾する一連の判定によって、モダニズムの批評活動は弾圧された。イングランド教会と自由諸教会では、この論争はまだ続いている。しかし注目すべき反動が、両大戦間の時代と戦後に、前の時代の学者たちが出した詳細な結論とその立場そのものに対して起こった。大陸の新しい影響、特にカール・バルト*の影響が、リベラル・プロテスタンティズムの流れを変え、新しい聖書神学に活力を与えた。一般的に言って、「教会」の教理はかなりの程度再生し、強調され、そして新約聖書の終末論的要素は「実現された終末」という概念に合理化され、歴史上の神の王国は、現在のものでもあり、また将来のものでもあり、今ここで部分的に実現され、そして来世において完全に実現されるものとして認識されるようになったと言えるだろう。新しい「危機神学*」が歴史的イエスの探究に取って代わったのだ。教会は、神秘と権威を求めることに対して一九一四年以前の世代ほどには強い反感を抱いていない世界に、正統を回復させようとしたのだ。

を排斥する。一九〇七年九月公布。

カール・バルト（Karl Barth, 1886-1968）スイスの神学者。「ローマ人への手紙」の注解で有名となる。ドイツの大学で教えるがナチスに対抗したため職を追われる。人間の有限性と、神の絶対的超越性を中心とする彼の神学は大きな影響を与えた。

「**危機神学**」（theology of crisis）バルトらの「弁証法神学」の別名。ギリシア語の「クリシス」の三つの意味に基づく。つまり、この世の歴史と神の永遠との絶対的「分離」、あらゆる人間の努力と達成に有罪を宣告する神の「判決」、この神の判決が突然訪れ、また最終的なものであるという意味での「破滅」である。

第二八章　エキュメニズムと教会合同の問題

本書が扱っている多くの時代では、イングランドの諸教会はおそらく、共通点よりもその相違点、さらに対立点の方をより意識していた。二〇世紀になって状況は逆転した。これまでのところ二〇世紀教会史の最も顕著な特徴と言えば、再統一に向けた運動が拡大し、弾みをつけたことだろう。この傾向はブリテン諸島に特有の、つまりイギリスに限られた現象だったわけではない。本章の表題が示すように、それはエキュメニカルな世界的規模の運動であり、主に一九世紀の宣教活動から起こったものだ。ヨーロッパの教会が世界的規模の教会に成長した時、ヨーロッパの教会の歴史的発展に深く刻まれている分裂の跡の多くは、ヨーロッパ以外の改宗者にとっては、宗教改革とその後の論争を知らないために、ほとんど理解できないものだということがわかった。キリスト教が改宗者に対して統一と統合を促すためには、キリスト教世界に見られる慢性的な分裂は修復されなければならないし、できるだけ協力と統一を進めなければならない。さらに、ヨーロッパに強力な反キリスト教国家、特にマルクス主義とナチズムによる全体主義独裁国家が登場し、東洋にもそれが移植されると、ヨーロッパの教会は、自国と外国の両方で、力を一つにしなければ対抗できない試練に直面することになった。それゆえ、この試練への対応策として生まれたエキュメニズム運動は、半世紀のうちに急速に、目を見張るような進歩を遂げた。

イングランドでは、一〇年に一度開催されるランベス会議、長老派同盟*の結成、一〇年に一度のメソジスト・エキュメニカル会議*、会衆派会議とバプテスト派会議、そして自由教会の全国会議の設立など、各教会内部で小さな動きがあった。第一次世界大戦後には、スコットランドで長老派教会が合同し*、メソジスト教会が再統一される*という目覚ましい現象が起こった。しかし、こうした動きはすべて力強い流れとなる最初の小さな流れ

長老派同盟（the Presbyterian Alliance）

メソジスト・エキュメニカル会議（the Methodist Ecumenical Conference）一八七五年設立。一九七〇年に一八九一年に設立されていたthe International Congregational Councilと合同し、the World Alliance of Reformed Churchesとなった。

長老派教会が合同し　一八世紀に数々の分裂を繰り返していたスコットランドの長老派は一九二九年にUnited FreeとChurch of Scotlandが後者の名前で合同し、現在に至っている。

メソジスト教会が再統一される　一九〇七年にthe Methodist New Connexion, the Bible Christians, the United Methodist Free Churchesが合同し、the United Methodist Churchとなった。これが一九三二年にいわば本流であったWesleyan Methodist Churchと合同し、the Methodist Church in Great Britainが組織され、現在に至っている。

に過ぎなかった。

おそらく最初の動きは、一九一〇年に開かれたエディンバラ会議*だった。長期にわたって熱心な準備作業が行われたこの会議は、学生キリスト教運動*、世界学生キリスト教連盟*といった団体に負うところが大きかった。重大な結果をはらむ多くの教会合同問題が討議されたが、この会議が出したおそらく最も意義ある要請《アピール》は、代表を送っていた教会のいくつかが合同するようにというものだった。第一次世界大戦によって合同のための作業と後続会議の準備は中断されたが、両大戦間の一九一九年と一九三九年の間に、準備会議が二度開かれた。すなわち、一九二八年のエルサレム会議と一九三八年のマドラス近郊のタンバラム会議である。会議の場所の選択と代表団の構成は、増加しつつあるアジア・アフリカの教会の影響力と重要性を強調するものだった。必然的に、こうした会議では、再統一以外の多くの緊急課題も討議されることになった。それゆえ、再統一問題の細部をもっと専門的に討議するための、補助的な運動が必要となった。特に、ヨーロッパ、アメリカ、イギリスの指導的立場に立つ教会人の支援により、神学上、教会組織上の教会間の相違点について議論する「生命と労働」、

エディンバラ会議（the Edinburgh Missionary Conference）世界宣教会議。

学生キリスト教運動（the Student Christian Movement）ＳＣＭ。一八九二年設立。

世界学生キリスト教連盟（the World's Student Christian Federation）

「信仰と秩序」に関する会議が開かれた。

一九二〇年のランベス会議で著しい前進が見られた。組織的統一をうながす感動的な請願がなされただけではなく、その実現のための実際的な提言も含む『全キリスト教者への訴え』*が出されたのだ。この請願には、(1) 信仰の規範、究極的基準としての聖書、(2) キリスト教信仰を十全に言い表したものとしてのニケア信条、(3) 聖礼典の洗礼と聖餐、(4) 聖霊による召命だけではなく、キリストの委託と全教会の権威を有するものとして、全教会から認められている聖職 (これを「請願」の著者たちは歴史的主教団と同じものと見なしている)、これら四綱領を認める、いわゆる「ランベス四綱領*」と呼ばれるものが含まれていた。この主導によってイギリスにおいても外国においても、他教会との一連の討議が行なわれることになった。非常に限られた性格のものであったが、いくつか具体的な結果が生まれた。たとえば、東方正教会のいくつかの独立教会が、イングランド教会の聖職の正統性を認め、それにより教会間交流の道が開かれた。また、アングリカンの主教がスウェーデン教会*の主教の聖別式に参加し、またその逆のことも行なわれた。そして限られたものではあるが、

『全キリスト教者への訴え』 (*Appeal to all Christian People*)

「ランベス四綱領」 (Lambeth Quadrilateral) 一八八八年に第三回ランベス会議で教会一致の最低条件として承認された理念。それによるとアングリカン教会をキリストの教会とするものは①旧・新約聖書②ニケヤ・使徒信条③洗礼と聖餐④使徒継承に基づく主教・司祭・執事の三職位の遵守である。

スウェーデン教会 (the Church of Sweden) スウェーデンの国教会。国王が教会の首長である。神学的にはルター派の信仰を基本とする。

聖餐式の交流が実現した。完全な聖餐式の交流は、イングランド教会と大陸の復古カトリック教会*との間で達成された。しかし、国内の自由教会との対話は、誠意のある相互理解と共感を生んだという点では進展が見られたが、聖餐式の交流には至っていない。そこで第二次世界大戦後、現在のカンタベリー大主教*は、自由教会が主教制を採用し、聖餐式の交流の基礎を築くことができるかどうか見極めようとして、さらに対話を続けた。会議の成果は、最近『イングランドにおける教会関係についての報告』*としてまとめられ、参加した各教会によって検討されている。

一方、各教会を分裂させている信仰告白の基準、教会秩序、典礼、規律の主要な相違点についても継続的研究が進められた。その成果は、ストックホルムとフェーノ*における「生命と職業」に関する会議、ローザンヌとルンド*における「信仰と秩序」についての会議といった一連の会議で審議・調整され、さらに研究を促進させた。しかし最も目覚ましい進展が、イギリスでの下部組織としてイギリス教会協議会*を持つ、世界教会協議会*の設立だったことには疑いの余地がない。世界協議会とそのさまざまな部門の活動の結果、非常に多様な分野における相互協議・協力を進める実際

復古カトリック教会（the Old Catholic Church）一八世紀以来様々な理由によりローマから独立した国家カトリック教会。オランダのユトレヒト教会が代表的なもの。イングランド国教会とは現在相互聖餐関係が成立している。

現在のカンタベリー大主教　ジェフリー・フィッシャー（Geoffrey Fisher, 1885-1972）。

『イングランドにおける教会関係についての報告』（*Report on Church Relations in England*）一九五〇年、SPCK刊。

フェーノ（Fano）　イタリア中部、アドリア海に面した都市。

ルンド（Lund）　スウェーデン南東部の都市。

イギリス教会協議会（the British Council of Churches）　一九四二年に一六の教派で組織された。

世界教会協議会（the World Council of Churches）　WCC。一九三七年に設立が構想されたが、第一次世界大戦によって正式発

的組織が作られた。しかし、世界教会協議会は教会再統一の理想に向かって努力しているが、協議会自体をその目的実現のための実行機関と考えているわけではない。それはその構成メンバーを教会として認知しているが、それらの教会を隔てている問題の多さと重要性を認識しているがゆえに、組織的統一のための何らかの近道を模索しているわけではないのである。

それにもかかわらず、ここ半世紀における教会統一の動きはかなりのものであり、過去の歴史に照らして見ると驚異的と言ってよいものだ。最も重要かつ大胆な進歩は、疑いもなく一九四七年の南インド教会の設立である。非主教制教会と主教制教会が、ある特定の神学的解釈を要求することもなく、ただ歴史的主教制を事実として受け入れるという基礎の上に立って統一されたのだ。設置後五年間の歴史を顧みれば、この教会は内部統一と合同に向けて急速な進歩を遂げている。今後の教会合同計画の指針となり先駆けとなるに十分である。さらにイングランドを見ると、非主教制教会の中には、組織上の統一条件として主教制を受け入れてもよいという機運が増した教会もある。ただその条件として、そうすることでそれらの教会が今までに他の非主教制教会と保ってきた交流が妨げられないこと、長

足が四八年に延びた。一四七の教会代表がアムステルダムに集まって設立された。モットーは"one human family in justice and peace".

老制と主教制のもとで叙任された牧師が暫定期間中共存できるよう十分な手当が受けられることが提示された。再統一の道のりには、まだ多くの未解決の問題と、乗り越えられていない障害があるが、二〇世紀のエキュメニズムの運動によって目的を達成するための大きなドアが開かれたように思われる。

第二九章　アングリカン教会とローマ・カトリック教会の交渉

前章のテーマだった教会一致運動からローマ・カトリック教会は距離を置いていた。その排他的主張のために、カトリック教会はときにオブザーバーを送ることはあったが、どの教派間会議にも正式代表を送ることができなかった。また、一五七〇年から一八二九年までの二世紀半にわたる無益なイングランド教会とローマ教会との争いからは、友好的和解を生むような豊かな土壌は生まれなかった。とはいえ、オックスフォード運動がアングリカンの信者にローマ・カトリック教会に対する興味とその魅力を再認識させる以前から、友好的に相違点を論じる試みが時々ではあるが行われていた。チャールズ一世の時代にアングリカニズムから改宗したクリストファー・ダヴェンポート*（宗教界ではFranciscus a Sancta Claraの名で知られている）は、三九箇条をトリエント公会議の教令の観点から論じた。彼の結論は、信仰箇条のうちの九つの条項と他の五つの条項の一部は、完全にローマ教会の教義と一致しており、九つの条項と二つの条項の一部は好意的に解釈することができ、六つの条項と三つの条項の一部のみがトリエント公会議と合致しない、というものだった。彼の試みは、二つの教会間の相違を冷静にかつ協調的に考察しようとした先駆的な試みとして興味深い。

次の相互理解のための真摯な取り組みは、一八世紀はじめに、ダヴェンポートよりももっと責任ある地位にあった有力神学者でカンタベリー大主教のウェイク*と、ソルボンヌのデュパン*とジラルダンの間で書簡を通じて行われた。この学問的な書簡のやりとりは、具体的な実を結ぶことはなかったが、イングランド教会が教皇権の優位性を否定する確固とした立場を主張し、イングランド教会の主教の聖別と司祭叙任の正統性を弁護したこと、そしてローマ・カトリック教会の側では、デュパンがトリエント公会議の教令の観点から三九箇条を注解するという成果を生み出した。ニュ

クリストファー・ダヴェンポート（Christopher Davenport, 1598-1680）　オックスフォード大学出身。大陸でフランシスコ会に入会し、チャールズ一世妃アンリエッタ・マライア付きの司祭となった。

ウェイク（Wake, William, 1657-1737）　若くしてパリのイギリス大使館付きの司祭を務めたウェイクは、フランスのカトリック教会に深い関心を持つようになり、キリスト教世界を再統一する夢の実現に努力した。

デュパン（Dupin, Louis Ellies, 1657-1719）　フランスのカトリック神学者、教会史家。一六八四年王立学院哲学教授。

ーマンの『時局冊子』九〇号での立場を最初に取ったのが、ローマ・カトリック教会のダヴェンポートとデュパンだったことは興味深いことだ。

しかしながら、イングランド教会とローマ教会との関係に人々の新たな興味を向けさせそれを十分認識させたのはオックスフォード運動である。一八六五年にピュージー*は、二つの教会の相違点を明らかにし、可能であれば両者の間の橋渡しをするために、『和平提案《アイリニコン》』*を発表した。しかし、一八七〇年にバチカン公会議が教皇の教導権を定義し、教皇の不可謬性を発表すると、新たな障害が生まれ、ピュージーの目的の実現が遅れることになった。次に新たな試みがなされるには、一八八九年にアングロ・カトリックの指導的信徒だったハリファックス伯爵*とフランス人学者ポルタル*が偶然出会うのを待たねばならなかった。彼らの出会いから、ローマ教会とイングランド教会の学者がともに歴史を公正に見る目を持って、アングリカン聖職者の正統性という限定された問題を、今後の教会融合に向けた議論の手段として論じてはどうかという提案が生まれた。しかし、教皇レオ一三世*はこの問題を調査するローマ教会単独の委員会を一八九六年に発足させた。その結果、教皇大勅書「アポストリカエ・キュラエ」*が出され、

ピュージー　Cf.p.166

『和平提案《アイリニコン》』（*Eirenicon*）

ハリファックス伯爵（Viscount Halifax, Charles Lindley Wood, 1839-1934）オックスフォード大学クライスト・チャーチ出身。ピュージーの説教、ニューマンの著作に触れ、熱心な高教会主義者となる。

ポルタル（Portal, Fernand, 1855-1926）フランスのラザリスト会士。

教皇レオ一三世　Cf. p.192

「アポストリカエ・キュラエ」（*Apostolicae Curae*）一八九六年の教皇書簡。イングランド国教会の儀式に則って行なわれた叙階を無効と宣言した。

アングリカンの聖職位は無効と宣言された。この判定は、メアリ・チューダーの時代とその後の時代にいくつか例が見られる、イングランド教会の聖職叙任式次第にしたがって叙任された個人はローマ教会によって再叙任されたという歴史的事実と、聖職叙任式次第自体の形式と意図に欠陥があるという理論上の理由に依拠していた。形式の点では、式次第のどこにも司祭に生者と死者のためにミサを捧げる権能を授けることを明確にしている箇所はないとされた。そして意図に関しては、イングランド教会は真の司祭を叙階する意図も、また主教に対して最高の司祭職（summum sacerdotium）を与える意図も持たないと論じられた。これに対して、カンタベリーとヨークの大主教が公式の『回答《レスポンシオ》』を発表し、その中で、イングランド教会は「聖餐が犠牲であるという教義を真に教えており」、その教えの性格を説明し、聖職叙任式次第で司祭の叙任と主教を聖別する式次第を正当化していると主張した。またしても、ローマ教会の行為が、自分を自分自身が当事者である事件の判事にすることによって、議論を終結させてしまったのである。

一九二〇年にランベス会議が『全キリスト教者への訴え』を公にすると、

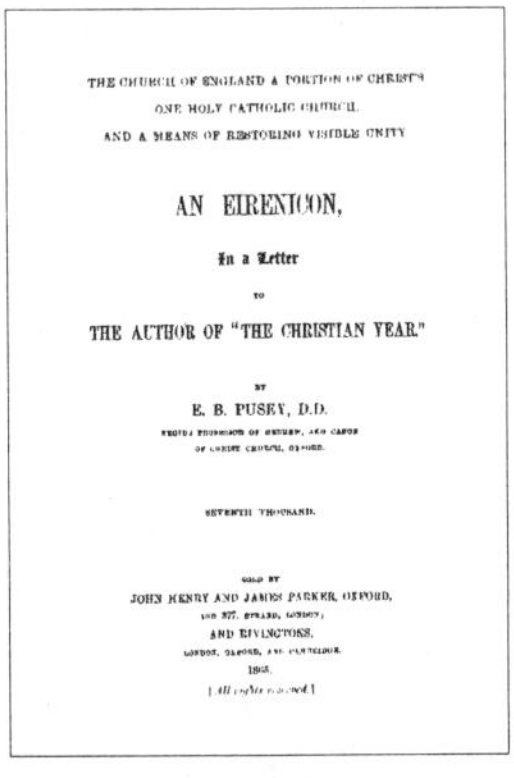
THE CHURCH OF ENGLAND A PORTION OF CHRIST'S
ONE HOLY CATHOLIC CHURCH,
AND A MEANS OF RESTORING VISIBLE UNITY.

AN EIRENICON,

In a Letter

TO

THE AUTHOR OF "THE CHRISTIAN YEAR."

BY

E. B. PUSEY, D.D.

SEVENTH THOUSAND.

SOLD BY

JOHN HENRY AND JAMES PARKER, OXFORD,

AND RIVINGTONS,

ピュージー、『和平提案』初版扉（訳者所蔵）

ハリファックスとポルタルは、マリーヌのメルシエ*枢機卿に再統一問題を討議する会議を主催するよう要求し、議論を再開しようとした。これを受けて一九二一年に、アングリカン側からはハリファックス、ウェルズの主席司祭アーミテイジ・ロビンソン、*後にトルアロウ主教となるW・H・フリーア、*ローマ側からは枢機卿・司教総代理ローイ*とポルタルが参加して、最初の対話が行なわれた。この対話の成功によって会議を継続的に開く期待が高まり、ローマとカンタベリーに対して会議の正式認可が求められた。一九二二年一一月二二日に、ピウス一一世はガスパリ*枢機卿に「教皇庁は対話を認可、奨励し、神の祝福があることを祈る」とメルシエに伝えることを許可した。イングランド教会の二人の大主教もこれに呼応する許可を与えた。一九二三年三月の第二回目の会議では、神学上の問題が解決された場合に、ローマ教会の中でアングリカン・コミュニオンをどう位置づけるかという実際的方策が議論された。当然、これは多くの人々にとって、馬の前に荷車を置くことのように見えた。一九二三年一一月に対話が再開された時には、以前の参加者の他に、アングリカン側にチャールズ・ゴア*主教、オックスフォード大学キーブル・コレッジ学寮長のキッド*が、ロー

メルシエ（Mercier, Joseph, 1851-1926） ベルギーの神学者。一九〇六年マリーヌ（メヘレン）大司教。

アーミテイジ・ロビンソン（Armitage Robinson, 1858-1933） ケンブリッジ大学出身。新約、教父学者。

W・H・フリーア（Walter Howard Frere, 1863-1938） 典礼学者。『ソールズベリー礼拝式文』（*The Use of Sarum*, 2vols. 1898, 1901）やF. Procterの『祈禱書の歴史』（*A History of the Book of Common Prayer*, 1901）の改訂を行なった。

ローイ（van Roey, 1874-1961）

ガスパリ（Gasparri, Pietro, 1852-1934） イタリアの教会法学者。ピウス一一世の下で国務長官を務める。

チャールズ・ゴア（Charles Gore, 1853-1932） 高教会派のイングランド国教会主教。オックスフォード大学・トリニティ・コレッジ・フェローを務めた後、ピュージー・ハウス初代院長となる。ウースター、バーミンガム、オ

マ側には、モンシニョール・ピエール・バティフォル*と司教座聖堂参事会員へマーが加わった。カンタベリー大主教の要請によって、会議の参加者は他の使徒との関係における聖ペトロの地位、また他の司教との関係におけるローマ教皇の地位について議論した。一九二五年五月に開催された第四回目の会談で、メルシエは、無署名の「統一されてはいるが吸収されないイングランド教会」と題された文書を発表した。これは二つの教会を統一する組織上の問題へと再び議論を向けるものだった。しかし一九二六年一月にメルシエが亡くなり、続いて六月にポルタルが亡くなったことが、この対話が終わる前兆となった。さらに、ローマの環境は好ましくないものに変化していた。そして、この試みはまもなく立ち消えになってしまった。

最近モンシニョール・バティフォルの備忘録と書簡が公刊され、一連の対話はアングリカン教会とローマ教会の統合を見すえた上でのものではなく、ただアングロ・カトリック教徒をローマ教会と和解させることを想定しているに過ぎないと、一九二六年六月にパリで教皇使節に対して、また一九二七年四月には教皇自身に対して、バティフォル自身が証言していた

ックスフォード各主教。

キッド (Kidd, Beresford James, 1864-1948) 教会史家。二〇年キーブル・コレッジ学寮長。

モンシニョール・ピエール・バティフォル (Pierre Batiffol, 1861-1929) フランスの教会史学者。モンシニョール (Monsignor) とは教皇から高位聖職者に与えられる名誉称号。

ことが判明した。これはアングリカンの情報通の間で大きな驚きとなった。しかし対話の様子から、二つの教会の統合問題が二回の会談の（そのうちの一回でメルシエの上述の無署名文書が発表された）主題だったことは明らかだ。したがってバティフォルの変節は、バチカンの見解の変化に合わせるという彼の明確な動機とともに、大きな驚きと批判を巻き起こしたのだ。一九二八年一月のピウス一一世*による教皇大勅書「モータリウム・アニモス」*の発表で、マリーヌの対話は終わった。それはまた同様の試みにも水を差した。また続いてピウス一二世*が聖母マリアの被昇天*を信仰箇条として規定したことも、ローマ教会信徒と他教会の信徒との相互理解、あるいは和解の希望に対して、何ら寄与することがなかった。

ピウス一一世（Pius XI, 1857-1939）ローマ教皇（1922-39）。第一次世界大戦によって荒廃したヨーロッパにキリスト教的平和社会を建設するために努力した。

「モータリウム・アニモス」（*Mortalium Animos*）信仰に関することがらで、すべての人が信ずべき「基本的な信仰箇条」と、信じても信じなくてもよい「基本的でない信仰箇条」とを区別することは許されないと宣言する。

ピウス一二世（Pius XII, 1876-1958）ローマ教皇（1939-58）。第二次世界大戦中に「ホロコースト」に対して明確な立場を示さなかったために批判される場合が多い。

聖母マリアの被昇天（the Assumption）マリアが霊魂と肉体とともに天国に上げられたという教義。一九五〇年に定められた。

第三〇章　現代世界におけるキリスト教

イングランドの宗教伝統を扱った本書の結びとなるこの章は、アレキサンダー・ポープの言うあの憂鬱な役割を果たすことになる。

必要もないアレキサンダー格の一行が歌を終わらせる、
そして、傷ついた蛇のごとく、ゆっくりとその身を引きずる。

本書の目的はイングランドの宗教伝統の顕著な特徴をいくつか素描し、それが過去四世紀の間、教会、国家、社会に対して及ぼした影響を明らかにすることであった。したがって、こうした過去の概観が現代人にどのような教訓を与えるかを問うことは当を得たことだろう。実際、答えを出そうとすると、過去の歴史の解釈という安全な道を捨て、将来を予言するという危険な試みをせざるを得なくなる。

イングランドの宗教伝統は、一方ではイングランドとスコットランドにおいて国教会制度を維持し国家のキリスト教的性格とその信仰告白を認め、また一方では、すべての国民に良心の自由と信仰の自由を保証する原則を十分に認める、という均衡を保ってきた。この均衡の達成によって、イギリス政治において聖職擁護政党と反聖職政党の伸張と、反キリスト教的イデオロギーの浸透を防いだのだ。このこと自体、それが国家の性格に関する抽象的理論の体系化ではなく、実際の試行錯誤を通して達成されたものだとしても、大きな達成だと言わざるを得ない。理論的原理よりも妥協と実際的な解決を求めるというイングランド人の天賦の才能は、結果によって実証されたのだ。しかし、福祉国家の計画経済という国内事情と、世俗主義、全体主義、専制主義が伸張する国際状況下で、このさまざまな傾向の間の均衡を注意深く保ち維持していくことが可能かどうか緊急に問われなければならない。こうした現状は、イングランド生活の公平な交換という慣習の終わりを告げるものではなかろうか。そしてイングランドの宗教伝統は、国内の福祉国家の善意の政策の圧力と、敵対的な外国の全体主義専制政治の圧力に耐えられるだろうか。

国内を見れば、福祉国家が実現される過程で、それまで主に教会の自主的事業として行なわれてきた社会事業の大部分が、国家によって独占されるようになったにもかかわらず、すべての教会が福祉国家の基本原則を歓迎し受け入れていることは疑いのない事実だ。実際に教会は、一九世紀のキリスト教社会主義者が熱望していたものを福祉国家が実現するところまで来たと認識した。さらに、今日の主な政党である、保守、労働、自由の各党にはキリスト教信者がいる。彼らの一致した目的は、所属する政党の政策に影響を与えるパン種*として働くことだ。しかし福祉国家の政策は、これまでの部族・封建・君主・民主国家の場合と同様、原理を実行する行政執行機能を与えられた個人の働きを通してのみ実現できる。過去に、教会の「慈善」活動が余りにも容易に庇護者ぶった施しに堕したことが多くあったとすると、将来の福祉国家もまた同じように、容易に非人間化され、ただの名簿検索と数の問題になり、自由意志による事業を特徴づけていた

パン種　パン種のように徐々に影響を与えるもの。Cf.「マタイによる福音書」一三章。

個人的なつながりと関心を失ってしまわないだろうか。宗教伝統が継続的に影響力を発揮できる機会を求めなければならないのはまさにこの点である。各教会は、管理者、監督官、ソーシャルワーカーなどの社会福祉職員を、社会活動を本質的に魂の癒しとしてとらえる理想に、つまり受益者に対する個人的な関心に向かわせるべきだ。特に個人の良心の優越性を主張することにその存在理由の多くを見出してきた自由教会各派は、この機会を逸することはないはずだ。

しかしながら、外国からの全体主義専制政治の脅威は、もっと重大かつ広範なものである。というのは、いくつかの教会を通して姿を現すキリスト教は、人類の歴史に共通する変遷を免れないからだ。武力による力ずくの抑圧の脅威も免れない。この教訓は、実際にキリスト教の歴史に大きく記されている。イスラムの進出によって、中世において北アフリカと中東の最も栄えたキリスト教会がいくつか滅びたばかりでなく、それ以後キリスト教はこの地域における繁栄を取り戻すことはなくなったのだ。現代の全体主義国家のキリスト教攻撃が、それよりも大きくはないとしても、同様の勝利を収める可能性があることを否定するのは愚かなことだろう。全体主義国家は、前の時代の専制国家よりもさらに強大な武力を行使することができ、これまでに例を見ない世論操作の手段をも所有しているからだ。

さらに、キリスト教伝統に対する今日の挑戦は、現在の極東あるいはアフリカにおける状況が十分に例証しているように、地域的なものではなく全世界的なものである。それゆえイングランドの宗教伝統も、世界の暗黒の支配者に対して勝利を収めるためには、教会一致のキリスト教伝統と一体とならざるを得ない。その影響力も世界的な戦略に対する寄与によって判断されなければならない。世界的戦略によってのみ、キリスト教は世界的規模の挑戦に対抗できるのだ。歴史的事実として、現代キリスト教世界の一致運動に多大な貢献をなしたのは英語圏の人々の世界的拡大だったのである。

このような視点から見ると、一九世紀の宣教によるキリスト教の拡大と二〇世紀の教会一致運動が一つになったことが、現代教会史の最も意義深い重要な要素だと考えられる。神には大きなことを期待せよというウィリアム・ケアリ*の金言と、現に、世界の福音化を計ろうという学生外国宣教運動だけが、キリスト教が現代の召命を達成するための戦略だ。教会がこ

*ウィリアム・ケアリ　Cf. p.207

れまでずっと熱望してきた、全世界的な存在になることについに成功したとするならば、あとは一致することだけが残されている。それを達成するために、イングランドの教会伝統がその特徴ある影響を及ぼすことを希望し、期待することは理に反したことではない。歴史的に見て、その伝統の中から、世界に拡大することで現代キリスト教勢力の大きな部分を構成することになった、主教制、長老派、独立派の各教会を生み出したのだ。さらにもっと最近の例を見るならば、最も成功が期待できる教会統一の大胆な実験である南インド教会が、いくつかの伝統を合体させて誕生した。全体主義の挑戦に対して、最大限の組織統一と協力がなされなければならない。「包容主義」は今や国内だけのものではなく、全世界的な教会一致のために不可欠なものとなったのだ。実りを期待できる大きな扉が開けられはしたが、多くの敵がそこにいたのだ。宣教地と同様に、外国の反キリスト教イデオロギー、そして国内の世俗主義を考慮するならば、教会を早急に統一する必要性がある。

疲れきった波がむなしく打ち寄せ

ここには苦労して得るものはほんのわずかもないようだが、
ずっと背後には、入江、小湊を通って、
静かな大海原が続いている。

東の窓からだけではない
日の光が射してくるのは。
前方に太陽がなんとゆっくりと、ゆるやかに昇ることか、
そして西の方を見よ、大地は明るい。

嵐と新しい敵対者の登場にもかかわらず、主の御旗は先へと進む。

第三一章　暗黒と光（エピローグ　一九六〇年）

「見張りの者よ、今は夜の何時か」「夜明けは近づいている、しかしまた夜が来る」（イザヤ書二一章一一・一二節）。これが本書の出版後、七年を振り返った時の世の流れだ。全体主義の脅威の方は、その広がりにおいても強度においても、より深刻なものとなっている。たとえば中国は、キリスト教宣教に対して事実上門を閉ざしている。アフリカでは、アパルトヘイト政策*の不幸な影響と一体となったナショナリズムの大洪水によって、アフリカ大陸におけるキリスト教会の将来は憂慮すべき問題となった。今までにない規模で、キリスト教と（現世的イデオロギーの形を取った）反キリスト教との対立が起きているのだ。キリスト教徒が不安な気持ちにか

アパルトヘイト政策（apartheid）「人種隔離政策」。南アフリカ共和国が一九四八―九一年に採用していた。

られて神の国の塔を守る夜警人に尋ねても、「夜明けは近づいている、しかしまた夜が来る」という答え以上のものを望むことはできない。全体主義専制政治の災いを免れた伝統的キリスト教国でさえも、状況は楽観を許さない。無関心がはびこり、安易な（公言されてはいないが蔓延している）世俗主義がより狡猾である分、重大な悪影響をキリスト教の実践に与えている。さらに、核の研究によって起こった破壊兵器の発達のキリスト教的良心に対する挑戦は、さらに緊急性が高く深刻なものとなった。どの教会の信者も、キリスト教の信仰告白と核兵器を使用する全面戦争の可能性とを両立させる困難に直面し、深い懸念を抱いている。この結果起こった意見の対立は、重大問題に対するキリスト教の力を揺るがせた。また国際状況を見ても、希望が持てるような様相を呈していない。一九世紀ヨーロッパの自由主義の伝統こそが政治的平和と安定をはかるための最善の治療法と信じたナショナリズムの成長は、ヨーロッパに平和をもたらすものとなり得なかっただけではなく、ヨーロッパ以外の地域でも分裂と危険をもたらす原理となった。その最も手に負えない結果の一つは、母国から追放されたり、迫害から逃れたりする難民の増加だった。彼らは極端な窮乏と絶望的状況の中で生活しており、これまで考えられなかったような困難な問題となっている。

こうした状況下で、キリスト教会が象牙の塔に引きこもり、信仰心篤い信者の信心生活の質を高めることだけに満足し、世界の方は暗黒の力の支配に任せてしまう、という誘惑に屈することがなかったことは称賛と感謝に価する。たとえば難民問題に関して教会は、世界難民年の運動を率先し、重要な役割を果たした。また見解の相違という困難にもかかわらず、教会は核戦争の問題から目をそらすことはしなかった。予防の面と、矯正の面の、人道的活動のすべての分野で、教会は地道で辛抱強い奉仕の伝統を捨てなかった。教会自身の内部に目を移せば、もっと希望が持てる。世界教会会議は内部分裂によって崩壊してしまうどころか、その地位を確固たるものにした。ローマ・カトリック教会も最近開かれた会議のいくつかにオブザーバーを送り、このキリスト教世界の新しい発展の重要性を認めている。さらにヨハネス二三世*が教皇となると、キリスト教の一致と協力の問題が大きな討議題目となるだろうという一般の期待と確信を裏切ることなく、延期されていたバチカン公会議*の再開に向けた準備が行なわれた。し

ヨハネス二三世 (John XXIII, 1881-1963) ローマ教皇(1958-63)。教会の刷新(aggiornamento)と全世界のキリスト者の一致を目指す各種の運動を企図した。六一年に世界教会協議会に代表を派遣。六二年一〇月第二バチカン公会議を開催。

バチカン公会議 これは第二バチカン公会議(the Second Vatican Council, 1962-1965)、カトリック教会の第二一回教会総会議として開催された。ヨハネス二三世によって一九五九年に開催が発表され、六二年に開催され同年のうちに第一会期が終了した。六三年同教皇が死去したためパウルス六世教皇が会議を再開し、三期にわたって開かれた。約三千人の司教を始めとする高位聖職者と他教会からのオブザーヴァーが参加した。ミサに使われる言語が現地語に替わるなど教会を「現代化」する目的は達せられた。

かし、これにあまり大きな希望を抱くべきではないだろう。というのは、ローマ教会と他のすべてのキリスト教会を隔てる溝は、東方正教会にとってさえもあまりにも広く深いため、その溝がすぐになくなると期待することはできないからだ。それにもかかわらず、新しい風がバチカンに吹いているように思われる。その風が欲するままに吹き、最終的には好ましい結果を生み出すかも知れない。ローマ・カトリック以外の教会では、世界教会会議のさまざまな働きを通して、ますます多くの協力・討議がなされている。組織上の統一という面ではなかなか進展がなく、比較的低調に終わっている。南インド教会は設立後一〇年が経過し、自信と強靭さを備えるに至った。北インドとセイロンにおける統一計画*は、熟慮の段階に入っている。これが実現されれば、この世にある「戦う教会*」の他の信者に対して、大きな影響を与えることは間違いない。

イギリス国内で、さまざまな教会間対話が行なわれてはいるが、どれも実際の統一という段階に達していない。いくつかの教会が宗教改革四百周年を祝ったことで再び自教会の秩序・礼拝・信仰告白の基準が強調されてしまい、その結果各教会間の相違をあらわにし、組織的統一を阻む障害が

北インドとセイロンにおける統一計画　結局一九七〇年にインド、パキスタン、セイロンで構成される管区に属する教区のうち、北インド諸教区のアングリカン教会と長老教会、組合教会、メソジスト教会、バプテスト教会が合同して「北インド教会」が設立された。

戦う教会（Church militant）　罪と誘惑に対して不断の戦闘を続けている地上の教会。Cf. 勝利の教会（Church triumphant）（戦いに勝利を収めた天上のキリスト教会）

強調されることとなった。これは『アングリカン教会と長老派教会との関係』*という報告書のイギリスでのさまざまな受け取り方に例証されている。しかし多様性を認識することは、その解消に向かうために必要な一歩だ。そして現時点で最も希望を抱かせるのは、世界教会会議とそのいくつかの機関が示している、今までよりもさらに深まる自信と発展だ。一つの主、一つの信仰、一つの洗礼、一つの神、そして神はすべての人の父、という統一に欠かせない信仰基盤はすでに存在している。さらに「分派は実際のところ、キリスト教団体内の分裂であって」、唯一真正なカトリック教会に対する他教会の罪深い反乱などではない、ということが広く認められている。その結果、真剣に求められているのは、キリストを中心とする一つの家族内での分裂を癒すことである。

キリスト教会が抱えている恐るべき困難にもかかわらず、教会はわが国と外国の両方において宣教活動を継続し、信仰と礼拝の水準を維持し、平和と統一のために祈り、働いている。しかし、おそらく教会は、時代の兆候を不安げに尋ねる質問の答えとしては、古の夜警の答え以外には見出せないだろう。「夜明けが近づいている、しかしまた夜が来る。どうしても

* **『アングリカン教会と長老派教会との関係』**(*Relations between Anglican and Presbyterian Churches*) 一九五七年、SPCK刊。

尋ねたいならば、また尋ねよ。もう一度来るがよい」。

訳者あとがき

本書は、ノーマン・サイクス（Norman Sykes, 1897-1961）著 *The English Religious Tradition: Sketches of its Influence on Church, State, and Society*（SCM Press, 1953；rev.ed. 1961）の改訂版を全訳し、脚注をつけたものである。

原著者のサイクスはイギリス教会史の研究家として知られ、リーズ大学、オックスフォード大学に学び、ロンドン大学、ケンブリッジ大学で教鞭をとった。本書の他に次のような著作がある。

Church and State in England in the Eighteenth Century, 1934
The Crisis of Reformation, 1938
The Study of Ecclesiastical History, 1945
The Church of England and Non-Episcopal Churches in the 16th and 17th Centuries, 1947
Old Priest and New Presbyter, 1956
From Sheldon to Secker, 1959
Man as Churchman, 1960

注釈をつける際に参考にした主な文献は次のとおりである。

Joseph Gillow, ed. *Bibliographical Dictionary of the English Catholics*, 5vols.（Burns and Oates, 1885-1902)

Donald Attwater, ed. *The Catholic Encyclopaedic Dictionary*（Waverley, n.d.)

F.L. Cross and E.A. Livingstone, ed. *The Oxford Dictionary of the Christian Church*（3rd ed. Oxford University Press, 1997)

J・R・H・ムアマン『イギリス教会史』八代他訳、聖公会出版、一九九一

浜林正夫著『イギリス宗教史』大月書店、一九八七

松村　赳、富田虎男編著『英米史辞典』研究社、二〇〇〇

A・リチャードソン、J・ボウデン編『キリスト教神学事典』佐柳文男訳、教文館、一九九五

『キリスト教人名辞典』日本基督教団出版局、一九八六

ニコル・ルメートル他『キリスト教文化事典』蔵持不三也訳、原書房、一九九八

小林珍雄編著『キリスト教百科事典』エンデルレ書店、一九六〇

小林珍雄編『キリスト教用語辞典』東京堂出版、一九五四

ジョン・A・ハードン編著『現代カトリック事典』浜寛五郎訳、エンデルレ書店、一九八二

『宗教改革著作集11』教文館、一九八四

『宗教改革著作集12』教文館、一九八六
八代崇著『新・カンタベリー物語』聖公会出版、一九八七

本書が扱っている時代は一九六〇年までである。したがって訳者としては、その後のイングランドにおける教会情勢について簡単ではあるが触れておくべきであろう。

サイクスが「エピローグ」で開催に言及している「第二バチカン公会議」は、教皇ヨハネス二三世によって六二年一〇月に開会され、同年一二月に第一会期が終了した。ところが六三年六月に同教皇が死去したため、後任教皇のパウルス六世によって継続、都合三会期にわたって開催され六五年に終了した。三千人に近い司教、高位聖職者、さらには他教会からの代表者もオブザーバーとして参加したこの公会議は、ローマ・カトリック教会だけではなく、現代のキリスト教会全体に大きな変革をもたらした。

公会議が全体として目指したものは、教会のアジョルナメント（aggiornamento）、すなわち現代化であった。まず、典礼が大きく変更され、ラテン語による世界共通のミサがほとんど行なわれなくなり、各国語《ヴァナキュラー》によるミサに代えられた。これによって会衆はミサ聖祭で行なわれていることを言語的に理解し、生きた共同体の祭儀に参加しやすくなった。また聖体拝領もパンとぶどう酒の両形色で行なわれるようになり、この点においても他教会と歩を合わせることになった。しかし、こう

した改革は確かに一般信者を教会により近づける効果があったが、他方ではカトリック教会の言語面での普遍性《カトリック》と歴史的伝統が失われてしまったことも否定できないであろう。

いずれにしろ、第二バチカン公会議は教会史上第二の宗教改革とも言うべき、カトリック教会自らの手によるプロテスタント化といっても過言ではない状況をもたらした。カトリック教会の信仰は伝統的に、個人的な解釈を生み出しがちな聖書中心というよりも、ローマ教皇庁の権威が保証する典礼の中に、目に見える形で、しかも各人がそれに参加できる形で、つまり秘跡を中心に伝えられてきたものだけに、信仰の根幹である典礼の変更は非常に大きな意味を持つものであった。

教会の秘跡重視の態度と結びついていた「信仰の神秘」は、教会の「現代化」が短絡的に「合理化」と理解されたために薄められ、その結果、信仰が政治・社会運動化する傾向を生み出すことにもなった。ロザリオの祈りに代表されるマリア崇敬（崇拝ではない）、十字架の道行きなどの信心業が衰微し、特殊なものとされるようになった。こうした教会の全体的な合理化の流れの中で、「カリスマ刷新運動」（Charismatic Renewal）は、聖霊の満たし（聖霊による洗礼）を重視し、異語、預言、霊の癒しなどの特徴によって、特に若い人々の支持を獲得している。さらに現教皇のヨハネ・パウロ二世の信任も篤いといわれる、多分に保守・復古的な「オプス・デイ」（クセジュ文庫に便利な紹介書が入っている）は、イングランド各地に支部を持つに至っている。また、あらゆる抑圧、特に貧しい人々の搾取など、経済・社会上の諸悪を断罪する「解放の神学」は、信仰の政治化を代表するものであろう。それは中南米、アジアなど経済的に貧しい地域で司牧にあたる聖職者の心をとらえており、教会のマイノリティ問題の議論に理論的基盤を与えている。

教会運営の面では、開かれた民主的な教会という名のもとに、一般信徒が大きな役割を果すようになった。これは各国の司教団の教皇庁からの自立と、修道院内部の民主化運動とも連動し、ローマ教皇を頂点とするヒエラルキアに新風を送る結果をもたらした。

こうした傾向を一言でまとめれば「多元的《プルラリスティック》な教会」ということになろう。これが新しい一千年期を迎えた今日のキリスト教会像と言えるのではないか。振り返って見れば、一つの教会権威が解体し、教皇庁がヒエラルキアの頂点として保持していた威光が陰り、教会ももはや唯一の正統的で絶対的な解釈の存在を前提とすることが困難な状況が生まれ、したがって多様な解釈を許さざるを得ない状況が現出し始めた大きな転回点が第二バチカン公会議であったと思われる。キリスト教会の一致運動として始まったエキュメニズムも、現代ではキリスト教内部の諸教会の一致を念頭におくだけではなく、他宗教との一致をも視野に入れたものに変質してきている。キリスト教会も多文化共生の時代に入ってきているわけである。

イングランド国教会内部の変革として最も影響が大きかったのは、女性の司祭叙任であろう。これは六〇年代後半から論議されつづけてきた問題であったが、一九九二年一一月にthe General

Synodによって認められ、九四年には最初の女性司祭が誕生した。歴史的に見れば、女性聖職者が公式に登場するのは宗教改革期にbishop, priest, deaconの三職位を放棄したプロテスタント各教会の方が早かった。イングランドでは一九一七年に組合教会が、翌一八年にはバプテスト教会が女性の聖職者を認めている。長老派は二一年に理論上は認めていたが、実際に女性牧師を持ったのはようやく一九六五年であった。メソジスト教会はさらに遅れ、一九七四年のことであった。イングランド国教会の女性司祭の認知はフェミニズムの動きと連動するものといえようが、結果的に、女性司祭の問題を女性差別の問題ではなく、司祭とは何かという根源的な問題ととらえ、女性を司祭職につけることを非聖書的、非伝統的な異端的行動とするカトリック教会との関係を悪化させるものであった。またアングロ・カトリックを中心とする人々がローマ・カトリック教会に改宗する事態を招いた。

現代ではホモセクシャルの聖職者の認知問題がマスコミにしばしば取り上げられ、注目されている。これは人権と絡んでおり、キリスト教にとって根源的な性格を帯びるのは「救い主イエスは誰のためにこの世に来たか」という問題と結びつくからである。つまり、イエスがこの世に来たのは弱者、社会の底辺にいる弱きもののために来たのではなかったのか、という問題意識である。

教会運営制度面での大きな変化は一九七〇年に施行されたシノドス法による改革である。これによって生まれたGeneral Synodは、カンタベリーとヨークのConvocationの上院議員（つまり主教中心)、Convocationの下院の代表からなる聖職者議員、そして一般信者によって選挙された二五〇名を上限とする議員で構成され、年に二回開会されて教会の重要案件を議決する。このようにカトリック教会と同じヒエラルキアを持つイングランド国教会にも民主化の風が吹いているのである。

教会合同の動きを見ると、一九六〇年にカンタベリー大主教フィッシャーが宗教改革後初めてローマ教皇を訪問し、両教会の友好関係の再構築作業が始まった。しかしこれは女性司祭問題でかつての勢いを失っている。一九七二年にはイングランドの長老派教会とイングランド・ウェールズの組合教会が合同し、「合同改革派教会」(the United Reformed Church)が成立した。しかしながら、同年に提案されたイングランド教会とメソジスト教会の合同案は否決されてしまった。

イングランドでは徐々にキリスト教の勢力が後退して来ているが、それに代わって勢力を伸ばしているのはイスラムと新しい異教である。イスラムは旧植民地からの移民の子孫が固い結束意識で結びつき、イングランドの各都市にはモスクが目に付きつつある。大宗教の他にも、キリスト教化される以前の信仰が見直され、樹木信仰などの自然宗教はPaganismと呼ばれ、エコロジー運動の伸張とともに社会に認知されようとしている。たとえば、ミッドサマー・デイ、すなわち夏至の日にはソールズベリー平原のストーンヘンジに多くの信者が集まっている。

総じて言えば、西洋先進社会の一員としてのイングランドの宗教事情を物語るキー・ワードは「人権」と「エコロジー」ということになろう。

最後に私事に渡って恐縮であるが本書の訳出を思い至った経緯について述べさせていただきたい。ちょうど四半世紀前、訳者は英語の勉強を続けたくて上智大学英文科に入学したが、そこで何も知らない田舎者の眼前に知的世界を開いて見せて下さったのは故生地《おいじ》竹郎教授であった。先生はキリスト教の理解と西洋文化理解とが不可分に結びついていることを熱心に学生に説かれ、名著『薔薇と十字架』（篠崎書林）を初めとする多くの業績によって、後進に範を示された。しかし、残念なことに先生は御病気のため、訳者がようやく大学院に入学した年に亡くなられ、訳者は師と仰ぐ人をなくしてしまったのであった。しかし当時の上智の英文科には学生指導に熱心な教授陣が綺羅星のごとく並んでいて、その中でも、巽豊彦先生、ピーター・ミルワード先生、中野記偉先生、高柳俊一先生の授業、著作からは実に多くのことを教えられた。恵まれた学問環境の中で「キリスト教とイギリス文化・文学」を研究テーマに選びえたことは大きな幸運であり、感謝の気持ちでいっぱいである。

イングランドの文化的営為の基盤をなし、近代のイギリスを形成してきたキリスト教信仰と、キリスト教会をやさしく解き明かしてくれる文献を求めていた訳者の前にサイクスの著書が偶然にも飛び込んできたのは五、六年前のことであった。それは甲南女子大学に所蔵されている寿岳文章文庫の中にあった。尊敬する先人によって下線が引かれ明らかに読み込まれた跡がある本を一読して、これほどコンパクトな形で多くの情報を提供してくれる文献はないと深い感銘を受けた訳者は何とか翻訳して世に知らしめたいと考えたものの、教会史の知識が十分でなく作業はなかなか進まなかった。ところが九六年夏から一年間、文部省在外研究員としてオックスフォード大学で過ごす機会に恵まれ、イエズス会系のコレッジであるキャンピオン・ホールに席を置きながら翻訳の第一校を完成させることができた。また帰国直前に訪れたグロスター主教座聖堂前にあるＳＰＣＫショップの古本の棚で偶然本書の原本に出会ったのも懐かしい思い出の一つとなっている。

帰国後何とか本にしたいと思っていたが、出版事情の厳しい折、しかもこのようにまことに地味な内容の本は、なかなか日の目を見ることができないままになっていた。それがこのたび開文社出版の安居氏のご厚情によって出版が可能になった。実に忝い事である。深甚の感謝の気持ちを表したい。出版にあたり旧稿を神戸大学の笹江修先生、米本弘一先生に読んでいただき貴重な助言・訂正をいただいた。ここにお名前を記して感謝したい。ただ専門外の翻訳で多くの誤解、誤訳が残っていることを恐れる。その場合はもちろん訳者の責任である。大方のご教示をお願いしたい。本訳書によって新たなイギリスが見えてくることを祈りつつ。

二〇〇〇年六月　洗礼者ヨハネの祝日を前に

訳　者

索　引

人名索引

［ア］

アウグスチヌス（St Augustine of Canterbury） 3注, 217
アタナシウス（Athanasius） 129, 133, 150
アーチ、ジョゼフ（Arch, Joseph） 191, 195
アーチャー、ジェイムズ（Archer, James） 174
アッシャー、ジェイムズ（Ussher, James） 197
アディソン、ジョゼフ（Addison, Joseph） 108
アーノルド、トマス（Arnold, Thomas） 158, 188
アブラハム（Abraham） 201, 205
アランデル、トマス（Arundel, Thomas） 14
アルミニウス（Arminius, Jacobus） 58, 72
アレン、ウィリアム（Allen, William） 65, 70
アンセルムス（St Anselm） 3, 4, 9
アンドルーズ、ランスロット（Andrewes, Lancelot） 74, 78, 90注

［イ］

イーヴリン、ジョン（Evelyn, John） 75, 80
イグナチオ、ロヨラの（St Ignatius of Loyola） 65注, 137
イサベラ（Isabella） 21
インノケンティウス3世（Innocent III） 2注
インノケンティウス11世（Innocent XI） 175

［ウ］

ウィクリフ、ジョン（Wycliffe, John） 12–5, 18注
ウィリアム1世（William I, the Conqueror） 9
ウィリアム2世（William II） 9
ウィルバーフォース、ウィリアム（Wilberforce, William） 150, 215
ウェイク（Wake, William） 21, 131, 235
ウェストコット（Westcott, Brooke Foss） 202, 205
ウェスレー、サミュエル（Wesley, Samuel） 119
ウェスレー、ジョン（Wesley, John） 93, 131, 134–41, 144, 150, 154, 162, 206
ウェスレー、チャールズ（Wesley, Charles） 134, 140
ウェリントン（Wellington, Arthur Wellesley, 1st Duke of） 152
ヴェン（Venn, Henry） 146, 148
ウッドフォード、ジェイムズ（Woodforde, James） 122
ウラソーン、W. B（Ullathorne, William

Bernard) 174, 178
ウールストン、トマス (Woolston, Thomas) 126
ウルバヌス8世 (Urban VIII) 7注

[エ]
エドワード証聖王 (Edward the Confessor) 9
エドワード6世 (Edward VI) 10注, 24, 26, 28, 30, 36, 45
エリザベス1世 (Elizabeth I) 2, 14, 20, 22, 24, 30, 32, 35, 36, 48, 62, 71, 81, 100
エリオット、ジョージ (Eliot, George) 202

[オ]
オーエン、ジョン (Owen, John) 96, 99
オーチャード、W・E (Orchard, William Edwin) 225
オレンジ公ウィリアム (William of Orange) 25

[カ]
カヴァデール (Coverdale, Miles) 37
カヴール (Cavour, Camillo Benso) 186
カエサル (Caesar) 59
ガスパリ (Gasparri, Pietro) 238
カースルレー (Robert Stewart, Viscount Castlereagh) 152
カズン (Cosin, John) 77
カドワース、ラルフ (Cudworth, Ralph) 113
カラミー、エドマンド (Calamy, Edmund) 102
ガードナー、S. R. (Gardiner, Samuel Rawson) 73
ガードナー、スティーブン (Gardiner, Stephen) 23, 29, 30
カートライト、トマス (Cartwright, Thomas) 46, 50, 52

[キ]
キッド、ベレスフォード・ジェイムズ (Kidd, Beresford James) 238
ギブソン、エドマンド (Gibson, Edmund) 131
キーブル、ジョン (Keble, John) 167, 169
キャサリン・オブ・アラゴン (Catherine of Aragon) 10注
キャンピオン、エドマンド (Campion, Edmund) 65, 70
キャンベル、R. J. (Campbell, Reginald John) 225
キングズリー、チャールズ (Kingsley, Charles) 194

[ク]
クラーク、サミュエル (Clarke, Samuel) 129, 133
グラッドストーン、ウィリアム (Gladstone, William) 163, 185
グラント、チャールズ (Grant, Charles) 151, 157
クランマー、トマス (Cranmer, Thomas) 22, 28, 29
クリゼロー、マーガレット (Clitheroe, Margaret) 66
クリフォード、ジョン (Clifford, John) 155, 186
グリムショー、ウィリアム (Grimshaw, William) 146, 148
グリーン、ジョン・リチャード (Green, John Richard) 97

グリーンウッド、ジョン（Greenwood, John）55, 57, 59
グリンダル、エドマンド（Grindal, Edmund）38
クレイトン、マンデル（Creighton, Mandell）172
グレゴリウス1世、大教皇（Pope Gregory the Great）3注, 217
グレゴリウス7世（Gregory VII, = ヒルデブランド、Hildebrand）3, 9, 137
グレゴリウス13世（Gregory XIII）64
グレゴリウス16世（Gregory XVI）178
クレメンス7世（Clement VII）7注
クロムウェル、オリヴァー（Cromwell, Oliver）84–7, 89, 90, 92, 97, 100, 181

[ケ]

ケアリ、ウィリアム（Carey, William）207, 212, 245
ゲール、セオフィラス（Gale, Theophilus）117, 124

[コ]

ゴア、チャールズ（Gore, Charles）238
コリンズ、アンソニー（Collins, Anthony）126
コレット、ジョン（Colet, John）16
ゴールドウェル、トマス（Goldwell, Thomas）67

[サ]

サイクス、トマス（Sikes, Thomas）166
サールウォール、コノップ（Thirlwall, Connop）171

[シ]

シェイクスピア、ウィリアム（Shakespeare, William）5, 44, 53
ジェイコブ、ヘンリー（Jacob, Henry）57, 61
ジェイムズ１世（James I）24, 26, 68, 81
ジェイムズ２世（James II）25, 26, 68
シメオン、チャールズ（Simeon, Charles）146–49, 208
シーモア、ジェーン（Seymour, Jane）10注
シャフツベリー卿（Lord Shaftesbury, Anthony Ashley Cooper）153
シャープ、グランヴィル（Sharp, Granville）151
シャーロック、トマス（Sherlock, Thomas）127
ジャリコット、ポーリン（Jaricot, Pauline）209
シャルル7世（Charles VII）1注
ジャンヌ・ダルク（Jeanne d'Arc; Joan of Arc）1
シュヴァイツァー、アルベルト（Schweitzer, Albert）224
ジュエル、ジョン（Jewel, John）39
シュトラウス、フリードリッヒ（Strauss, David Friedlich）202
ショー、バーナード（Shaw, George Bernard）1, 2
ジョエット、ベンジャミン（Jowett, Benjamin）202, 205
ジョン王（John）5, 10
ジョンソン、サミュエル（Dr Samuel Johnson）127
ジョンソン、ベン（Jonson, Ben）45
シーリイ、ジョン（Seeley, John）202, 205

シンジョン、ヘンリー（St.John, Henry, 1st Viscount Bolingbroke）119, 124

［ス］

スコーリ、ジョン（Scory, John）37
スタンレー、アーサー（Stanley, Arthur Penrhyn）202, 205
スティーブン、ジェイムズ（Stephen, James）151
ステリー、ピーター（Sterry, Peter）96, 99
スミス、ウィリアム（Smith, William）151, 156
スミス、ジョン（Smith, John）113
スミス、ジョン（Smyth, John）57, 58
スミス、リチャード（Smith, Richard）68, 70

［セ］

セッカー、トマス（Secker, Thomas）119, 131
セリナ、ハンティンドン伯爵夫人（Selina, Hastings, Countess of Huntingdon）144

［ソ］

ソーントン、ヘンリー（Thornton, Henry）151

［タ］

タイラー、E. B（Tylor, Edward Burnett）199
ダーウィン、チャールズ（Darwin, Charles）197
ダヴェンポート、クリストファー（Davenport, Christopher）234
タンストール、クスバート（Tunstall, Cuthbert）63, 70

［チ］

チェスタフィールド卿（Lord Chesterfield, Philip Dormer Stanhope）144
チャタム（Chatham）→ピット
チャーチ、R・W（Church, Richard William）169, 171, 183
チャールズ1世（Charles I）24, 26, 82, 85
チャールズ2世（Charles II）25, 68, 100, 102
チャロナー、リチャード（Challoner, Richard）175–6
チリングワース、ウィリアム（Chillingworth, William）90

［ツ］

ツヴィングリ（Zwingli, Ulrich）91

［テ］

デイヴィッドソン、サミュエル（Davidson, Samuel）203
ディズレリ（Disraeli, Benjamin）185
ティレル、ジョージ（Tyrrell, George）223–4
ティロットソン、ジョン（Tillotson, John）114, 122
テインマス卿（Lord Teignmouth, Shore, John）151, 156
デカルト、ルネ（Descartes, Rene）118
テニスン、アルフレッド（Tennyson, Alfred）197
テニスン、トマス（Tenison, Thomas）116
デフォー、ダニエル（Defoe, Daniel）119
デュパン、ルイ（Dupin, Louis Ellies）235
テンプル、ウィリアム（Temple, William）192, 193

[ト]

ドドリッジ、フィリップ（Doddridge, Philip）119, 124, 130
ドミニコ（St Dominic）137
トムリンソン、ジョージ（Tomlinson, George）192
ドライデン、ジョン（Dryden, John）111
トーランド、ジョン（Toland, John）127
トレヴェリアン、G. M.（Trevelyan, George Macaulay）73
トンプソン、トマス（Thompson, Thomas）151, 156

[ニ]

ニューマン、ジョン・ヘンリー（Newman, John Henry）12, 66, 167, 168–70, 177, 178, 220, 235
ニール、ダニエル（Neal, Daniel）119, 124

[ノ]

ノックス、ジョン（Knox, John）46, 52

[ハ]

ハイド、エドワード（Hyde, Edward, 1st Earl of Clarendon）102
パーカー、マシュー（Parker, Matthew）36–8, 45, 59
バクスター、リチャード（Baxter, Richard）84, 89, 93–4, 102
バサイア、アイザック（Basire, Isaac）75
パースンズ、ロバート（Parsons, Robert）65, 70
バターワース、ジョゼフ（Butterworth, Joseph）151, 156
バティフォル、ピエール（Batiffol, Pierre）239
ハーディー、ケア（Hardie, Keir）191, 195
バート、トマス（Burt, Thomas）191, 195
バトラー、ジョゼフ（Butler, Joseph）118, 125, 131
ハドリアヌス4世（Hadrian IV）4, 9
バニヤン、ジョン（Bunyan, John）90, 94, 95, 135
ハーバート、ジョージ（Herbert, George）76, 78, 80, 97
バビントン、アンソニー（Babington, Anthony）62
バラード、ジョン（Ballard, John）62
ハーリー、ロバート（Harley, Robert, 1st Earl of Oxford）119, 124
ハリソン、ロバート（Harrison, Robert）54, 61
ハリファックス伯爵（Viscount Halifax, Charles Lindley Wood）236, 238
バルト、カール（Barth, Karl）226
ハルナック、アドルフ・フォン（Harnack, Adolf von）221–3
バロウ、ヘンリー（Barrowe, Henry）55, 56, 59
バーロウ、ピーター（Baro, Peter）72
バーロウ、ウィリアム（Barlow, William）37
バンティング、ジェイブズ（Bunting Jabez）162

[ヒ]

ピウス5世（Pius V）63, 69, 70
ピウス9世（Pius IX）178, 184
ピウス10世（Pius X）225
ピウス11世（Pius XI）238, 240
ピウス12世（Pius XII）240

ビスマルク、オットー（Bismarck, Otto）182
ヒットラー、アドルフ（Hitler, Adolf）59, 61
ピット、ウィリアム（Pitt, William, 1st Earl of Chatham）135
ピュージー、エドワード（Pusey, Edward）166, 236
ヒューム、ディヴィッド（Hume, David）144
ピール、ロバート（Peel, Robert）160
ヒルデブランド→グレゴリウス7世

［フ］

ファース卿、チャールズ（Firth, Sir Charles）95
フィッツ、リチャード（Fitz, Richard）54, 61
フィリップ4世（Philip IV）6注
フェルナンド（Ferdinand）21
フォックス、ジョージ（Fox, George）92
フォックス、ジョン（Foxe, John）15, 18
フォックス、チャールズ・ジェイムズ（Fox, Charles James）151, 156
フォン・ヒューゲル（Hugel, Friedlich von）224
ブース、ウィリアム（Booth, William）191
フッカー、リチャード（Hooker, Richard）23, 35, 40–2, 72
ブーツァー、マルティン（Bucer, Martin）29, 30
ブラウン、ロバート（Browne, Robert）53–6
ブラムホール、ジョン（Bramhall, John）75
フリーア、W・H（Frere, Walter Howard）238
ブーリン、アン（Boleyn, Anne）2注、10注
ブレイクスピア、ニコラス（Breakspear, Nicholas）→ハドリアヌス4世
フレッチャー、ウィリアム（Fletcher, William）139

［ヘ］

ベケット（Thomas à Becket）3, 9
ベーラー、ピーター（Boehler, Peter）136, 142
ベリッジ、ジョン（Berridge, John）146, 148
ベル、アンドルー（Bell, Andrew）154
ヘルウィス、トマス（Helwys, Thomas）58
ベンサム、ジェレミー（Bentham, Jeremy）158
ヘンダソン、アーサー（Henderson, Arthur）192
ヘンデル（Handel, George Frederic）122
ペンリー、ジョン（Penry, John）55, 57, 59
ヘンリー1世（Henry I）3, 9
ヘンリー2世（Henry II）3, 9
ヘンリー3世（Henry III）3, 9
ヘンリー4世（Henry IV）14注
ヘンリー5世（Henry V）16
ヘンリー6世（Henry VI）16
ヘンリー8世（Henry VIII）2注, 4注, 6, 10, 15, 19, 20, 24, 27–8, 31, 32, 63

［ホ］

ホイッチカット、ベンジャミン（Whichcote, Benjamin）113
ホイットギフト、ジョン（Whitgift, John）14, 50, 72
ホイットフィールド、ジョージ（Whitefield, George）138, 143–46, 154, 206

ボスト、ジョン（Boste, John）62
ホッブズ、トマス（Hobbes, Thomas）59, 181
ホート、ジョサイア（Hort, Josiah）119
ホート、F.J.H（Hort, Fenton John Anthony）202
ホートン、ロバート・F（Horton, Robert F.）164
ポープ、アレクザンダー（Pope, Alexander）117, 124
ボニファティウス8世（Boniface VIII）6注
ポルタル、フェルナン（Portal, Fernand）236, 238

［マ］

マカベ（Maccabees）201
マコーレー、ザッカリ（Macaulay, Zachary）151
マニング、ヘンリー（Manning, Henry Edward）177, 179–80, 192
マルシーリウス、パードヴァの（Marsilius of Padua）21

［ミ］

ミルトン、ジョン（Milton, John）84, 89, 90, 96
ミルマン、ヘンリー（Milman, Henry）201, 205

［メ］

メアリー、スコットランド女王（Mary, Queen of Scots）81, 89
メアリー・チューダー（Mary Tudor）30, 36, 63
メルシエ、ジョゼフ（Mercier, Joseph）238

［モ］

モア、ハナ（More, Hannah）154
モア、ヘンリー（More, Henry）113
モーセ（Moses）176
モートン、チャールズ（Morton, Charles）119, 124
モーリス、フレデリック・デニスン（Maurice, Frederic Denison）189

［ヨ］

ヨシヤ王（Josiah）28, 34
ヨーゼフ2世（Joseph II）21, 26
ヨハネス12世（John XII）26
ヨハネス23世（John XXIII）250

［ラ］

ライエル、チャールズ（Lyell, Charles）197
ライトフット、ジョセフ（Lightfoot, Joseph Barber）202, 205
ラスキ、ハロルド（Laski, Harold）183
ラッセル、ジョン（Russell, Lord John）185
ラトレット、ケネス（Latourette, Kenneth Scott）211
ランカスター、ジョセフ（Lancaster, Joseph）154
ランフランク（Lanfranc）4, 9

［リ］

リシュリュー（Richelieu, Armand Jean du Plessis）73

［ル］

ルイ14世（Louis XIV）21, 26, 64注, 181

ルナン（Renan, Joseph Ernest）202

［レ］

レイクス、ロバート（Raikes, Robert）154
レイノルズ、エドワード（Reynolds, Edward）102
レオ13世（Leo XIII）192, 220, 236
レッキー（Lecky, William Edward Harpole）135

［ロ］

ロー、ウィリアム（Law, William）136, 142
ロック、ジョン（Locke, John）107, 110, 112, 125
ロード、ウィリアム（Laud, William）73, 78, 84
ロビンソン、アーミテイジ（Robinson, Armitage）238
ロビンソン、ジョン（Robinson, John）92
ロワジー、アルフレッド（Loisy, Alfred）221–24
ロンバルドゥス（Lombard, Peter）72

［ワ］

ワイズマン、ニコラス（Wiseman, Nicholas）178, 185
ワッツ、アイザック（Watts, Isaac）119, 130
ワトソン、リチャード（Watson, Richard）129, 133

事項索引

[ア]

『和平提案』(*Eirenicon*) 236
アイルランド自治 (Home Rule) 180
アヴィニョン幽囚 6
アウグスチノ会 14
『新しい神学』(*The New Theology*) 225
「集められた教会」(gathered church) 54
アディアフォリズム (adiaphorism) 43
アニミズム (animism) 200, 211
アパルトヘイト (apartheid) 248
「アポストリカエ・キュラエ」(*Apostolicae Curae*) 236
アミール (emir) 201, 205
アリウス派 (Arians) 129, 137
アルミニウス主義 (Arminianism) 72
アレゴリー (allegory) 95
『アングリカン教会と長老派教会との関係』(*Relations between Anglican and Presbyterian Churches*) 252
アングリカン・コミュニオン (Anglican Communion) 213–19
アングリカン福音宣教協会 (Anglican Society for the Propagation of the Gospel) 207
『アングロ・カトリック神学文献』(*Library of Anglo-Catholic Theology*) 171
アングロ・カトリック派 (Anglo-Catholic) 218
按手 29

[イ]

イエズス会 (Society of Jesus) 65, 182
『イエス伝』(*Das Leben Jesu*) 202
『イエスの生涯』(*Vie de Jesus*) 202
イギリス外国聖書協会 (British and Foreign Bible Society) 145
イギリス外国学校協会 (British and Foreign School Society) 154
イギリス教会協議会 (British Council of Churches) 231
一般バプテスト (General Baptist) 57
「イル・ペンセローソ」(Il Penseroso) 96
『イングランド教会を擁護するための弁明、あるいは回答』(*Apologie or Answere in defence of the Church of England*) 39
『イングランドにおける教会関係についての報告』(*Report on Church Relations in England*) 231
イングリッシュ・コレッジ (the English College) 65
印刷術 17, 18
『韻文詩篇』(*Metrical Psalter*) 141
『イン・メモリアム』(*In Memoriam*) 197

[ウ]

ウェストミンスター宗教会議 (Westminster Assembly) 83, 100
「ウェストミンスター信仰告白」(Westminster Confession of Faith) 83
内なる光 (Inner Light of the living Christ) 93

[エ]

SPCK (Society for Promoting Christian Knowledge) 120, 207

SPG（Society for the Propagation of the Gospel in foreign parts）214
エディンバラ会議（Edinburgh Missionary Conference）229

[オ]

王室下賜金（Regium Donum）130
オックスフォード運動（Oxford Movement）135, 166–73
オビト（Obit）16
オールド・ベイリー（Old Bailey）127
『恩寵あふるる』（*Grace Abounding*）95

[カ]

『改革派牧師』（*Gildas Salvianus; the Reformed Pastor*）94
会衆派（Congregationalists）57, 164
学生キリスト教運動（Student Christian Movement）229
可視的教会（church visible）13, 18
カテドラル→司教座聖堂
カトリック教徒陰謀事件（Popish Plot）68
カトリック教徒解放令（Catholic Emancipation Act）69, 159, 176
『神の存在とその属性』（*Being and Attributes of God*）129, 133
火薬陰謀事件（Gunpowder Plot）68
ガリカニズム（gallicanism）177
観想修道会士　3注
カンタベリー大司教（Archbishop of Canterbury）4

[キ]

『議会への勧告』（*Admonition to Parliament*）46, 82
危機神学（theology of crisis）226
『基礎』（*Foundations*）225
祈禱書（*the Book of Common Prayer*）28, 45, 74, 82, 86, 103
義認（justification）136
キプリアヌス的概念（Cyprianic conception）217
救世軍（Salvation Army）191
『キリスト教拡大史』（*A History of the Expansion of Christianity*）211
『キリスト教徒の手引き』（*Christian Directory*）94
『キリスト教の本質』（*Das Wesen des Christentums*）211
『キリスト教暦年』（*The Christian Year, 1827*）169
キリスト者産業人友和会（Industrial Christian Fellowship）190
キリスト者社会ユニオン（Christian Social Union）190
キリスト友会（Religious Society of Friends）→クエーカー
『教会司祭』（*A Priest to the Temple*）76, 80
教会社会主義者同盟（Church Socialist League）190
『教会政治理法論』（*Of the Laws of Ecclesiastical Polity*）40
教会宣教協会（CMS）147
教会法（Canon Law）4, 9
教会名称法（Ecclesiastical Titles Act）185
教皇権至上主義（Ultramontanism）176
教皇尊信罪法（Statute of Praemunire）7
教皇庁（Papal curia）3
教皇不可謬説（Papal Infallibility）177
協調組合主義国家（corporative state）12

『教父叢書』（*Library of the Fathers*）171
教理問答書（Prayer Book catechism）76
ギルド（Guild）12
欽定訳聖書（Authorized Version of the Bible）90, 97

［ク］

クエーカー（Quakers）85, 92–3, 151
組合教会→会衆派
クラシス（classis）49
クラス・システム（class system）137
クラパム・セクト（Clapham Sect）151
クラプトン・セクト（Clapton Sect）167
グラマー・スクール（Grammar School）120
クラレンドン法典（Clarendon Code）103
クリスンダム（Christendom）2
君主の裁治権（jurisdiction）23

［ケ］

啓示（Revelation）111
形色（element）29
啓蒙専制君主（Enlightened Despots）182
堅信（Confirmation）28
ケンブリッジ・デリー宣教団（Cambridge Mission to Delhi）218
ケンブリッジ・プラトニスト（Cambridge Platonists）113
原理主義（Fundamentalism）149

［コ］

高等宗務官裁判所（Court of High Commission）24, 38, 50
高等批評（Higher Criticism）128
合同礼拝規制法（Public Worship Regulation Act）185
合同礼拝指針（Directory of Public Worship）83
国王空白期（Interregnum）87
国王至上令→首長令
『個人の祈り』（*Preces Privatae*）74
御像（Image）32
『古代の人間』（*The Geological Evidences of the Antiquity of Man*）197
国教忌避者（dissenters）51, 54
国教忌避者（recusant）39
『この人を見よ』（*Ecce Homo*）202, 205
コープ（cope）38, 43, 47, 74
コモンウェルス（Commonwealth）210

［サ］

最新の信心（*Devotio Moderna*）17
再洗礼派（Anabaptists）57
在俗司祭（secular）67
『サムソン・アゴニスティーズ』（*Samson Agonistes*）96, 99
サープリス（surplice）30, 38, 45, 47, 74, 82
三九箇条（Thirty-Nine Articles of Religion）22, 72, 104, 235
三位一体（Trinity）91
『三位一体の聖書的教義』（*Scripture Doctrine of the Trinity*）129, 133

［シ］

司教（bishop）1
司教座聖堂（cathedral）3
『時局冊子』（*Tracts for the Times*）167, 170, 183, 236
四旬節（Lent）76
自然宗教（natural religion）111
自治体法（Corporation Act）130, 158

十戒（Ten Commandments; Decalogue）32, 94
実在論（realism）13
執事（deacon）36
実体共存説（consubstantiation）13注
『失楽園』（*Paradise Lost*）96, 99
使途継承 170
使徒信条（Apostles' Creed）32
『宗教の類比』（*Analogy of Religion*）125
修道院（monastery）6
修道士（monk）3
修道司祭（regular）67
自由放任主義（laissez-faire principle）152
『十二夜』（*Twelfth Night*）44, 53
主教座聖堂参事会（cathedral chapter）103
主教座聖堂参事会員聖職禄（prebend）160
主日（Sabbath）91
『種の起源』（*The Origin of Species*）197
首長令（Act of Supremacy）10, 20, 48
ジュネーヴ聖書（*Geneva Bible*）97
主の祈り（Lord's Prayer）32, 94
小教区教会（parish church）31
上告禁止法（Act of Appeal）20
叙任権 5
庶民院（House of Commons）24
信仰自由令（Act of Toleration）69
審査律（Test Act）130, 158
臣従宣誓拒否者（Nonjurors）136
信受者主義（receptionism）30
神聖ローマ帝国（Holy Roman Empire）20, 26
審判委員会（Committee of Triers）85
申命記（Deuteronomy）201
浸礼（immersion）58

［ス］

水平派（Levellers）97
スウェーデン教会（the Church of Sweden）230
枢密院（the Privy Council）155
スコラ哲学（Scholasticism）13, 18

［セ］

聖餐式（Holy Communion）28, 76
聖祝日（holiday）15
聖職兼従（pluralism）159
聖職者会議（Convocation）24
聖職者推挙権（advowsons）149
聖職者直任禁止法（Statute of Provisors）7
聖職叙任式次第（Ordinal）36, 237
聖職服論争（Vestiarian Controversy）43
聖職不在（non-residence; absenteeism）159
聖職禄（benefice）4
聖職禄授与権（patronage; advowson）49, 86
聖書釈義集会（prophesying）48
聖書の各国語訳 17
聖体拝領（communion）15
『聖徒の永遠の休息』（*The Saints' Everlasting Rest*）94
聖バーソロミューの虐殺（St Bartholomew's Day Massacre）64
聖母マリアの被昇天（Assumption）240
聖マタイ・ギルド（Guild of St Matthew）190
セイラム式文（Use of Sarum）28, 34
聖霊降臨（Pentecost）76
世界学生キリスト教連盟（World's Student Christian Federation）229
世界教会協議会（World Council of Churches）231

『全キリスト教者への訴え』(*Appeal to all Christian People*) 230, 237
全国貧民教育振興協会 (National Society for Promoting the Education of the Poor) 154
全質変化 (Transubstantiation) 13, 29
千人請願 (Millenary Petition) 81
洗礼 (baptism) 28
洗礼服 (chrysom) 29

[ソ]

早祷 (morning prayer) 28
ソッツィーニ主義 (Socinianism) 135
ソッツイーニ派 (Socinians) 91
ソールターズ・ホール論争 (Salter's Hall Controversy) 129

[タ]

大学審査律 (University Test Act) 69注
対抗宗教改革 (Counter-Reformation) 65
大司教 (Archbishop) 3
大司祭 (Archpriest) 68
『第二の勧告』(*Second Admonition*) 47
大博覧会 (Great Exhibition) 185
大分裂 (Great Schism) 7
代牧 (Vicar Apostolic) 175
托鉢修道会士 (Friar) 3注
戦う教会 (Church militant) 251
『ダブリン・レビュー』(*Dublin Review*) 178
『タブレット』(*Tablet*) 178
『魂の園』(*The Garden of the Soul*) 174

[チ]

『地質学原理』(*Principles of Geology*) 197
チャーティスト運動 (Chartism) 163, 191
チャプレン (chaplain) 75
中央アフリカ学生伝道協会 (Universities' Mission to Central Africa) 218
中道、ヴィア・メディア (Via media) 33
長老派 (Presbyterians) 46, 48, 59, 81, 100, 228
長老派同盟 (Presbyterian Alliance) 228
長老法院 (consistory) 48

[テ]

テーラー・ワーキング協会 (Tailors' Working Association) 190
テンプル教会 (the Temple) 40, 128
『天路歴程』(*The Pilgrim's Progress*) 95, 96

[ト]

ドゥエイ (Douai) 65
東方正教会 (Eastern Orthodox Church) 28, 34
特定、別名カルヴァン主義バプテスト (Particular or Calvinistic Baptists) 59
独立派 (Independents) 46
ドナティスト派 (Donatists) 168
トーリー (Tory) 105
トリエント公会議 (Council of Trent) 63, 168, 235
ドルトモント宗教会議 (Synod of Dort) 84

[ナ]

『何者も待たず改革を進めるために』(*A Treatise of Reformation without tarrying for anie*) 53

[ニ]

任意寄付主義 (voluntaryism) 187
『人間悟性論』(*Essay concerning Human*

Understanding）107
『人間の初期の歴史に関する研究』（*Researches into the Early History of Mankind*）197

［ノ］

ノルマン人の征服（Norman Conquest）2, 9

［ハ］

拝一神論（henotheism）201, 205
バスチーユ牢獄（the Bastille）158
『バーソロミュー・フェア』（*Bartholomew Fayer*）45
バチカン公会議（Vatican Council）、第一 180
、第二 250
初穂（first-fruits; annates）4
バトラー教育法（Butler Act）120, 156, 164
バビロン捕囚 201
バプテスト宣教教会（Baptist Missionary Society）207
破門（excommunication）39, 48, 64
バルフォア教育法（Balfour Act）156
反エラストス運動（anti-Erastian movement）184
晩祷（evening prayer）28
ハンプトン・コート会談（Hampton Court Conference）82, 90

［ヒ］

東インド会社（East India Company）215
百年戦争（Hundred Years' War）6
平信徒（layman）56
ピルグリム・ファーザーズ（Pilgrim Fathers）92

［フ］

フォースター教育法（Forster Act）120, 124, 155
不可視の教会（church invisible）18
福音主義ユニオン（Evangelical Union）191
『復楽園』（*Paradise Regained*）96, 99
復活祭（Easter）15, 76
復古カトリック教会（Old Catholic Church）231
払魔（exorcism）29
ブラウン主義者（Brownists）82
ブレダ宣言（Declaration of Breda）101
プロテスタント主教制教会（Protestant Episcopal Church in the United States of America）214
分離主義（Separatism）54

［ヘ］

ペトロ献金（Peter's Pence）27

［ホ］

ホィッグ（Whig）105
ボイル講演（Boyle lectures）129, 133
放逐委員会（Committee of Ejectors）85

［ミ］

ミサ（Mass）15, 29
ミサ典書（*Missal*）47
南インド教会（Church of South India）215

［ム］

無敵艦隊アルマダ（Invincible Armada）64, 70
無律法主義（Antinomianism）136

［メ］
メソジスト・エキュメニカル会議（Methodist Ecumenical Conference）228
メソジスト宣教協会（Methodist Missionary Society）208

［モ］
モーセ五書（Pentateuch）201
モダニズム（Modernism）220
「モータリウム・アニモス」（*Mortalium Animos*）240
モラビア兄弟団（Moravian Brethren）135

［ユ］
唯名論（nominalism）13
ユグノー教徒（Huguenots）64
ユダヤ人（Jews）85
ユニタス・フラトゥルム（*Unitas Fratrum*）207
ユニタリアニズム（unitarianism）105, 129

［ヨ］
よきサマリア人（Good Samaritan）122
予型論（Typology）126

［ラ］
「ラレグロ」（L'Allegro）46
ランベス宮（Lambeth Palace）37, 216
ランベス四綱領（Lambeth Quadrilateral）230

［リ］
『リヴァイアサン』（*Leviathan*）59
「リシダス」（Lycidas）96
理神論者（deists）126
律法 201

［ル］
ルター主義（Lutheranism）15

［レ］
レィディ・マーガレット神学教授（Lady Margaret Professor of Divinity）46
霊的聖体拝領（spiritual communion）174
礼拝統一令（Act of Uniformity）24, 48
レヴァント会社（Levant Company）75
『歴史的イエスの探求』（*The Quest of the Historical Jesus*）224
「レグナンス・イン・エクスチェルシス」（*Regnans in Excelsis*）63
レビ記（Leviticus）201

［ロ］
ロラード運動（Lollardism）14
ロンドン宣教協会（London Missionary Society）145, 208

［ワ］
『分かれ道に立つキリスト教』（*Christianity at the Cross-Roads*）224

付録1

イングランドのキリスト教会

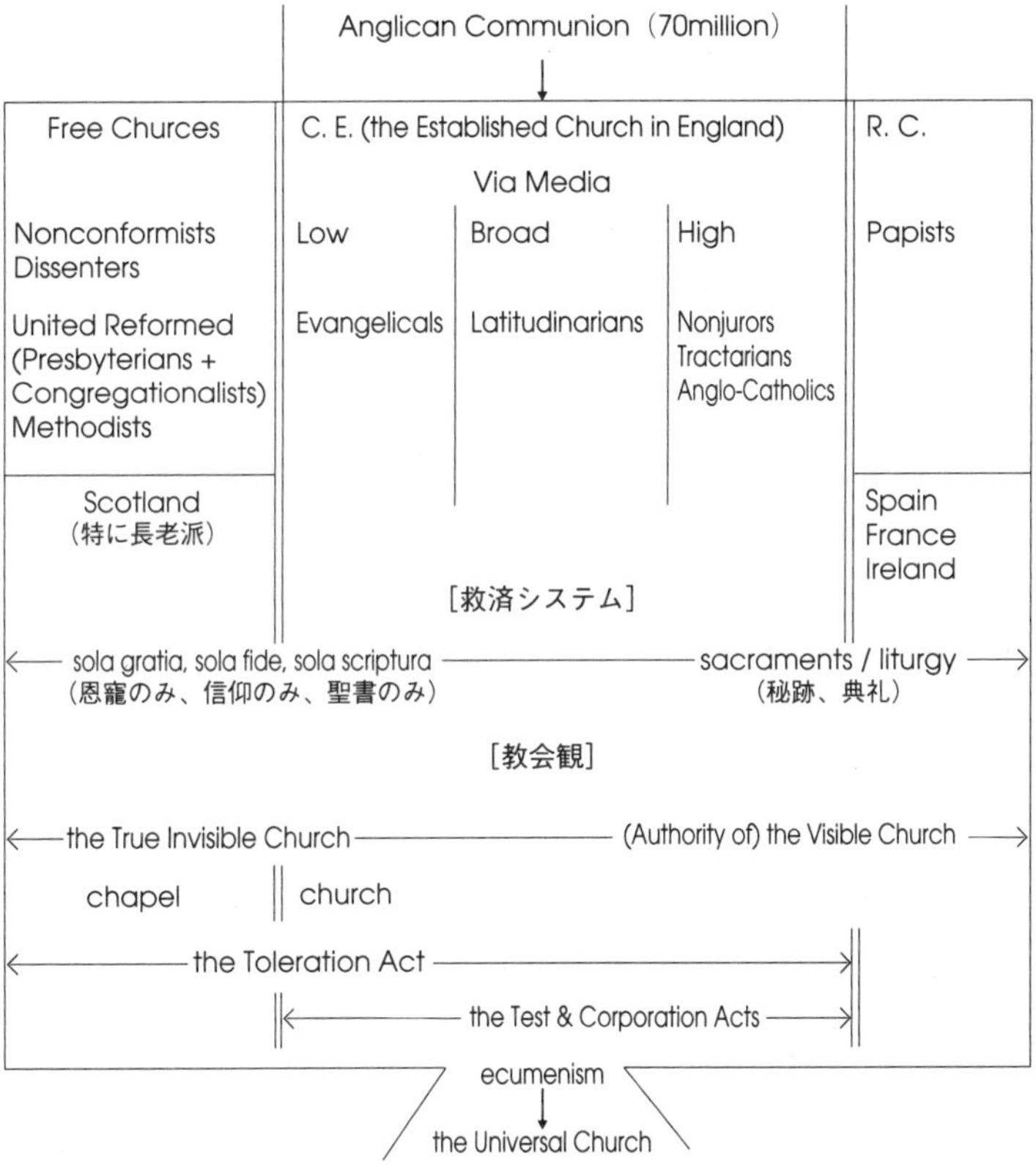

付録1 [解説]

縦の2重線は別々の教会組織であることを表す。C.E.はChurch of England、R.C.はRoman Catholic Churchの略である。横の → は当該の項目が該当する範囲を示す。

C.E.は全世界に展開する総数7000万の信者を持つアングリカン・コミュニオンの核であり、イングランドでは国教会(Established)の立場にある。イングランド教会内部には大きく3つに分けられる派閥的集団があり、それらは「高教会」(High Church)、「広教会」

(Broad Church)、「低教会」(Low Church) と呼ばれる。図ではそれぞれの特徴を言い当てた呼称を掲載している。また、高教会はカトリックの立場に近く、低教会はプロテスタント諸教会の立場に近い。したがって国教会内部には実にさまざまな考えの人々が含まれることになるが、大きくは中道 (Via Media) の立場を歴史的に維持してきたと言える。これが今日の教会一致運動 (ecumenism) の流れの中で「橋渡し教会」(Bridge Church) の役割をはたす期待がアングリカン教会にかかっている理由である。

R.C.のPapistsという呼称は歴史的な蔑称・俗称であり使われるべきではない。同様にNonconformists、Dissentersも差別的であるため、現在は国家とは独立しているという意味で「自由諸教会」(Free Churches) という総称が使われている。R.C.及びFree Churchesの下に記載されている国・地域は当該教会がそこでは主流をなすことを意味する。イングランドから地政学的に見て当該教会がどのような外国勢力と一緒に考えられていたかを示すためにあえて記載した。

[救済システム] とあるのは、当該教会で何が重要視されているかを示す。

[教会観] は当該教会のいわばアイデンティティを規定する自己規定、ないしは教会として成立する上で欠かせないものを示す。Chapel/Churchの別は、信者が集まる建物としての教会の呼称である。

エキュメニズムの上の２行は、信仰の自由ばかりではなく市民的権利を奪う差別法であった各種の法律、たとえばToleration Actの恩恵はカトリック教会に及ぶことがなく、またTest及びCorporation Actはイングランド国教会の独占的権利をいかに強固に守るものであったかを示す。

付録2

ローマ・カトリック教会の位階制《ヒエラルキア》と教区制度

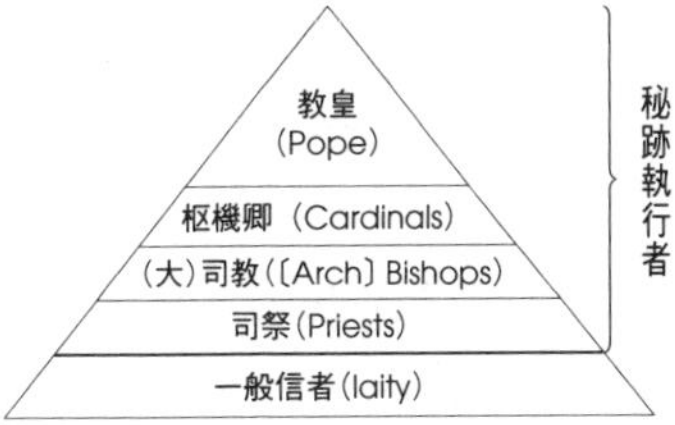

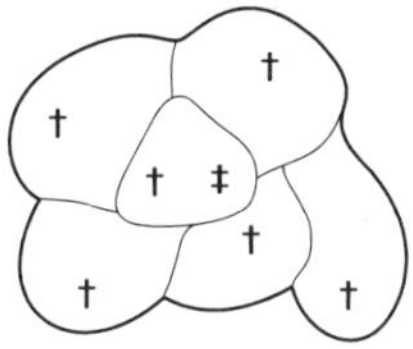

(注) †は教区教会、‡は司教座聖堂、細枠は小教区 (parish)、太枠は (大) 司教区 (〔arch〕 diocese) を示す。

七つの秘跡 (the Seven Sacraments)

1 洗礼 (baptism)
2 堅信 (confirmation)
3 婚姻 (matrimony)
4 叙階 (ordination)
5 病者の塗油〔終油〕(Anointing of the sick)
6 聖体 (the Eucharist)
7 ゆるしの秘跡〔告解〕(Penance;confession)

付録2 [解説]

カトリック教会の教区制度の下では、A村に生まれた個人は幼児洗礼を受けA村の教区教会のメンバーとなり、A村の (在俗) 司祭が執行する秘跡を通して神の共同体の中に生き、キリスト教の救いの中でこの世を去っていく。A教区以外の教会に籍を置くことはない。

ヨーロッパがキリスト教に改宗していく過程で、封建領主が私財を提供して教会を寄進する場合があり、その際、司祭の聖職禄に誰をすえるかを決定する権利 (advowson) が与えられるなど、一定の影響力を行使することが認められた。

また教区制度の枠組みの外に修道院が存在し、教区教会で一般信者の司牧を直接行なう在俗司祭と対立する場合もあった。これはカトリックの信仰が秘跡の執行を中心とし、謝金の受け取りをめぐって争う土壌があったためである。

宗教改革以後、位階制と教区制度は破壊されていくことになる。救済を自己と神との間の関係の中でとらえるプロテスタント的な自我意識が伸張すれば、当然秘跡を執行する権能を有する聖職者とそれを授かる一般信者との間に存在する決定的な差を正当化するカトリックの位階制は当然批判され、さらに現代においては聖職に男性しか認めないためにフェミニズムの視点からも攻撃されることになった。

教区教会には信仰を自覚的にとらえることができない人間、さらには罪人すらも含まれうるので、選ばれた人のみの教会を教区教会とは別に組織するピューリタン組合教会派（Congregationalists）が登場し、居住地域に縛られない自立的な教会が誕生し、教区制度と厳しく対立することになった。幼児洗礼によってキリスト教の共同体の「会員証」を無自覚に獲得するのではなく、自分の意思によって信仰を告白することによって会員となるのである。

七つの秘跡について一言すれば、洗礼、堅信、婚姻（または叙階）、終油の五つは一回限りのものである。したがって信者の日常生活を規定するものは聖体と告解ということになり、特にミサ中に行なわれる聖体の秘跡に与ることの重要性は極めて高くなる。

付録3

イングランド王家家系図

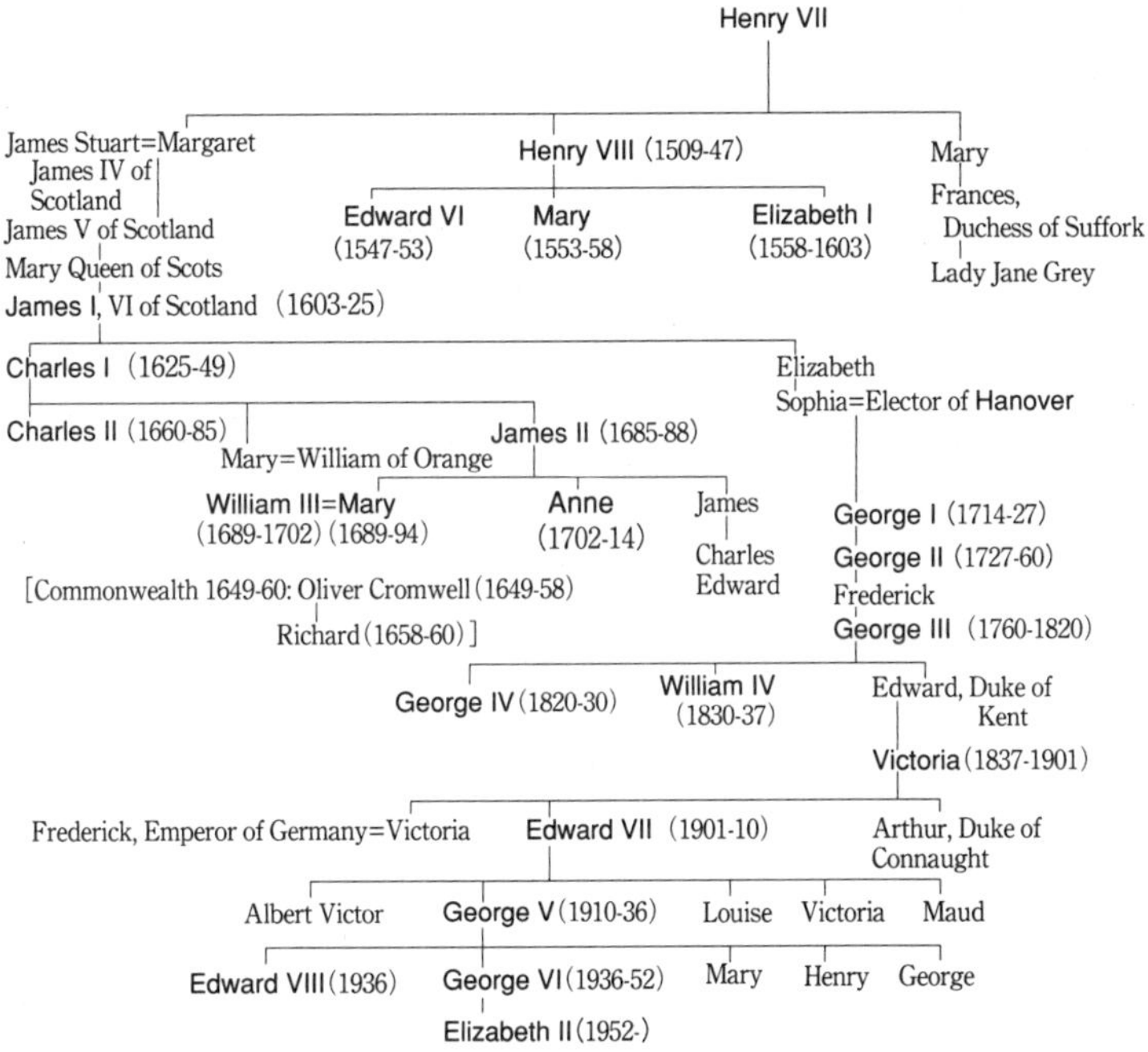
Henry VII
James Stuart=Margaret
James IV of Scotland
James V of Scotland
Mary Queen of Scots
James I, VI of Scotland (1603-25)
Henry VIII (1509-47)
Edward VI (1547-53)
Mary (1553-58)
Elizabeth I (1558-1603)
Mary
Frances, Duchess of Suffork
Lady Jane Grey
Charles I (1625-49)
Elizabeth
Sophia=Elector of Hanover
Charles II (1660-85)
James II (1685-88)
Mary=William of Orange
William III=Mary
(1689-1702) (1689-94)
Anne
(1702-14)
James
Charles Edward
[Commonwealth 1649-60: Oliver Cromwell (1649-58)
Richard (1658-60)]
George I (1714-27)
George II (1727-60)
Frederick
George III (1760-1820)
George IV (1820-30)
William IV (1830-37)
Edward, Duke of Kent
Victoria (1837-1901)
Frederick, Emperor of Germany=Victoria
Edward VII (1901-10)
Arthur, Duke of Connaught
Albert Victor
George V (1910-36)
Louise
Victoria
Maud
Edward VIII (1936)
George VI (1936-52)
Mary
Henry
George
Elizabeth II (1952-)

〈訳者紹介〉

野谷啓二（のたに　けいじ）

1956年、富山県に生まれる。

81年、上智大学文学研究科博士前期課程修了。

現在、神戸大学国際文化学部助教授。

専攻イギリス宗教文化。

ノーマン・サイクス著

イングランド文化と宗教伝統

——近代文化形成の原動力となったキリスト教——（検印廃止）

2000年7月10日　初版発行

訳者	野谷啓二
発行者	安居洋一
版下	ワニプラン
印刷所	平河工業社
製本所	株式会社清水製本所

〒160-0002　東京都新宿坂町26

発行所　開文社出版株式会社

電話　03(3358)6288番・振替00160-0-52864

ISBN4-87571-958-2　C1016